LECTURES MORALES
OU
NOUVELLE
MORALE EN ACTION

LECTURES MORALES

ou

NOUVELLE

MORALE EN ACTION

A L'USAGE

DES ÉCOLES PRIMAIRES ÉLÉMENTAIRES

(COURS MOYEN ET SUPÉRIEUR)

PAR

M. LEBON

Instituteur

La Famille.
La Patrie. — La Personnalité.
La Société.

Nouvelle édition

PARIS
GARNIER FRÈRES, LIBRAIRES-ÉDITEURS
6, RUE DES SAINT-PÈRES, 6

AVERTISSEMENT

Le meilleur moyen pour inspirer aux enfants l'amour de la vertu, c'est de leur proposer des modèles propres à en faire sentir toute la beauté. C'est dans cette pensée que l'auteur du premier recueil intitulé « la Morale en action » avait conçu et exécuté son ouvrage. Des bons esprits ont pensé que ce dernier ne répondait plus complètement à sa destination ; à leurs yeux, un grand défaut devait l'empêcher de produire tous ses effets salutaires : c'était de n'offrir que des exemples empruntés à des temps trop éloignés.

Quand on ne montre aux humains la vertu qu'à un point de vue reculé, quand on ne leur en présente l'image que dans le cadre de l'histoire ancienne, ils sont naturellement portés à soupçonner qu'elle pourrait bien avoir disparu de ce monde, et ils en viennent bientôt à la regarder comme un être imaginaire. Il est donc essentiel de leur prouver qu'elle existe toujours au milieu d'eux et qu'elle ne saurait perdre ses charmes immortels.

C'est ce que l'auteur de ces « Lectures morales » a tenté de réaliser.

Ce recueil diffère essentiellement et par l'ensemble et par les détails de ses devanciers similaires.

Au lieu de jeter pêle-mêle les anecdotes, nous les avons rigoureusement classées suivant le programme d'éducation morale en vigueur dans nos écoles primaires. Notre intention particulière a été de faire comprendre que la vertu n'est étrangère à aucun siècle et à aucune classe de la société, qu'elle n'est même pas forcément la résultante d'une conception religieuse particulière et qu'elle constitue parmi les hommes la plus belle des égalités. Aussi avons-nous puisé largement dans les comptes rendus des Prix de Vertu à l'Académie française, où se trouvent relatés les dévouements des humbles et des déshérités.

Nous nous flattons que Messieurs les Instituteurs

adopteront notre ouvrage ; il leur offre des matières de compositions intéressantes et un livre de lecture où l'agrément est réuni à l'utilité.

Ajoutons que tous nos efforts ont tendu à développer le sentiment de la *vertu pure*, abstraction faite de toute doctrine confessionnelle.

LIVRE I
LA FAMILLE

CHAPITRE I

TENDRESSE PATERNELLE ET MATERNELLE DÉVOUEMENT FAMILIAL

> Honore tes père et mère.
> BIBLE.
>
> Ne te dispute pas avec tes père et mère, même si tu as raison.
> PITTACUS.
>
> Dans la vieillesse de vos parents, souvenez-vous de votre enfance.
> SAINT-LAMBERT.

1. — Roch Martin.

Roch Martin était né à Narbonne en 1781. Il fut libéré du service militaire après avoir porté les armes comme remplaçant d'un conscrit et se maria dans le village de Montigny, près de Metz. La famille de la femme à laquelle il venait de s'unir était dans l'indigence. On n'en accusera que le malheur, quand on saura qu'elle se composait d'une mère infirme et de trois enfants aveugles.

Le jeune soldat, devenu le fils adoptif de l'une et le frère des autres, se regarda comme chargé, désormais et pour toujours, de pourvoir à tous leurs besoins. Il était riche, et se trouvait heureux de pouvoir leur consacrer une somme de six mille francs, prix du service fait pour le conscrit remplacé. Une partie de ce petit pécule fut employée à leur acheter une chaumière ; mais la naissance de trois enfants, et surtout la disette des années 1817 et 1818, eurent bientôt absorbé le reste. Les soins qu'exigeaient une mère infirme, trois enfants en bas âge et trois aveugles ne laissaient pas à la femme Martin le temps de se livrer à des occupations dont elle pût tirer un salaire, de sorte que le travail manuel du mari devint l'unique moyen d'existence de neuf personnes.

Il ne gagnait que vingt sous par jour, et cependant il y a quelque chose de si noble, de si délicat dans les sentiments généreux que, dans cette extrême détresse, il ne voulut jamais permettre à ses beaux-frères aveugles d'aller implorer la pitié publique. Il s'était fait une telle idée de ses devoirs, qu'il aurait cru mériter des reproches si sa famille eût reçu des secours étrangers. Il aimait mieux lui distribuer tout le pain qu'il gagnait si paisiblement, et s'exposer, comme cela lui est arrivé plusieurs fois, à tomber d'inanition au milieu de son travail.

Jamais on ne l'a entendu se plaindre, encore moins se vanter, et après une si énergique persévérance, on ignorerait peut-être encore son dévouement hors de l'étroite enceinte de son village, si l'amour de l'humanité n'eût amené dans cette chaumière un chirurgien recommandable, qui entreprit de rendre la vue aux trois aveugles. Malheureusement ses efforts n'ont pas été récompensés par le succès ; mais, témoin de ce que fait depuis dix ans l'infatigable père de cette nombreuse famille, il en a révélé les besoins, le malheur, les nobles dettes, et cette heureuse indiscrétion a fait parvenir jusqu'à nous, non pas un trait de vertu, mais une vie entière que nous nous félicitons d'avoir à publier.

(Extrait des *Prix de Vertu*.)

2. — Hortense Fagot.

Hortense Fagot est née dans le sein d'une de ces familles infortunées où la pauvreté, la maladie et la conduite semblent s'unir. La mère, depuis longtemps atteinte d'une de ces cruelles affections de poitrine qui font apercevoir la mort de si loin, n'en travaillait pas avec moins de courage ; mais son mari venait d'ordinaire lui enlever, le  soir, le peu d'argent qu'elle avait gagné dans la journée, pour l'aller dépenser en orgies, et il ne rentrait au logis que pour la battre. Cinq enfants en bas âge achevaient ce complet tableau des misères humaines.

Lorsque la pauvre mère se sentit enfin mourir, elle fit venir sa fille aînée auprès de son lit : c'était Hortense ; elle avait seize ans. Elle lui donna ses derniers conseils : c'était, hélas ! son seul héritage. Elle lui recommanda longuement ses frères et ses sœurs, lui dit qu'elle était désormais leur seul appui (le père avait entièrement abandonné sa famille depuis peu), et lui fit jurer de leur servir de mère. Vous allez juger si cette vertueuse fille a bien tenu son serment.

La mère d'Hortense avait laissé quelques dettes; l'aîné des quatre enfants confiés à sa garde n'avait pas quatorze ans. Hortense, dans cette extrémité, ne s'adressa point à la charité publique; elle ne demanda de ressources qu'à l'ordre et au travail. Voici comment elle s'y prit.

Hortense place d'abord sa sœur cadette, enfant de quatorze ans, en apprentissage, et ne la rappelle au logis que lorsqu'elle sait assez bien travailler pour aider à la vie commune. Elle l'institue alors la ménagère. Elle obtient, pour les deux enfants qui suivent celle-ci, l'entrée de la manufacture où elle travaille elle-même. Quant au quatrième, elle se charge d'en faire un excellent ouvrier en lui apprenant le tissage à la mécanique, dans lequel elle excelle, et bientôt il peut se placer avantageusement dans un atelier d'une ville voisine. Grâce à l'admirable économie qu'Hortense introduit dans la maison, non seulement on ne fait point de dettes, mais on épargne quelque argent. Cet argent-là est d'abord consacré à acquitter les dettes qu'avait laissées la mère de famille. Les dettes n'étaient pas grandes, mais le fonds destiné à les amortir était fort petit; on mit quatre ans à se débarrasser de cette lourde charge. La dette éteinte enfin, Hortense n'employa pas le léger superflu qui en résultait à accroître l'aisance commune; elle le plaça à la caisse d'épargne. Elle prit un livret pour elle-même. Elle voulut que chacun de ses frères et sœurs en prît un. Sur ces livrets, on ne devait pas voir figurer sans doute des sommes considérables; mais les enfants s'habituaient ainsi à l'épargne.

N'y a-t-il pas quelque chose de singulièrement touchant et réjouissant pour le cœur, dans le spectacle offert par la prospérité de ce petit ménage, composé entièrement d'enfants, et si sagement conduit par une jeune fille à peine hors de l'enfance.

(Extrait des *Prix de Vertu*.)

3. — Léon.

Le jeune Léon est né à Beaune de parents pauvres : il est l'aîné de trois enfants, et il arrive le premier à cet âge où les fils reconnaissants comprennent qu'ils doivent rendre à ceux qui les ont nourris les secours qu'ils en ont reçus. La faiblesse de sa constitution lui interdisant les travaux pénibles, il se voue à l'instruction publique ; et c'est à dix-neuf ans qu'il commence la sienne. Le zèle et l'aptitude suppléent au temps, et, deux ans après, il peut donner des leçons d'allemand et de mathématiques. Les parents ont vieilli ; les infirmités ont suivi la vieillesse ; il en est la providence ; il amasse même pour l'avenir, et il peut donner à sa sœur une dot de 600 francs. Il est heureux et se sent capable d'aller plus loin. Il concourt pour l'agrégation des lycées, et il est reçu après un brillant examen. Il croit être sur la voie d'une découverte scientifique, il adresse un mémoire à l'Académie des Sciences ; et la commission qui l'examine l'encourage par ses éloges mêmes à continuer ses savantes expériences.

Eh bien! cet avenir qui s'offre à lui, cette gloire qu'il peut rêver, la bonté de son cœur va le forcer d'y renoncer. Son frère est déjà père de six enfants en bas âge, son travail ne peut suffire à les nourrir, et la misère l'entraîne dans une faute dont la cruelle expiation le sépare de sa famille. Léon n'hésite point : la femme et les enfants de son frère sont adoptés, nourris, élevés par cet excellent jeune homme ; les économies qui devaient l'aider à poursuivre ses expériences sont absorbées par ce sacrifice. Il redouble de zèle pour subvenir à l'existence de dix personnes ; il s'impose des privations nouvelles, et un travail de seize heures par jour. Ce n'est pas tout encore ; la sœur qu'il a mariée n'a que les bras de son mari pour vivre ; ce mari devient infirme, et c'est sur Léon que ce nouveau malheur retombe, sans lasser son infatigable charité. C'est une sœur, ce sont deux neveux qui viennent accroître sa famille adoptive et les charges qu'il s'est imposées.

L'université l'appelle alors à une chaire de mathématiques, c'est une fortune personnelle, un avenir assuré ; mais le collège qu'on lui assigne est à vingt lieues de son pays. Il ne peut, il n'ose traîner dans une ville étrangère ce cortège de vieillards, d'orphelins et de veuves. Il sacrifie son avancement ; il reste auprès de ceux dont il est l'unique soutien ; et voilà quinze ans que dure cette vie d'abnégation et de charité, sans qu'une plainte, un murmure échappe à celui qui la subit.

(Extrait des *Prix de Vertu*.)

4. — La princesse de Schwarzenberg.

Dans la fête qui fut donnée, le 1ᵉʳ juillet 1810, par l'ambassadeur d'Autriche, à l'occasion du mariage de l'empereur Napoléon avec l'archiduchesse Marie-Louise, la flamme d'une bougie atteignit les draperies d'une croisée de la salle du bal, et le feu se propagea avec la rapidité de l'éclair. Tout le monde se précipita à la fois vers les portes pour échapper à l'incendie. La princesse Pauline de Schwarzenberg, belle-sœur de l'ambassadeur, fut écartée par la foule et resta une des dernières dans la salle. Elle tenait une de ses filles par la main. Un débris embrasé fit tomber cette jeune personne, qu'un homme qui se trouvait près d'elle releva et porta hors de la salle. Elle fut elle-même entraînée dans le jardin. Ne voyant plus sa fille, elle l'appelait à grands cris. Après un quart d'heure de recherches, poussée par l'héroïsme de l'amour maternel, elle rentra dans la salle enflammée, et depuis ce moment on ne sut plus ce qu'elle était devenue ; mais au point du jour, on trouva dans les débris de la salle un corps défiguré, que le docteur Gall crut reconnaître pour celui de la princesse Pauline ; il ne resta plus de doute quand on vit ses bijoux, et le chiffre de ses enfants qu'elle portait à son cou. La princesse Pauline était mère de huit enfants. Elle était aussi distinguée par les grâces de sa personne que par les qualités de son esprit et de son cœur. L'acte de dévouement qui lui coûta la vie prouve combien elle fut digne de regrets, car la mort était évidente : les flammes sortaient en tourbillons. Une mère seule était capable d'affronter un tel danger.

5. — La mère et le lion.

Un énorme lion, échappé de la ménagerie de Florence, courait dans les rues de cette ville en poussant des rugissements affreux. Chacun, à son approche, fuyait épouvanté, cherchant à s'enfermer dans quelque maison. Une pauvre femme, qui portait son enfant dans ses bras et qui ne pouvait aller assez vite avec ce précieux fardeau, se hâtait de toutes ses forces pour gagner une porte qu'on venait d'ouvrir devant elle. Dans sa précipitation, elle fit un faux pas et laissa tomber cet enfant. Quelle horrible situation ! En l'abandonnant, elle allait le voir mis en pièces ; en voulant le reprendre, elle allait être dévorée elle-même avec lui. Mais le cœur d'une mère ne calcule point le danger. La malheureuse femme se précipita aux pieds de l'animal furieux qui tenait déjà sa jeune proie, et, saisissant son enfant de ses mains, elle s'écria : « *O lion ! épargne mon fils !* » Et il y eut en ce moment tant d'âme dans sa voix et dans son regard, que la férocité du lion en fut vaincue. Il laissa reprendre l'enfant à la mère, sans lui avoir fait aucun mal, et s'éloigna tranquillement, après l'avoir regardée d'un œil qui semblait annoncer le contentement de ce qu'il venait de faire.

CHAPITRE II

TENDRESSE CONJUGALE

> Les grandes pensées viennent du cœur.
> VAUVENARGUES.
>
> Plus nous développons notre cœur, plus il s'agrandit ; plus nous aimons, plus nous nous dévouons, plus nous devenons capable d'amour et de dévouement.
> LABOULAYE.

6. — Madame de Lavalette.

Le comte Marie Chamans de Lavalette, directeur général des postes de France sous l'Empire, ayant été condamné à mort pour avoir favorisé le retour de Napoléon de l'île d'Elbe, devait être exécuté le 21 décembre 1815. La veille du jour fatal, madame de Lavalette se rendit à la Conciergerie, accompagnée de sa fille et d'une femme attachée à son service. Elle était vêtue d'une robe de mérinos rouge garnie de fourrure, et avait sur la tête un chapeau noir à plumes mélangées.

Peu de temps après le dîner, vers les sept heures du soir, un coup de sonnette avertit le concierge que son prisonnier demandait quelqu'un, et bientôt après il voit sortir madame de Lavalette qui se couvrait le visage d'un mouchoir blanc pour cacher ses larmes et étouffer ses sanglots. Sa fille, qui marchait à ses côtés, poussait des cris lamentables. Tout offrait le spectacle d'une famille livrée aux déchirements d'un dernier adieu.

Le concierge attendri ne se sentit pas la force d'arracher le mouchoir qui couvrait la figure de madame de Lavalette ; il lui présenta le bras, selon son usage, et la conduisit, ainsi que ses deux compagnes, jusqu'au dernier guichet.

Quelques minutes après, il revint dans la chambre de M. de Lavalette ; il ne vit personne, mais il entendit quelqu'un remuer derrière le paravent, et se retira.

Revenu une seconde fois, il appelle ; on ne répond pas ; il s'inquiète, s'avance vers le paravent, et reconnaissant madame de Lavalette, il s'écrie : « Ah ! madame, vous m'avez trompé ! » Il veut sortir pour donner l'alarme ; madame de Lavalette s'attache à lui, le retient par la manche de son habit : « Attendez, monsieur, attendez ! — Non, madame ; c'est affreux ! vous me perdez ! » On se débat, l'habit se déchire, le concierge s'échappe en appelant du secours.

Pendant ce temps, M. de Lavalette s'était réfugié dans la maison d'un ami, d'où il sortit, quelques jours après, déguisé sous l'uniforme de quartier-maître anglais. Deux officiers anglais qui s'étaient intéressés à son salut le conduisirent sain et sauf à la frontière.

7. — Lady Nihisade.

Après l'entreprise malheureuse du roi Jacques Stuart pour remonter sur le trône d'Angleterre, les seigneurs qui avaient embrassé son parti furent condamnés à périr par la main du bourreau, et exécutés le 16 mars 1716. Le lord Nihisade devait subir le même sort, mais il fut sauvé par la tendresse ingénieuse de son épouse. On avait permis aux dames de voir leurs maris, la veille de leur mort, pour leur faire leurs derniers adieux. Lady Nihisade entra dans la tour, appuyée sur deux femmes de chambre, un mouchoir devant les yeux, et dans l'attitude d'une femme désolée. Lorsqu'elle fut en présence du lord, qui était à peu près de la même taille qu'elle, elle l'engagea à changer d'habits, et à sortir dans la même attitude qu'elle avait eue en entrant; elle ajouta que son carrosse le conduirait au bord de la Tamise, où il trouverait un navire prêt à faire voile pour la France. Le stratagème réussit. Lord Nihisade disparut et arriva à trois heures du matin à Calais. En mettant pied à terre, il fit un saut, en s'écriant : « *Me voilà sauvé.* » Ce transport le décela, mais il n'était plus au pouvoir de ses ennemis. Ceux-ci, le croyant encore prisonnier, envoyèrent, le lendemain matin, un religieux à la tour pour le préparer à la mort. Ce religieux ne fut pas médiocrement surpris de trouver la femme au lieu du mari. La nouvelle de l'évasion se répandit dans le moment. Le lieutenant de la tour consulta la cour pour savoir ce qu'il devait faire de lady Nihisade. Il reçut ordre de la mettre en liberté ; mais elle refusa de sortir avant d'avoir des habits de son sexe. Dès qu'elle les eut reçus, elle regagna son hôtel à travers la foule accourue sur son passage pour lui témoigner l'admiration qu'inspirait cet acte d'héroïsme conjugal.

8. — Éponine et Sabinus.

Julius Sabinus, chef des Eduens, qui se disait issu de César et qui en prenait le nom, eut l'ambition de soustraire les Gaules, sa patrie, à l'autorité de Vespasien, pour y établir la sienne ; mais il éprouva une défaite, après laquelle il ne lui resta plus d'autre parti à prendre que de dérober sa tête à la vengeance de l'empereur. Dans cette extrémité, il assembla ses esclaves, leur persuada qu'il était décidé à se donner la mort, les récompensa, les congédia, mit le feu à son palais, d'où il s'échappa secrètement, et alla se cacher dans un vaste souterrain inconnu à tout le monde, excepté pour deux de ses esclaves qu'il avait choisis pour confidents, et sur la fidélité desquels il pouvait compter. Personne ne douta qu'il n'eût péri dans l'incendie, et sa femme Eponine, alors absente, y fut trompée comme les autres. La douleur qu'elle ressentit de la perte de son mari la poussa à la résolution de ne pas lui survivre, et elle se refusa toute espèce de nourriture. Sabinus, instruit de sa situation, lui envoya un des deux esclaves, qui la rappela à la vie et au bonheur en lui révélant la vérité. Pressée de revoir l'objet si cher de son affection, elle alla le trouver la nuit suivante, et ils concertèrent ensemble les mesures qu'ils devaient prendre pour leur sûreté commune. Il était impossible qu'Éponine disparût entièrement du monde sans s'exposer à des recherches dangereuses ; d'ailleurs, en renonçant pour toujours à sa famille et à ses amis, elle se serait ôté les moyens de servir Sabinus si l'occasion s'en présentait. Il fut décidé qu'elle continuerait ses visites avec prudence ; et jamais elle ne manqua au rendez-vous donné, quelque temps qu'il fît : ni le froid ni la pluie ne pouvaient l'arrêter ou la retarder. Ainsi le triste souterrain devint pour ces tendres époux un asile enchanté. Ils y eurent, ils y élevèrent des enfants. Cependant les voyages d'Éponine, étant alors plus multipliés et plus longs, éveillèrent des soupçons. Elle fut observée, suivie, et au bout de dix ans, elle eut la douleur de voir enlever son mari par des soldats impitoyables ; elle-même fut arrêtée et conduite à Rome avec lui. Elle se présenta devant l'empereur avec sa jeune famille, qui voyait le jour pour la première fois ; elle embrassa ses genoux et sollicita sa clémence par des larmes et des paroles touchantes qui émurent tous les spectateurs. Mais la politique de Vespasien se montra inexorable. La femme fut envoyée au supplice avec son mari. Plutarque, qui raconte ce fait en détail, ajoute que la cruauté de l'empereur fit horreur aux dieux et aux hommes, et contribua sans doute à la ruine de la famille flavienne.

Éponine obtint une gloire immortelle par son admirable conduite, et le nom de cette héroïne de l'amour conjugal sert encore aujourd'hui à désigner une épouse pleine de dévouement et de vertu.

9. — Madame Grotius.

Grotius, illustre par ses talents et surtout par son amitié pour le grand pensionnaire de Hollande, Barnevelt, fut condamné, pour cette seule raison, à une prison perpétuelle et enfermé dans le château de Louvenstein. Mais il eut le bonheur de se sauver au bout de quelque temps, par le conseil et l'industrie de son épouse.

Cette femme vertueuse avait remarqué que les gardes de la forteresse, lassés de visiter et de fouiller un grand coffre rempli de linge qu'on envoyait blanchir à Gorcum, ville voisine, commençaient à le laisser passer sans l'ouvrir ; elle crut qu'on pouvait tirer parti de cette négligence, et conseilla à son mari de se mettre dans le coffre, à la place du linge ; mais, pour ne rien hasarder, elle fit des trous au coffre à la place où Grotius devait tourner le visage, et s'y enferma autant de temps qu'il en fallait pour aller de Louvenstein à Gorcum. Cet essai ayant parfaitement réussi, elle choisit un jour où le commandant était obligé de s'absenter, alla rendre visite à la commandante, et lui parla de la santé de son mari, qu'elle feignit si faible qu'elle voulait, disait-elle, renvoyer tous ses livres dans un coffre, afin de l'empêcher de travailler. Le lendemain, elle met son mari à la place des livres dans le coffre, que deux soldats viennent prendre et emportent. L'un d'eux, trouvant le coffre plus lourd que de coutume : « *Il faut*, s'écrie-t-il, *qu'il y ait quelque Arménien là-dedans*, façon de parler alors en usage. — *Effectivement*, répond madame Grotius, *il y a des livres arméniens.* » On descend le fardeau avec beaucoup de peine. Aux soins, aux agitations de la tendre épouse, un soldat a quelques soupçons ; il demande la clef, elle ne se trouve point. Il va prendre les ordres de la commandante qui, instruite dès la veille, dit qu'on laisse passer le coffre, qu'elle sait qu'il est plein de livres. Grotius fut ainsi transporté, non sans beaucoup d'inquiétude, jusqu'à Gorcum, d'où il passa à Anvers. Le commandant, irrité de voir son prisonnier échappé, fit resserrer étroitement madame Grotius, et lui intenta un procès criminel. Il y eut des juges pour vouloir qu'on la retînt prisonnière à la place de son mari ; mais les états-généraux, auxquels elle présenta sa requête, lui accordèrent son élargissement.

« Une telle femme, disait Bayle, mériterait, dans la
» république des lettres, une statue. C'est à elle que
» nous devons les excellents ouvrages que son mari a
» mis au jour, et qui ne seraient jamais sortis des té-
» nèbres de Louvenstein s'il y eût passé toute sa vie,
» comme les juges choisis par ses ennemis l'avaient
» résolu. »

10. — L'épouse du duc de Bavière.

Guelphe, duc de Bavière, faisant la guerre à l'empereur Conrad III, fut assiégé par ce prince dans le château de Weinsberg, où il se défendit jusqu'à la dernière extrémité. Enfin il fut obligé de se rendre à discrétion. L'empereur traita avec beaucoup de civilité l'officier que Guelphe envoya pour capituler, et donna sa parole que le duc avec ses troupes pourrait passer à travers l'armée impériale. Mais la femme du duc, prenant ombrage d'une si grande bonté, craignit que, sous les apparences d'une douceur et d'une clémence affectées, l'empereur ne cachât quelque ressentiment contre son mari, à cause de quelques discours outrageux qu'il avait à lui reprocher. Ce qui fit qu'elle voulut un engagement plus sûr que celui de la parole. Ainsi, par un gentilhomme qu'elle envoya à ce prince, elle lui fit demander un sauf-conduit, tant pour elle que pour les dames et pour les autres femmes qui étaient dans le château, afin qu'elles pussent sortir et passer, et être conduites en lieu de sûreté avec ce que chacune d'elles pourrait emporter. Tout cela fut accordé.

Cette sortie se fit en présence de Conrad III et de toute l'armée, et l'on ne fut pas peu surpris de voir venir la duchesse, les baronnes et les autres dames de qualité dont les maris avaient offensé l'empereur, chacune portant, quoique avec beaucoup de peine, son mari sur ses épaules. On croyait dans l'armée que lorsque la duchesse avait demandé cette permission, c'était pour emporter seulement des pierreries, de l'or et de l'argent, et l'on ne se défiait point de cette ruse. L'empereur, surpris tout d'un coup de ce spectacle, et faisant réflexion sur la tendresse et le courage de ces dames, qui regardaient leurs maris comme leur vrai trésor et ce qu'elles avaient de plus précieux, fut tellement touché de les voir dans cet état, qu'il ne put s'empêcher de verser des larmes. Il les loua, les retint à dîner, et fit avec le duc de Bavière et ses autres ennemis un accommodement sincère.

CHAPITRE III

PIÉTÉ FILIALE

> La piété filiale est la plus suave de toutes les vertus.
> BLAUCHÊNE.
>
> La gloire d'un fils, ce doit être le nom de son père.
> Moy.
>
> Le fils qui rougit de l'humilité de ses parents se déshonore lui-même.
> ***

11. — Le jardinier Lenôtre.

Le jardinier Lenôtre, qui a planté les jardins de Versailles et des Tuileries, n'est pas devenu moins célèbre que les architectes qui ont élevé ces palais. Sa réputation s'était étendue non seulement en France, mais dans l'Europe entière. De toutes parts, on s'adressait à lui pour en obtenir des plans et des dessins de jardins et de parcs destinés à embellir les résidences royales et les châteaux des grands seigneurs. Lenôtre n'en conservait pas moins la simplicité de manières et la naïveté de sentiments qu'il devait à sa profession et aux exemples de son excellent père, dont il garda jusqu'à la fin le plus pieux et le plus tendre souvenir.

Trois mois avant la mort de Lenôtre, le roi, qui aimait à le voir et à le faire causer, le mena dans ses jardins et à cause de son grand âge (il avait 88 ans), le fit mettre dans une chaise que des porteurs roulaient à côté de la sienne, et Lenôtre disait : « Ah ! mon pauvre père, si tu vivais et que tu pusses voir un pauvre jardinier comme moi, ton fils, se promener en chaise à côté du plus grand roi du monde, rien ne manquerait à ma joie. »

SAINT-SIMON (*Mémoires*).

12. — Amphinone et son frère.

Le feu du mont Etna, après avoir renversé tous les obstacles et brisé toutes les digues qui s'opposaient à son passage, sortait un jour avec impétuosité et se répandait de tous côtés. Ce torrent enflammé portait partout le ravage et la désolation : les moissons et tous les lieux cultivés d'alentour, les maisons, les forêts et les collines couvertes de verdure, tout était la proie de ce terrible élément. A peine l'éruption du volcan avait commencé que Catane se sentit agiter d'un violent tremblement de terre, et l'on vit, même dans le sein de cette ville, des laves s'élancer en bouillonnant du sol entr'ouvert. Chacun tâche alors, selon ses forces et son courage, d'arracher ses richesses à la fureur du feu. L'un gémit sous le pesant fardeau de son argent, l'autre est si troublé, qu'il prend les armes, comme s'il voulait combattre contre cet élément. Celui-ci, accablé sous le poids de ses richesses, peut-être acquises par ses crimes, ne saurait avancer, pendant que le pauvre, chargé d'un fardeau plus léger, court avec une extrême vitesse ; enfin chacun fuit, chacun emporte ce qu'il a de précieux. Mais tous ne peuvent pas également se sauver ; le feu dévore ceux qui sont les plus lents à fuir, et ceux qu'une sordide avarice a retenus trop longtemps. Ceux qui croient avoir échappé à la fureur de l'incendie en sont atteints, et perdent en un moment les richesses qu'ils avaient enlevées et le fruit de leurs peines ; ces précieuses dépouilles deviennent la pâture de la flamme

Amphinone et son frère.

qui, dans sa fureur, n'épargne que ceux qu'anime la piété.

Amphinone et son frère, tous deux portant avec un courage égal de riches objets qu'ils voulaient sauver, aperçurent leur père et leur mère, accablés de vieillesse et d'infirmités, se tenant à peine à la porte de leur maison où ils s'étaient traînés; ces deux enfants courent à eux, et, abandonnant tout le reste pour les prendre, ils se partagent ce fardeau, sous lequel ils sentent augmenter leurs forces. Quoique l'incendie exerce sa fureur de tous côtés, les deux frères traversent toutes les flammes comme en triomphe : ils échappent l'un et l'autre, sous ce fardeau sacré, à la violence du feu, qui modère sa fureur autour d'eux ; enfin ils arrivent en lieu de sûreté, sans avoir reçu aucun mal.

Un si beau trait est devenu à jamais célèbre. Les poètes ont pris plaisir à le chanter, les historiens se sont appliqués à le retracer; Syracuse et Catane se sont disputé la gloire d'en avoir vu naître les auteurs.

Pourquoi donc tant d'hommages décernés à une action très louable sans doute, mais très naturelle? Est-ce parce que des vertus de cette espèce n'étaient pas communes autrefois ? Gardons-nous de le penser. C'est parce que les hommes de ces premiers temps sentaient mieux que nous, peut-être, que le dévouement filial est un des devoirs les plus essentiels de la morale, une des bases les plus solides de la société, et qu'il ne peut jamais être tenu en assez grand honneur.

13. — Abraham Lincoln.

Abraham Lincoln, le président des États-Unis, n'était dans sa jeunesse qu'un pauvre bûcheron. Mais il sut s'instruire tout en gagnant sa vie; son renom de bon sens, de droiture et de probité se répandit et il arriva ainsi du plus humble métier à la première magistrature de la République. Il contribua à l'abolition de l'esclavage des nègres et pacifia les États-Unis, bouleversés par la guerre civile la plus affreuse des temps modernes.

Il acquit ainsi la gloire la plus pure, celle qui est fondée sur l'estime des contemporains.

Quand ses amis, fiers de son élévation, le comblaient d'éloges, l'appelaient le « libérateur des noirs », « le grand homme », il répondait : « Donnez-moi un autre nom, mes amis, il sera plus juste, j'espère, et il me touchera davantage ; dites que j'ai voulu être un « bon fils ». Voilà la source de ce que j'ai pu faire de bien. J'ai eu la meilleure et la plus noble des mères ; j'ai tâché de n'être point pour elle un sujet de tristesse, mais toujours de consolation. Tout ce que je suis, tout ce que je voudrais être, c'est à elle que je le dois.»

14. — Louise Germain.

Louise Germain est employée depuis trente-sept ans à la manufacture de dentelles de Dieppe; après avoir perdu son père et six frères et sœurs, elle est restée seule avec sa mère, à demi paralysée, qu'elle nourrit de son travail. Pour ne pas s'en séparer, elle a refusé de se marier, elle la soigne  avec un zèle et une tendresse qui ne se sont jamais démentis; chaque jour, elle accomplit son devoir filial sans jamais se lasser, ni laisser abattre.

La vie est rude pourtant dans ce pauvre ménage; la vieille femme, qui a aujourd'hui soixante-seize ans, est perclue de douleurs et condamnée par les infirmités et la maladie à une inaction complète. Elle passe des journées à souffrir; la nuit elle ne se trouve guère à l'aise dans ce lit étroit, sur cette dure paillasse qui sert à la mère et à la fille, et on lui a souvent entendu dire : « Je voudrais bien ne pas mourir avant d'avoir couché sur un matelas. »

(Extrait des *Prix de Vertu*.)

15. — Le jeune trompette.

Afin de soulager son vieux père, déjà avancé en âge et chargé de famille, un petit villageois des environs de Philippsbourg, ayant à peine atteint sa onzième année, quitta la maison paternelle et s'engagea, en qualité de trompette, dans le régiment de Furtemsberg. Il y fut généralement aimé pour son intelligence et sa docilité envers ses chefs.

Une conduite régulière, jointe à une taille avantageuse, le firent avancer promptement. Il devint le premier trompette de son corps.

Il y avait déjà huit années qu'il était parti du pays natal, et, pendant ce temps, il n'avait cessé d'envoyer à sa famille tout l'argent qu'il avait pu économiser sur sa paie, ou se procurer par une honnête industrie ; mais cela ne suffisait point à son cœur, il brûlait de revoir cette famille aimée ; il redisait souvent : « Quand » irai-je donc embrasser mon pauvre père ? Oh ! qu'il » sera content de me presser sur son sein ! » Plein de cette idée, il alla demander un congé à son chef. Celui-ci le lui accorda, et le força d'accepter cent pièces d'or en récompense d'un service signalé qu'il en avait reçu dans un combat. Le jeune militaire se mit en route avec une ceinture garnie de cette somme et sa trompette chérie.

Oh ! quelle fête ! quel jour de gloire pour un bon

fils! quel bonheur de retourner, après un si long temps, aux lieux témoins de son enfance! quel triomphe surtout d'y reparaître en bienfaiteur, et d'y donner des preuves de sagesse dans un âge qui, le plus souvent, n'est encore marqué que par des écarts et des fautes.

Le jeune homme s'était mis en marche vers la fin de l'hiver de 1709; le Rhin était glacé à plusieurs pieds de profondeur. Il voulut passer sur la glace, quoiqu'on l'avertît du danger auquel il s'exposait, afin de ne pas prendre un détour qui aurait retardé de quelques heures son arrivée au village qu'habitait son vieux père.

Quand il est vers le milieu du fleuve, la débâcle s'opère subitement avec un fracas semblable à une décharge d'artillerie, et le malheureux se sent entraîné par le courant. Vainement il s'élance d'un glaçon sur un autre pour regagner le bord, où la glace tient encore fortement, les glaçons s'entrechoquent et fléchissent sous ses pas; vainement il appelle à son secours : la foule accourue sur les deux rives n'ose et ne peut tenter un hasard si périlleux : chacun lève les bras au ciel et fait des vœux stériles dans cette terrible conjecture. Marchant sur le gouffre, voyant qu'il ne peut tarder à y être englouti, le bon fils veut signaler sa dernière heure par les pieux sentiments qui l'ont guidé dans son voyage : il prend sa trompette, sonne un air guerrier que son père aimait beaucoup, puis s'écrie : « Ma ceinture contient cent pièces d'or, j'en donne cinquante » à celui qui repêchera mon corps et qui remettra les » cinquante autres à mon père... » En achevant ces mots, il est renversé par un énorme glaçon et disparaît...

Son corps fut retrouvé quelques jours après. On apporta au père de cet infortuné, non cinquante pièces d'or, mais les cent qui étaient dans la ceinture.

Le malheureux père ne put survivre à sa douleur.

.16. — **Le jeune Casabianca à Aboukir.**

Ce vaisseau, qui peu d'heures avant dominait royalement dans la rade d'Aboukir et présentait plus de cinq cents visages humains pleins de vie et de force sur son gaillard d'avant, était désert, et tout ce qui n'avait pas été frappé par le boulet ennemi s'empressait

de se soustraire à une mort certaine en se jetant à la mer et gagnant la terre à la nage. Un seul homme restait debout et, les bras croisés sur sa large poitrine, la figure souillée de sang, noire de poudre et de fumée, il regardait d'un œil sombre un autre homme, respirant encore, couché au pied du grand mât, ayant les jambes fracassées et perdant tout son sang et la vie sans laisser échapper aucune plainte. Son œil mourant se soulevait pour voir encore flotter au-dessus de sa tête le drapeau de la France républicaine. A quelques pas de l'homme mourant était un jeune garçon âgé de quatorze ans environ et revêtu d'un habit bleu sans aucune marque distinctive. Un petit sabre était à son côté, et, dans sa ceinture de marin, étaient deux pistolets. Il regardait l'homme mourant avec une expression de profond désespoir, et en même temps de résignation, qui faisait comprendre que lui aussi avait fini avec la vie.

Ce vaisseau, c'était l'*Orient*. L'homme mourant était Casabianca, capitaine du vaisseau amiral de l'expédition d'Égypte, et le jeune garçon était le fils du vieux soldat.

— Prends cet enfant, dit le capitaine au contre-maître. Sauvez-vous tous deux, il est encore temps, et laissez le vieux marin mourir tout seul. Il n'est plus qu'une vieille cartouche avariée.

— N'avance pas, dit l'aspirant en étendant la main vers lui, sauve-toi. Quant à moi, ma place est ici, je ne quitte pas mon père.

— Mon fils, dit le mourant en jetant sur le noble enfant un regard qui renfermait toutes les joies qui peuvent inonder le cœur d'un homme, mon fils, je t'ordonne de partir.

En ce moment, un craquement terrible fit grincer les planches du navire, la flamme devenait maîtresse du bâtiment. Une épouvantable détonation annonça le sort d'une victime de cette affreuse journée. C'était celui qui attendait l'*Orient*. Déjà les planches devenaient brûlantes sous les pieds. Le contre-maître eut un moment de crainte, ses yeux se portèrent sur la côte dont ils n'étaient qu'à deux cents toises. Mais ce mouvement naturel à tout homme qui cherche sa conservation ne fut que passager. Il reprit son attitude insouciante. Seulement il cligna de l'œil en regardant le jeune garçon, et, sur un signe du père mourant, il voulut encore le saisir. Mais le jeune marin, prenant un de ses pistolets, menaça le marin de l'étendre à ses pieds s'il insistait encore.

— Je dois et je veux rester, s'écria-t-il, va-t'en, et que le ciel te sauve ! Tu n'as pas de temps à perdre.

Un nouveau craquement qui sortit du fond de cale comme un profond gémissement fit tressaillir le marin. Il porta un coup d'œil égaré sur la Sainte-Barbe, les flammes allaient l'atteindre. Encore quelques secondes peut-être et il ne serait plus temps. Le jeune homme comprit l'anxiété renfermée dans ce regard, et, se couchant à côté de son père, il le prit dans ses bras.

— Pars ! s'écria-t-il. Mon père, bénis-moi.

Ce furent les dernières paroles que le marin entendit. Il s'élança à la mer et s'efforça de gagner la côte.

Il n'avait pas fait dix brasses de chemin que l'*Orient* sauta en l'air avec un bruit épouvantable. Il en était encore si près que ses épaules furent couvertes de clous et de débris lancés par le navire dans son dernier déchirement.

(*Mémoires de la duchesse d'Abrantès.*)

17. — Henriette Garden.

Mademoiselle Henriette Garden, née à Paris, y demeurant, rue de la Verrerie, n'avait que huit ans lorsqu'elle perdit sa mère. Son père crut devoir la confier à trois demoiselles, anciennes amies de madame Garden, qui ne purent lui donner qu'une éducation commune ; elle apprit à coudre et à soigner un ménage.

A quatorze ans, elle revint chez M. Garden ; il la mit à la tête de sa maison. Heureuse de prévenir les moindres désirs de son père, elle se proposait de passer ses jours auprès de lui ; et cet avenir suffisait si bien à son cœur, qu'elle refusa plusieurs offres d'établissement. Tout à coup son père lui déclare qu'il va se remarier : cette nouvelle la surprend, mais elle ne se permet aucune observation, elle sourit même, en voyant que son père se flatte d'être heureux. Le mariage se conclut, et mademoiselle Garden a la douleur de ne pas suivre son père chez sa nouvelle épouse.

Elle avait alors vingt ans ; elle se réfugia dans une petite chambre. Elle était obligée, pour subsister, de coudre et de raccommoder le linge ; ses journées les plus fortes ne s'élevaient pas à plus de vingt sous. Son unique bonheur était d'aller rendre visite à son père ; il lui fut aisé de s'apercevoir que sa présence n'était pas agréable à la femme de M. Garden. La simplicité de ses manières, la pauvreté de ses vêtements, contrastaient avec l'élégance qu'on voyait régner dans la maison. Elle supporta sans se plaindre les procédés de sa belle-mère, elle ne cessait de témoigner la plus vive tendresse à son père et à son jeune enfant, son frère, né du nouveau mariage de M. Garden.

Bientôt on lui enjoignit de ne plus faire ses visites qu'aux époques de l'année consacrées par la piété filiale : encore lui fut-il prescrit de ne paraître qu'aux heures où la famille était seule, et d'entrer par un escalier dérobé, réservé aux domestiques. Si son père était malade, elle obtenait à grand'peine la faveur de s'établir à son chevet, mais sous la condition de ne point se nommer devant les étrangers, et de passer, même pour les médecins, pour une garde salariée.

Il y avait trente ans que M. Garden s'était remarié. Depuis quelque temps, il habitait la campagne, et sa fille ignorait le lieu de sa résidence, lorsqu'un jour il se présente chez elle, lui dit que ses affaires l'obligent à un séjour de peu de durée à Paris, et qu'il a résolu d'habiter pendant ce temps son modeste asile. M. Garden avait perdu sa fortune ; la dissension l'éloignait de son autre famille ; il n'avait plus au monde qu'une seule amie : c'était sa fille. Elle le reçoit avec transport et s'empresse de lui céder son lit. M. Garden, depuis ce moment, jusqu'à sa mort, qui arriva deux ans après, ne parla plus de retourner chez lui. Jamais sa fille ne lui fit la moindre question sur les motifs qui avaient pu l'engager à se séparer de sa femme et de son fils.

Elle souffrait d'une maladie douloureuse; elle retrouva des forces pour servir et soigner son père.

Elle employait la matinée à raccommoder les habits de M. Garden, à blanchir son linge, à préparer ses repas. Les personnes chez lesquelles elle travaillait, avaient consenti qu'elle n'allât à sa journée qu'à midi; mais pour regagner le temps perdu, elle y restait jusqu'à onze heures du soir. Son modique salaire ne pouvait suffire à la dépense de deux personnes, d'autant plus qu'une fausse délicatesse lui faisait une loi de cacher à son père une partie de sa misère; elle se vit forcée de profiter de la bonne volonté de quelques voisins bienveillants et de contracter envers eux des dettes qui, à la mort de son père, grossies par les dépenses de sa dernière maladie, s'élevaient à cinq cents francs : quelle somme pour une pauvre fille qui n'a que son travail pour vivre ! Son père est mort entre ses bras. Depuis elle travaille de toutes ses forces, elle s'impose des privations, sans les imposer à sa compagne, afin de payer sa dette et son vœu le plus ardent est de ne point mourir sans y être parvenue.

(Extrait des *Prix de Vertu*.)

18. — L'élève de l'École militaire.

Un jeune homme, placé depuis peu à l'École militaire, se contentait de manger de la soupe, du pain sec, de boire de l'eau. Le gouverneur, instruit de ces privations volontaires, le fait appeler et lui en demande la raison; le jeune homme hésite d'abord à la dire, mais enfin, obligé de parler, il l'explique en ces termes :
« Hélas ! monsieur, dans la maison paternelle je n'avais
» que du pain noir en petite quantité, avec de l'eau
» pour tous mes repas ; ici je trouve une bonne soupe,
» un pain excellent et à discrétion ; c'est bien assez
» pour moi : et comment pourrais-je me résoudre à

» faire meilleure chère quand je pense que mon père et
» ma mère, d'un âge très avancé, sont condamnés par
» leur indigence à des privations beaucoup plus péni-
» bles ! — Votre père n'a donc point de pension ? —
» Non, monsieur ; pendant un an il en a sollicité une,
» à laquelle il avait droit par ses longs services ; mais
» n'ayant pas le moyen de prolonger son séjour à Ver-
» sailles, il est retourné chez lui sans l'avoir obtenue.
» — Il l'obtiendra, mon ami, soyez-en sûr, et je vais,
» dès ce jour même, lui en faire envoyer d'avance le
» premier quartier. Quant à vous, recevez ces trois
» louis pour vos menus plaisirs. — Ah ! monsieur, dit
» le jeune homme en tombant à ses genoux, si vous
» vouliez ajouter cette somme à la pension ! L'argent
» m'est inutile, puisqu'ici j'ai tout en abondance ; mais
» il serait d'un grand secours à mon père pour ses
» autres enfants. » A ces mots, le gouverneur, attendri, relève le jeune homme, le presse dans ses bras
et le congédie, en l'assurant de tout son intérêt. Après
cela, il va chez le ministre, qui lui accorde sa demande,
et il écrit lui-même cette heureuse nouvelle au père de
son protégé, le félicitant d'avoir un si bon fils et lui
promettant de le regarder désormais comme le sien
propre.

19. — Le Petit garçon et madame d'Épinay.

Madame d'Épinay avait donné dix-huit sous à un
petit garçon pour une journée de travail. Le soir, il revient à la maison, n'ayant pas un liard. Sa mère lui
demanda si on ne lui avait rien donné, il répondit que
non et mentit. Cependant la chose s'éclaircit ; la mère,
mieux instruite, voulut savoir ce que les dix-huit sous
étaient devenus. Le pauvre petit, il les avait donnés à
un cabaretier chez lequel son père avait passé la journée
à s'enivrer, et épargné au bonhomme une querelle que

sa femme n'aurait pas manqué de lui faire. Si on tenait compte des bonnes actions, elles seraient plus fréquentes, n'en doutez pas.

DIDEROT.

20. — Le page du grand Frédéric.

Un jeune page de Frédéric II, roi de Prusse, étant de service, s'endormit vers le matin. Le roi sonna de

Le page du grand Frédéric.

très bonne heure, et ne voyant venir personne, il sortit à l'instant de son cabinet et passa dans l'antichambre, où il trouva le jeune page endormi sur une banquette. Son premier mouvement fut de secouer le dormeur pour le réveiller, mais il s'arrêta en voyant un papier qui sortait de sa poche, et il tira doucement ce papier dont il fut curieux de connaître le contenu. C'était une lettre par laquelle la mère indigente du jeune page le remerciait d'une somme qu'il venait de lui faire tenir sur ses petites épargnes. Charmé de l'action vertueuse de ce bon fils, le roi alla chercher un gros rouleau de pièces d'or et le glissa avec la lettre dans la même poche. Rentrant alors chez lui, il se mit à sonner avec tant de force que le jeune homme, réveillé en sursaut, courut se présenter à l'ordre en toute hâte. Ayant senti quelque chose de lourd qui battait sur sa cuisse, il y porta la main, et s'aperçut que c'était un rouleau pareil à ceux que le roi lui donnait à porter quelquefois à divers officiers. Saisi d'une frayeur soudaine, il pâlit et rougit tour à tour. Frédéric, l'œil fixé sur son visage, se plaisait à observer ces reflets rapides et fugitifs que venaient y peindre les mouvements successifs d'une âme noble et délicate. Mais pressé par son propre sentiment d'abréger cette épreuve morale, il s'écria d'un ton ferme : « Qu'est-ce donc ? vous avez l'air de trembler ? — Ah ! sire, répondit le jeune page en balbutiant, je ne sais qui a mis le rouleau que voici dans ma poche. — Eh bien ! mon ami, c'est la fortune dont vous avez reçu la visite en dormant. Envoyez cela à votre mère, et marquez-lui que j'aurai soin d'elle et de vos sœurs. »

21. — Le jeune Fabre.

Quelques années après la révocation de l'édit de Nantes, un détachement de troupes fut envoyé pour surprendre une assemblée de religionnaires qui se tenait à une lieue de Nîmes. Ce détachement fit plusieurs prisonniers, parmi lesquels se trouvaient des hommes et des femmes. L'autorité judiciaire prononça la peine des galères contre quelques-uns de ces hommes, et celle de la réclusion contre quelques-unes de ces femmes. Le jeune Fabre, fils de l'un de ces condamnés, conçoit un projet inspiré par un sentiment sublime de tendresse filiale. Il se rend sur la route où devait passer la chaîne, gagne le conducteur avec de l'or et prend la place de son vieux père. Couvert de ces fers honorables, il reste pendant six ans aux galères, donnant dans ces lieux infâmes l'exemple de la conduite la plus irréprochable. Enfin, au bout de ce temps, M. de Mirepoix, gouverneur du Languedoc, entend parler des vertus du jeune forçat, il apprend son noble dévouement, il obtient sa délivrance. Ce beau trait a été mis au théâtre par Fenouillot de Falbaire, dans le drame intitulé *l'Honnête criminel*.

22. — Le fils du forçat.

Un jour que les prisonniers de la maison de force de Vienne, en Autriche, remplissant les tristes et humiliants travaux auxquels ils sont condamnés, étaient occupés à balayer les rues de cette ville, un jeune homme assez bien vêtu s'approcha de l'un d'eux et lui baisa tendrement la main. Le baron de C..., conseiller d'État, qui l'aperçut de sa fenêtre, fit appeler le jeune homme, et lui dit qu'il n'était pas permis de baiser la main d'un prisonnier de la maison de force. « Eh ! répondit le » vertueux jeune homme, ce prisonnier est mon père et » mon devoir est de l'honorer. » Le conseiller, attendri, ne put répondre et se détourna pour cacher son émotion. Après cela, il alla trouver l'empereur, qui, sur-le-champ, ordonna d'inscrire ce tendre fils pour le premier emploi vacant. Le baron de C... ajouta encore à ce bienfait en lui accordant de sa bourse une somme de dix florins par mois. Au bas de cette donation, il écrivit ces paroles remarquables : « C'est en reconnaissance » des larmes d'attendrissement et de plaisir que votre » amour filial a fait couler de mes yeux. »

23. — Le fils du négociant.

Un négociant de province, d'une fortune bornée et d'une probité à toute épreuve, avait fait des pertes considérables, essuyé des banqueroutes, et était tombé dans la misère. Il se rend à Paris pour y chercher quelques secours. Il s'adresse à tous ses anciens correspondants, leur expose ses malheurs qu'il n'a point mérités, et les prie de l'aider à se remettre, assurant à ceux à qui il doit qu'il n'a d'autre envie que de les payer, et qu'il mourra content s'il y peut parvenir. Tous, également touchés de compassion, promettent de le secourir. Un seul, inexorable, à qui il devait mille écus, le fait mettre en prison, très résolu de l'y faire rester plutôt que de risquer plus longtemps sa créance. Le fils de ce négociant, âgé de vingt-deux ans, instruit de la triste situation de son père, arrivé à Paris, va se jeter aux pieds de l'impitoyable créancier, et là, fondant en larmes, il le prie par tout ce qu'il y a de plus touchant de vouloir bien lui rendre son père, lui protestant que, s'il consent à ne point mettre d'obstacle aux ressources qu'ils ont lieu d'espérer pour se rétablir dans leurs affaires, il sera le premier payé; que si tout manque, il le conjure d'avoir pitié de sa jeunesse, d'être sensible aux malheurs d'une mère âgée, chargée de huit enfants qui sont à la mendicité, et qui périssent; enfin que, si rien n'est capable de l'émouvoir, il lui permette au moins d'aller se mettre en prison, à la place de son père, qui pourra, à force de travail, parvenir à le satisfaire entièrement. Il profère ces paroles en lui serrant si tendrement les genoux, dans l'attente de la grâce qu'il implore, que cet homme, si dur et si inflexible, frappé tout à coup de voir tant de vertu et de générosité, fait relever le jeune homme, l'embrasse, et, les yeux baignés de larmes : « Ah!

mon fils, lui dit-il, soyez tranquille; votre père va sortir. Tant d'amour et tant de respect pour lui me font mourir de honte. J'ai résisté trop longtemps; venez, que je répare ma faute. J'ai une seule fille, elle est digne de vous; elle ferait pour moi ce que vous faites pour votre père : je vous la donne avec tous mes biens; acceptez-la, et courons à votre père pour lui rendre la liberté et obtenir son agrément. »

———

CHAPITRE IV

TENDRESSE FRATERNELLE

> Un frère est un ami donné par la nature.
> LEGOUVÉ.
> L'amitié des frères fait le bonheur des parents.
> ✱✱✱

24. — Le bon frère.

Les Prussiens bombardaient Paris. Près du Panthéon, il y avait une femme de campagne réfugiée avec sa vache qu'on lui avait laissée sous condition d'en réserver le lait pour les enfants et les malades du quartier. Le matin, à une heure connue, des femmes, des enfants venaient attendre la précieuse distribution. Un jour, à cause du grand froid, on avait fait entrer par préférence les enfants sous le porche. Arrive un obus qui s'annonce en sifflant et tombe dans la cour. En un clin d'œil chacun s'est jeté à terre. L'obus fait explosion, les éclats vont frapper les murailles; personne n'est blessé. Un jeune garçon se relève comme les autres, tenant sa boîte de fer-blanc qu'il n'avait pas laissée: « Mon Dieu! s'écrie-t-il, quel bonheur que je n'avais pas mon lait! Qu'est-ce que serait devenue ma petite sœur? » Oubliant qu'il avait manqué d'être tué, il ne pensait qu'à sa petite sœur.

25. — La sœur du conscrit.

En 1806, un jeune homme de Delmont, près de

La sœur du conscrit.

Lille, était appelé par la conscription. Sa frêle santé,

sa constitution délicate et ses goûts fort peu militaires faisaient craindre à ses parents qu'il ne pût résister à la première campagne, et leur affection redoublait à la vue de la vive douleur qu'il éprouvait à obéir à l'appel. Mais qu'y faire? Ils n'avaient pas les moyens de lui acheter un homme. Sa sœur, qui l'aimait tendrement, Virginie Chesquière, fille robuste et forte, obtint de sa famille, à force de prières, la permission de partir à sa place. Elle prit son nom et ses habits, se présenta à l'autorité militaire, et fut encadrée dans un régiment de nouvelle formation, où elle obtint bientôt le grade de caporal. Appelée à faire partie du 27ᵉ léger, elle se trouva à Wagram, y sauva son capitaine qui se noyait, et fut élevée au grade de sergent sur le champ de bataille. En Portugal, elle reçut une blessure à la main en sauvant son colonel, et obtint la décoration des braves pour avoir fait prisonniers deux officiers ennemis. Enfin, après six ans de service, une maladie trahit son sexe et lui fit donner son congé. Elle revint alors dans son village, où son attachement pour sa famille ne se démentit jamais.

26. — Jean Carcuac.

Le pauvre Jean Carcuac, à l'âge de dix ans, entra au service en qualité de petit berger; de grade en grade, il s'est élevé successivement jusqu'à celui de bouvier en chef. Les gages de ces divers emplois étaient si minimes, que le total des sommes qu'il a reçues des maîtres, durant trente et un ans, ne s'élève pas au delà de 2,200 francs. Cependant, après avoir pourvu aux frais de son entretien, à l'âge de trente ans, Carcuac possédait environ 700 francs d'économie. Ce résultat, dû à son esprit d'ordre, à son peu de besoins, n'était pas la preuve d'un caractère intéressé, et nous verrons bientôt que, s'il avait peu de besoins pour lui-même, il était libéral pour ceux des autres. A cette époque, il crut pouvoir songer à un établissement et à devenir chef de famille ; mais il eut bientôt à remplir les rigoureux devoirs d'une paternité d'adoption.

Une de ses sœurs avait épousé un maçon de Concourès, pauvre comme elle ; elle était déjà mère de quatre enfants, et elle allait donner le jour à un cinquième, lorsque son mari mourut, épuisé par un travail que l'accroissement de sa famille avait porté jusqu'à l'excès.

Jean Carcuac accourt auprès de sa sœur désolée ; il renonce à ses projets de mariage pour devenir le soutien de la veuve et le père des orphelins. Mais sa pauvre sœur, frappée au cœur par le chagrin, suivit de près son mari, et mourut à son tour peu de temps après avoir mis au monde une fille, son cinquième enfant. La pauvre petite créature, marquée du sceau de la douleur, vint au monde paralysée du côté droit, et n'a jamais pu se mouvoir sans secours. Carcuac comprit dès lors le fardeau qui lui serait imposé pour le reste de sa vie ; mais son courage n'en fut point ébranlé, sa tendresse n'en fut point refroidie. « Que vont devenir mes pauvres enfants ? » s'écriait Jeanne Molimer à ses derniers moments. — Ne suis-je pas là, ma pauvre sœur ? répondait Carcuac en pleurant ; ne t'inquiète pas, je serai pour eux plus qu'un oncle : tant que j'aurai des bras pour travailler, ils ne manqueront jamais de rien. »

Il a pris pour lui seul la rude tâche de nourrir, d'élever et de diriger les cinq orphelins qu'il avait adoptés au lit de mort de leur père et de leur mère. Il n'a pas même sollicité dans cette œuvre d'héroïque charité le concours de son frère et de sa sœur, moins dévoués, mais du reste aussi pauvres que lui.

Au moment où commença pour Carcuac cette pieuse mission, l'aînée des orphelins avait neuf ans, la quatrième avait deux ans. Qu'on juge de ce qu'il a fallu d'efforts, de prévoyance, d'ingénieuse sollicitude à un homme seul et pauvre, obligé à un travail sans relâche, pour tenir lieu de mère à une si nombreuse et si jeune famille. Il plaça d'abord les orphelins chez une femme de Concourès, à qui il payait leur pension ; plus tard, pour être plus sûr qu'un intérêt mercenaire ne présiderait pas seul à leur première éducation, il plaça auprès d'eux sa propre sœur, et lui paya depuis cette époque un salaire égal à celui qu'elle recevait chez ses maîtres. Il se rapprocha lui-même du village où elle résidait avec les enfants ; le dimanche, après avoir rempli tous ses devoirs de domestique, il accourait auprès de ses neveux, les prenait l'un après l'autre sur ses genoux, les comblait de caresses ; jamais il ne leur a fait comprendre leur dépendance et leur dénûment. Plein de maternelle complaisance pour ces pauvres petits, il s'est étudié avec un soin extrême à leur laisser ignorer ses bienfaits, à ne jamais leur faire goûter l'amertume du pain de l'aumône.

Sa paternelle éducation ne veillait pas seulement sur leur éducation physique, elle s'attachait surtout à leur éducation morale ; à défaut d'école gratuite dans la commune de Concourès, Carcuac dut payer à des maîtres privés la rétribution mensuelle exigée pour l'instruction des cinq enfants à sa charge. Il leur a fait apprendre à lire, à écrire et à calculer ; mais il a fallu que ce pauvre domestique, qui ne savait pas lire lui-même, s'imposât de bien pénibles sacrifices pour procurer à ses neveux une culture à laquelle il était étranger, et dont cependant son excellent esprit sentait tout le prix.

Jean Carcuac recueillait le prix de ses soins. Les orphelins se montraient dignes des exemples de leur père adoptif ; ils étaient successivement placés, sauf la pauvre paralysée, à mesure qu'ils avaient atteint l'âge où ils pouvaient être employés aux travaux des champs. Il manquait encore à cette humble mais noble vie « ce je ne sais quoi d'achevé que le malheur donne à la vertu ». Ce dernier trait ne lui a pas manqué. Il manque rarement à la vie du pauvre, et même à la vie de tout homme ici-bas.

Dans le désir de s'entourer de tous ses enfants adoptifs, Carcuac essaya de prendre à ferme un petit bien, dont l'exploitation peu considérable lui permettait de tirer des services de ses pupilles. Cet essai ne lui réussit pas. Il fut forcé de rentrer dans la dépendance, après avoir perdu, en une année, tout le produit de ses petites épargnes; presque en même temps, un rhumatisme aigu vint lui enlever l'usage de ses membres, et, pendant près d'une année, le livrer à d'atroces douleurs; après d'affreuses nuits d'insomnie, il se levait au point du jour et s'efforçait d'aller remplir presque en rampant une partie de son service. La délicatesse de sa conscience s'alarma bientôt d'accomplir si imparfaitement son devoir. Il vint en pleurant annoncer à ses maîtres qu'il devait les quitter. Mais ceux-ci se montrèrent dignes d'un tel serviteur; ils lui refusèrent son congé, lui donnèrent le temps de se rendre aux eaux de Bagnoles, d'où il revint non pas guéri, mais dans un état assez amélioré pour reprendre ses travaux et gagner la subsistance de sa nièce paralytique. Quant à son propre avenir, il n'y pense pas.

(Extrait des *Prix de Vertu*.)

27. — Les deux petits Suisses.

Deux petits enfants d'un laboureur suisse couraient l'un après l'autre sur la neige : c'était à la fin d'octobre et vers les quatre heures du soir. Un bois de sapins assez épais était auprès de l'humble cabane de leurs parents. Ils s'engagèrent dans ce bois sans y songer, et comme ils allaient toujours en avant, la nuit tomba tout à fait ; ils se perdirent et ne purent regagner le logis.

Ne voyant pas revenir ses enfants, le père ressent les plus vives alarmes. Il prend avec lui des voisins et court dans la forêt ; on les cherche de tous côtés, on les appelle, mais vainement.

Enfin, on allume de longs bâtons résineux et l'on parcourt le bois dans toutes ses dimensions. Ce ne fut qu'après trois heures d'inquiétudes que l'on trouva ces deux jeunes frères endormis et couchés l'un sur l'autre dans un trou rempli de feuillages.

Ce qui rend ce trait encore plus touchant, c'est que l'aîné, âgé de neuf ans, s'était dépouillé de sa veste et en avait habillé son petit frère, âgé de six ans, et vêtu d'un simple gilet ; ensuite il s'était étendu de son mieux sur lui à dessein de le réchauffer et de le défendre, au péril de sa vie, des cruelles atteintes de la gelée.

28. — Dyétentus et son frère.

Auguste fit prisonnier Andiatorigès avec sa femme et ses enfants, et après les avoir conduits à Rome en triomphe, il ordonna qu'on fît mourir le père avec l'aîné des deux fils. Les bourreaux chargés de cette triste fonction demandaient quel était l'aîné des deux frères. Alors tous les deux s'écrièrent en même temps : « Je suis le plus âgé ; c'est moi qu'il faut tuer. » L'un et l'autre voulaient mutuellement se conserver la vie. Ce pieux combat ayant duré longtemps, l'aîné, qui se nommait Dyétentus, se laissa vaincre enfin par les larmes et les instantes prières de sa mère, qui espérait tirer de lui plus de secours, et il consentit, en sanglotant, à la mort de son jeune frère. Cet exemple d'un amour aussi tendre entre deux frères fut admiré même des ennemis de cette famille infortunée ; car Auguste, l'ayant appris, ne se contenta pas de verser des larmes stériles sur cette cruelle action dont il était l'auteur ; il fit venir Dyétentus à sa cour, le combla d'honneurs ainsi que sa mère, et répara autant qu'il le pouvait la barbarie qu'il avait eue.

29. — Les deux frères portugais.

En 1585, des troupes portugaises qui passaient dans les Indes firent naufrage. Une partie aborda dans le pays des Cafres, et l'autre se mit à la mer sur une barque construite des débris du vaisseau. Le pilote, s'apercevant que le bâtiment était trop chargé, avertit le chef, Edouard de Mello, que l'on va couler à fond, si on ne jette dans l'eau une douzaine de victimes. Le sort désigne, entre autres, un soldat dont l'histoire n'a point conservé le nom. Son jeune frère tombe aux genoux de Mello, et demande avec instance de prendre la place de son aîné. « Mon frère, dit-il, est plus fort que » moi ; il nourrit mon père, ma mère et mes sœurs ; » s'ils le perdent, ils mourront tous de misère : con- » servez leur vie en conservant la sienne, et faites-moi » périr, moi qui ne puis leur être d'aucun secours. » Mello y consent, et le fait jeter à la mer. Le jeune homme suit la barque pendant six heures, enfin il la rejoint : on le menace de le tuer s'il tente de s'y introduire ; l'amour de la conservation triomphe de la menace ; il s'approche, on veut le frapper avec une épée, qu'il saisit et qu'il retient jusqu'à ce qu'il soit entré. Sa constance touche tout le monde : on lui permet enfin de rester avec les autres, et il parvient ainsi à sauver sa vie et celle de son frère.

30. — Genneval et Dorval.

Le fils d'un riche négociant de Londres s'était livré dans sa jeunesse à tous les excès, et avait irrité son père en méprisant ses avis. Le vieillard, près de finir sa carrière, le déshérite et meurt. Dorval, c'est le nom de ce fils, instruit de la mort de son père, fait de sérieuses réflexions, rentre en lui-même, et pleure ses égarements passés. Il apprend bientôt qu'il est déshérité ; cette nouvelle n'arrache de sa bouche aucun murmure injurieux à la mémoire de son père ; il la respecte jusque dans l'acte le plus désavantageux à ses intérêts ; il dit seulement ces mots : « Je l'ai mérité. » Cette modération parvient aux oreilles de Genneval, son frère, qui, charmé de voir le changement de mœurs de Dorval, va le trouver, l'embrasse, et lui adresse ces paroles à jamais mémorables : « Mon frère, par un » testament notre père commun m'a institué son léga- » taire universel ; mais il n'a voulu exclure que » l'homme que vous étiez alors, et non celui que vous » êtes aujourd'hui ; je vous rends la part qui vous est » due. »

31. — Sedaine.

Michel-Jean Sedaine, auteur du *Philosophe sans le savoir*, fils d'un architecte qui avait dissipé toute sa fortune, fut obligé, à l'âge de treize ans, de quitter ses études et de suivre dans le Berry son père, à qui on avait procuré la faible ressource d'un emploi dans les forges. Ce malheureux père ne tarda pas à mourir de chagrin. Après lui avoir rendu les derniers devoirs, le jeune Sedaine vint retrouver, à Paris, sa mère, qu'il y avait laissée. Il avait avec lui son plus jeune frère, qu'il mit dans le coche. La place payée, il lui restait dix-huit francs. Il suivit la voiture à pied. Il faisait froid : il ôta sa veste et en fit revêtir son frère. Tous les voyageurs en furent touchés, et le conducteur le fit monter à côté de lui. Arrivé à Paris, il s'y trouva avec deux frères dont il était l'aîné, et avec sa mère veuve et pauvre. Pour la soutenir il tailla la pierre, et ce ne fut qu'à force de travail et d'étude qu'il parvint à lui procurer, dans la ville de Montbar, une pension honnête, où elle mourut tranquille et heureuse, bénissant ce bon fils, qui a mérité, aux yeux de la postérité, le double titre d'homme de bien et d'homme de génie.

CHAPITRE V

LES ÉDUCATEURS ET LEURS ÉLÈVES

> Le peuple qui a les meilleures
> écoles est le premier peuple ;
> s'il ne l'est pas aujourd'hui, il
> le sera demain.
> JULES SIMON.
>
> L'étude est un sûr préservatif
> contre l'ennui.
> SÉNÈQUE.

32. — Périclès et son maître.

Périclès, qui apprit à l'école du célèbre philosophe Anaxagore à devenir un grand capitaine, habile politique et excellent orateur, fut un de ses disciples les plus illustres et les plus reconnaissants. Comme son maître était pauvre et sans biens, il lui donnait chaque mois une somme d'argent pour vivre. Cependant Périclès devenu homme de l'État, et accablé d'affaires, paraissait avoir oublié son

ancien maître. Le vieillard en fut si pénétré de douleur, qu'il se coucha la tête couverte de son manteau et résolut de se laisser ainsi mourir de faim. Périclès, instruit et effrayé de sa résolution, vole aussitôt chez lui. Il emploie les prières les plus tendres et les plus touchantes, pour l'engager à continuer à vivre, et à ne pas lui enlever un fidèle ami, un sage conseiller. Alors Anaxagore, se découvrant un peu la tête, lui dit avec douceur : « Quand on a besoin de la lumière d'une lampe, il faut avoir soin d'y mettre de l'huile. » Périclès rougit de sa faute, et depuis ce temps, il eut toujours un grand soin de lui.

PLUTARQUE.

33. — Un maître indigne.

Camille assiégeait Falènes, ville bien fortifiée et munie de toutes les choses nécessaires pour une bonne défense. Les Falisques, qui se confiaient en la bonté de leurs fortifications, s'occupaient si peu du siège, qu'excepté ceux qui gardaient les murailles, tous les autres habitants vaquaient à leurs occupations. Les enfants se rendaient à l'école publique, et sortaient hors des murs avec leur maître pour se promener et faire leurs exercices ordinaires. Le maître d'école, qui, par le moyen de ses élèves, voulait livrer Falisque aux Romains, les menait tous les jours hors de la ville. Chaque jour il les conduisait un peu plus loin, pour leur ôter toute idée de crainte et de danger.

Enfin, les ayant un jour tous rassemblés, il donne à dessein dans les premières gardes des ennemis, et, leur remettant ces enfants entre leurs mains, il demande qu'on le présente à Camille. On l'y conduisit, et quand il fut en sa présence, il dit qu'il était le maître d'école de Falènes, que préférant aux devoirs que ce titre lui imposait le plaisir de l'obliger, il venait, en lui livrant ses élèves, le rendre maître de la ville. Camille, révolté d'une si noire perfidie, dit à ceux qui étaient présents : « Combien la guerre est une chose fâcheuse ! que d'injustices et de violences elle entraîne après elle ! Mais pour les hommes honnêtes la guerre elle-même a ses lois ; et il ne faut pas tellement désirer la victoire, qu'on n'ait horreur de l'obtenir par des moyens criminels et impurs. Un grand général doit l'attendre de sa propre valeur, et non de la méchanceté d'autrui. » En même temps, il commande qu'on déchire les habits de cet homme, qu'on lui lie les mains derrière le dos, et qu'on donne des verges et des courroies aux enfants, afin qu'ils ramènent ce traître dans la ville en le frappant sans relâche.

Cependant les Falisques avaient reconnu la trahison de leur maître d'école, et toute la ville était, comme on peut croire, dans la consternation. Les principaux habitants, hommes et femmes, couraient tous hors d'eux-mêmes sur les murailles et aux portes, lorsque tout à coup ils voient paraître leurs enfants qui ramenaient leur maître nu et lié, en le frappant de verges et appelant Camille leur dieu, leur sauveur et leur père. A cette vue, ils se reconnurent plutôt vaincus par la vertu des Romains, qu'inférieurs à leur puissance.

PLUTARQUE.

34. — L'instituteur.

Un riche inspecteur des manufactures de la Chine, étant sur le point de faire une longue tournée, donna un gouverneur à ses deux fils, dont l'aîné n'avait que neuf ans, et qui tous deux annonçaient d'heureuses dispositions. Le père fut à peine parti, que le gouverneur, abusant de l'autorité qu'on lui avait confiée, devint le tyran de la maison. Il éloigna les honnêtes gens qui pouvaient éclairer ses démarches, et fit chasser ceux d'entre les domestiques qui avaient le plus à cœur les intérêts de leur maître absent. On eut beau l'instruire de ce désordre, il n'en voulut rien croire, parce qu'ayant une belle âme, il ne s'imaginait pas qu'on pût agir ainsi. Ce n'eût été encore que demi-mal, si ce méchant pédagogue eût pu donner à ses élèves quelques vertus et des talents, mais comme il en manquait lui-même, il n'en fit que des enfants grossiers, impérieux, faux, cruels, libertins et ignorants. Après cinq ans de courses, l'inspecteur, de retour, vit enfin la vérité, mais trop tard ; et, sans autrement punir le serpent qu'il avait réchauffé dans son sein, il se contenta de le renvoyer. Ce monstre eut l'impudence de citer son maître au tribunal d'un mandarin pour qu'on eût à lui payer la pension qu'on lui avait promise.

« Je la paierais très volontiers, et même double, répondit-il en présence du juge, si ce malheureux m'avait rendu mes enfants tels que je devais naturellement l'espérer. Les voici, poursuivit-il en s'adressant à l'homme de la loi, examinez-les, et prononcez. » En effet, après les avoir interrogés et entendu toutes leurs inepties, le mandarin porta cette sentence mémorable : « Je condamne cet éducateur à la mort, comme homicide de ses élèves, et leur père à l'amende de trois livres de poudre d'or, non pour l'avoir choisi mauvais, car on peut se tromper, mais pour avoir eu la faiblesse de le conserver si longtemps. Il faut qu'un homme, ajouta-t-il par réflexion, ait la force d'en reprendre un autre quand il le mérite, et surtout si le bien de plusieurs l'exige. »

L.-P. Bérenger.

35. — Un lâche.

Un élève de rhétorique, taillé en hercule, torturait lâchement un pauvre petit garçon inoffensif et trouvait plaisant de lui frotter la tête contre l'écorce rugueuse de l'un des acacias.

Le colosse tressaillit en voyant, à deux pieds de la sienne, la figure de Placide, transformée par une colère généreuse et par une indignation d'honnête homme.

Placide avait la tête de moins que le rhétoricien, il n'était ni robuste, ni musculeux ; on sentait cependant qu'il était prêt à entrer en lutte pour mettre fin à une scène odieuse : « Lâche, s'écria-t-il d'une voix tremblante, misérable lâche qui maltraite les faibles. »

Le rhétoricien eut peur de l'éclat de son regard : il reconnut en Placide une force supérieure à la force de ses poings et laissa échapper de ses mains l'enfant qu'il maltraitait.

Après avoir essayé de répondre au regard de Placide par un regard de défi, il baissa les yeux et se détourna lentement.

MARMONTEL.

CHAPITRE VI

LES DOMESTIQUES

> Traitons nos domestiques comme nous voudrions être traités nous-mêmes si nous étions à leur place.
>
> FRANKLIN.
>
> Aux qualités qu'on exige des domestiques, combien de maîtres ne pourraient être valets !
>
> BEAUMARCHAIS.

36. — Marianne Feillet.

M`me` veuve Lécuyer de Lanfains, près Saint-Brieuc, s'est trouvée, à la mort de son mari, privée, par de fausses spéculations, de toute espèce de fortune. Un fils lui restait, à qui des facultés heureuses avaient ouvert les portes de l'École polytechnique et promettaient un brillant avenir. Elle voulut le rejoindre à Paris ; mais comment venir sans argent du fond de la Bretagne, et comment vivre sans argent dans la grande ville ? Les épargnes d'une pauvre servante vinrent résoudre cette difficulté. La fille, Marianne Feillet, mit à la disposition de sa maîtresse dix-huit cents francs d'économies qui composaient tout son avoir. C'était tout ce qu'elle possédait ; mais ce n'est pas tout ce qu'elle a trouvé moyen d'offrir et de consacrer à ses anciens maîtres. Ce ne fut que le premier acte d'un long drame et le premier trait d'actions héroïques.

A peine arrivée à Paris avec sa fidèle compagne qui ne voulait pas la quitter, Mme Lécuyer ne put résister au chagrin et au changement de ses habitudes ; elle rendit le dernier soupir entre les bras de Marianne. C'était le moment pour Jules Lécuyer, demeuré seul sur la terre, mais jeune, instruit et maître de sa destinée, de payer sa dette à la pauvre fille. Mais, soit que l'énergie de son âme ne répondît pas à l'heureuse disposition de ses facultés, soit que ces facultés elles-mêmes eussent plus d'éclat que de fermeté, ce fut aussi le moment où sa raison s'affaissa tout d'un coup sous le double fardeau de l'étude et de la douleur. Un état d'aliénation mentale se déclara, et le jeune savant dut entrer dans une maison de santé. Marianne Feillet, qui l'avait bercé sur ses genoux, ne voulut pas abandonner son enfant à des mains étrangères. Elle obtint d'entrer comme infirmière dans l'asile où il était recueilli. Elle y a passé deux ans, ne le perdant pas de vue un instant, veillant auprès de son lit, sans fermer l'œil elle-même pendant des mois, parce que le magnétisme de son regard calmait seul les plus douloureuses crises du pauvre insensé.

Sous cette influence bienfaisante un éclair de raison reparut, et Jules Lécuyer, un instant rendu à la vie commune, put reprendre la carrière de l'enseignement dans un lycée de province. Marianne l'y suivit, attentive à préserver du moindre souffle cette faible lueur d'intelligence, qu'elle seule avait pu ranimer et qui menaçait à tout instant de s'éteindre. Hélas ! elle-même ne put réussir à en entretenir la flamme ! Il fallut une seconde fois renoncer à toute occupation et aller vivre de privations au fond de la Bretagne, avec une petite pension due à la charité des créanciers de la famille. Ce que Marianne ajouta par son travail et ses sacrifices à cette subvention insuffisante, nul ne l'apprendra d'elle. Nous savons seulement que tout y a passé, et le produit de son fuseau, et l'espoir d'une petite succession qui devait lui revenir et qu'elle a trouvé moyen d'escompter pour une somme de douze cents francs.

Marianne avait raison de ne pas ménager l'avenir, car il n'intéressait qu'elle, et elle était destinée à vieillir seule. Dans une journée funeste, Jules Lécuyer, échappant à sa vigilance, imagina, malgré un temps orageux et une saison déjà rigoureuse, d'aller aux falaises voisines pour s'y baigner. Le soir, Marianne l'attendit en vain ; elle apprit seulement qu'un pêcheur avait entendu un grand cri, et le lendemain la vague rejetait un cadavre à la côte : sombre fin d'une existence que le bonheur et l'intelligence n'avaient éclairée que de leurs plus pâles rayons. Depuis lors Marianne, n'ayant plus à qui se dévouer, n'a plus de raisons de vivre.

(Extrait des *Prix de Vertu*.)

37. — Manette.

Marie Nainville, surnommée Manette, était née à Sanderville dans le département d'Eure-et-Loir. Entrée chez M. et Mme de Létan, avec lesquels jusque-là elle n'avait eu aucun rapport, Manette s'aperçut, au bout de deux années, que la santé de sa maîtresse s'altérait et que l'aisance de la maison diminuait tous les jours. Elle n'avait que dix-huit ans, et ne savait pas encore que l'instinct le plus impérieux de son âme, sa vocation la plus irrésistible, seraient de s'attacher aux êtres dont elle aurait été le soutien et de se dévouer à leur personne avec cette même ardeur que Madeleine Saunier ressentait pour le principe lui-même de toute bienfaisance, de toute charité. Depuis que les souffrances de Mme de Létan devenaient plus cruelles, et que le malheur qui planait sur les deux époux se faisait pressentir, Manette se révélait pour ainsi dire à elle-même. Non seulement elle était devenue la garde-malade la plus intelligente, la plus affectionnée, mais ses mains avaient appris à multiplier, à perfectionner leur travail pour subvenir aux besoins de sa maîtresse, qui ne tarda pas à expirer dans ses bras.

M. de Létan, hors d'état de remplir les devoirs d'une petite place dont le salaire ne suffisait même pas à son existence, se vit non seulement dans l'impossibilité de rien donner à Manette sur ses gages déjà fort arriérés, mais aussi dans l'impuissance de se procurer pour lui le strict nécessaire. Que fait alors Manette? Elle se partage entre la nuit et le jour. Le jour, elle soigne, elle ne quitte pas M. de Létan, dont la faiblesse et le mal allaient croissant; et la nuit, elle travaille pour le nourrir. Enfin, en 1814, quatre ans après qu'elle avait fermé les yeux et enseveli elle seule sa maîtresse, elle rendait les mêmes et religieux devoirs à son maître.

Les deux époux étaient morts insolvables, et Manette eut la douleur de voir leurs meubles délabrés et vendus par les créanciers. Mais il restait une orpheline à laquelle Manette pouvait encore se consacrer. La Providence sembla un moment bénir ses efforts. Un mari se présenta ; M. Lhoste, possesseur d'une modique somme que le travail pouvait augmenter, épousa Mlle de Létan. Puis, ayant risqué et perdu tout ce qu'il avait dans une entreprise industrielle, M. Lhoste se trouva bientôt avec sa femme et son enfant dans la dernière détresse. Il devait à Manette, pour ses gages accumulés, plus d'argent qu'il n'en avait jamais possédé, et celle-ci restait non pas seulement l'unique serviteur du père, de la mère et de l'enfant, mais encore leur soutien, je dirai même leur protection. C'est alors qu'une personne âgée et riche habitant la même maison, et témoin journalier du dévouement de Manette, eut l'idée sacrilège de l'enlever à ses maîtres infortunés pour se l'attacher. Elle offre d'abord à Manette 10,000 francs et de bons gages si elle veut la suivre, puis 20,000 francs ; singulière illusion de la richesse, qui croit que tout s'achète, et ne s'aperçoit pas que Manette n'eût plus été Manette, si elle se fût seulement sentie hésiter ! Au lieu de cela, cette noble fille refuse sans colère, naturellement, simplement, comme on répond à qui se trompe, et redouble d'efforts, de veilles, de privations, pour subvenir à toutes les nécessités de cette famille qui venait de s'accroître encore par la naissance d'un second enfant.

Une vie comme celle de Manette fortifie l'âme, mais aux dépens du corps. Déjà elle n'était plus jeune, et sa santé se ressentait de tant de privations et de sacrifices ; telle est, cependant, la puissance du dévouement véritable, qu'il élève presque toujours les forces de l'être dont il s'empare au niveau du malheur qu'il veut secourir. Ruiné, accablé de cuisants chagrins, M. Lhoste fut tout à coup frappé d'épilepsie. C'est dans les bras de Manette qu'il passait ses horribles accès. Mme Lhoste, tombée elle-même dans un affaiblissement qui s'étendait jusqu'aux facultés morales, était hors d'état de venir en aide à son époux. Et ne croyez pas que Manette eût une de ces organisations impossibles que rien n'ébranle et ne rebute ; loin de là, le spectacle hideux qu'elle avait sous les yeux eût été contagieux pour elle, si elle n'eût été préservée par l'ardeur de son dévouement. Seule en face du malheureux épileptique qui la couvrait de son écume, elle le contenait, l'apaisait, et ne s'en séparait pas qu'elle ne l'eût remis, calmé et soulagé, dans son lit. Il mourut, et elle fut seule encore à recueillir son dernier soupir et à s'occuper de sa sépulture.

Souffrante et malade elle-même, la voilà restée avec la fille de ses premiers maîtres, la veuve Lhoste et sa petite fille. Mais de plus rudes épreuves l'attendaient. Mme Lhoste, atteinte d'une paralysie au cerveau, tombe en enfance ; le sentiment que Manette lui portait semble alors changer de nature. Il devient celui d'une mère ; même tendresse, même sollicitude de tous les instants. Elle lève, habille Mme Lhoste, la couche, la fait manger, ne lui adresse que d'affectueuses ou compatissantes paroles. Heureuse lorsqu'elle peut ramener le sourire sur ces lèvres, si tristement inanimées, par quelque innocent artifice, ou par un de ces refrains mélodieux qu'elle lui chante et que sa maîtresse aimait autrefois. C'est en portant Mme Lhoste dans ses bras et la replaçant dans son lit que Manette sentit en elle soudainement un craquement, une douleur ; elle s'était estropiée pour le reste de ses jours. Cette pieuse et admirable fille ferma encore les yeux de Mme Lhoste ; c'était la quatrième personne de cette famille infortunée qu'elle déposait dans la tombe, après lui avoir consacré son existence. Mais sa mission n'était pas achevée. Cette même personne qui avait cru à l'argent le pouvoir d'enlever Manette aux objets de son dévouement, en apprenant la mort de Mme Lhoste, crut le moment favorable et renouvela ses propositions. « Vous êtes libre, maintenant, fit-elle dire à Manette. — Libre, répondit celle-ci, la fille de ma maîtresse n'existe-t-elle pas encore ! Moins que jamais je m'appartiens, puisque je suis son seul soutien. »

Manette se consacra en effet à l'éducation de cet enfant, dernier rejeton de deux générations dont elle avait été l'ange gardien.

(Extrait des *Prix de Vertu.*)

38. — Le nègre Eustache.

Né en 1773, à Saint-Domingue, sur l'habitation de M. Belin de Villeneuve, propriétaire dans la partie nord de l'île, Eustache se recommanda de bonne heure à l'attention et aux bienfaits de son maître par des qualités peu communes parmi les noirs. Attaché aux travaux de la sucrerie, dont il s'occupait avec autant de zèle que d'intelligence, il fuyait la société de ses jeunes camarades pour chercher dans la conversation des blancs les instructions qui devaient éclairer son esprit, les vertus qui pouvaient élever son âme. Aussi était-il parvenu à se faire aimer de ses chefs et considérer de ses compagnons, à tel point qu'au moment où éclatèrent les premiers désastres de la colonie, Eustache dut à l'influence qu'il avait acquise, et le salut de son maître et celui d'un grand nombre de propriétaires, menacés de périr dans le massacre général.

Quand les nègres, déterminés à la perte des blancs, jurèrent de les égorger tous, ils appelèrent Eustache parmi eux. En lui révélant leur conspiration, ils croient parler à un complice ; ils ne sont entendus que par un honnête homme. L'idée du meurtre ne s'associe point dans l'âme d'Eustache avec celle de la liberté. Placé entre ses compagnons, demandant à la torche et au poignard leur émancipation sanglante, et ses maîtres prêts à périr, assassinés sous les décombres de leurs maisons embrasées, il ne balance point. Ni les animosités des noirs contre les blancs, ni la communauté d'intérêts, ni les liens d'affection, ne le retiennent ; il va où le porte son sublime instinct : il va où il voit non des vengeances à exercer, mais des devoirs à remplir ; non des triomphateurs à suivre, mais des malheureux à sauver. Dès ce moment il abjure la race de ceux qui proscrivent, il se fait de la famille des proscrits.

Si le temps permettait d'entrer dans le long détail des ruses ingénieuses employées par son actif dévouement pour dérober à la mort tant de victimes, on le montrerait sans cesse occupé à prévenir les habitants des complots formés contre eux, se glissant dans les conciliabules des révoltés pour épier et déconcerter leurs mesures, donnant aux propriétaires le temps et les moyens de se réunir, de se fortifier, et enfin d'échapper à l'horrible destinée qui les attendait : on le ferait voir couvrant surtout son bon maître d'une protection de chaque moment, en échange de celle qu'il lui avait due pendant plus de vingt années ; l'aidant à travers des périls inouïs à se ménager une retraite sur un navire américain qui venait de mouiller à Limbé ; faisant transporter dans le bâtiment plusieurs caisses de sucre pour sauver M. Belin non seulement du trépas, mais encore du dénûment, et s'embarquant avec lui, sans autre prétention que celle de le servir modestement, comme par le passé, après avoir eu l'inconcevable bonheur de mettre hors de danger les jours de quatre cents colons.

Mais quel désespoir! le navire américain est attaqué et pris par des corsaires anglais. M. Belin et ses amis ne se sont-ils dérobés à la mort que pour tomber dans l'esclavage? Non. Eustache va les délivrer de ce second péril. Lui, qui a fait échouer au moins en partie une conspiration, il devient conspirateur. Tandis que les vainqueurs sans défiance se livrent aux joies d'un repas durant lequel il les amuse par ses jeux, l'habile et audacieux Eustache profite de leur sécurité pour tomber sur eux, pour les enchaîner à l'aide des autres captifs, avertis secrètement de son projet, et le bâtiment délivré arrive, au milieu des cris de joie de ceux-ci, des soupirs de honte de ceux-là, jusque dans la rade de Baltimore. Ainsi, deux fois Eustache a sauvé ses maîtres !

Cet homme, né parmi les esclaves et digne de figurer au premier rang des citoyens libres, ne se borne pas à signaler sa vertu dans les jours de danger. Sa vertu, toujours active, trouve le moyen de s'exercer encore dans les temps de calme. Il n'est point de formes qu'elle ne prenne pour satisfaire l'infatigable besoin d'héroïsme qui dévore le noble enfant de l'Amérique française. Ceux qu'il a sauvés, il va les nourrir. Son temps, ses soins, le produit de son labeur, tout est employé à soutenir l'existence des colons ruinés qui l'entourent. L'image de leur détresse disparaît par degrés à ses yeux qu'elle affligeait. Partout où il passe, il porte des secours, des bienfaits, des consolations. Il faut qu'il dérobe des victimes aux tombeaux ou des indigents aux hospices. D'autres ne vivent que pour rêver le mal ; lui n'existe que pour méditer le bien.

Lorsque l'ordre parut se rétablir dans la colonie, M. Belin et son esclave, ou plutôt son bienfaiteur, se hâtèrent d'y retourner avec les autres exilés, mais à peine débarqués, ils apprennent une affreuse nouvelle. Vingt mille révoltés, sous le commandement du nègre Jean-François, ont placé leur camp sur les hauteurs voisines de la ville. Cette ville était le Fort-Dauphin, alors occupé par les Espagnols. Les blancs demandent en vain des armes à ces derniers, qui les laissent égorger par les noirs, sortis en tumulte de leurs retranchements. Cinq cents colons périssent dans les rues, dans les maisons, dans l'église même, en présence des Espagnols impassibles. Au bruit de cet épouvantable massacre, M. Belin cherche à fuir. Poursuivi par une troupe de nègres jusque sur les bords de la mer où il va être précipité, il aperçoit un corps-de-garde espagnol, se fait reconnaître du commandant, et lui crie : « Sauvez-moi ! » Des soldats accourent, l'arrachent des mains des barbares, le jettent dans leur poste ; et là, couvert de leur uniforme, il voit la fureur des assassins s'arrêter devant l'habit qu'il a revêtu : il respire, il échappe de nouveau à la mort, et à quelle mort !

Que devenait cependant son fidèle ami ? Séparé de lui par la foule, après l'avoir inutilement cherché, Eustache recommande son maître à la Providence, et s'efforce de garantir au moins du pillage les débris d'une fortune toujours recomposée et toujours compromise. Habile dans ses projets, c'est à la femme même de Jean-François qu'il s'adresse pour conserver les effets de M. Belin. Il se rend sous la tente où elle reposait couchée et malade, lui annonce la mort de son maître, dont il se dit le légataire, et la conjure de l'aider à soustraire à l'avidité des vainqueurs quelques malles renfermant des objets précieux, mais dont il se garde bien de faire l'énumération. Muni de son consentement, il cache sous le lit de cette femme ces dernières richesses ; court sur le théâtre du carnage ; cherche, heureusement en vain, parmi les cadavres, qu'il relève les uns après les autres, celui de son maître ; vole aux informations ; apprend enfin que son maître auquel il tient tant, pour lequel il a déjà tant fait, est parvenu à s'échapper ; revient essayer d'enlever son dépôt pour le lui rendre, réussit à force d'adresse et de précautions, et s'embarque une seconde fois sur un bâtiment qui se rend au Môle-Saint-Nicolas, où s'est réfugié M. Belin. Là, Eustache, précédé par le bruit de sa belle conduite, se voit accueilli comme le héros des colonies : on le porte en triomphe, on l'offre en spectacle, on appelle autour de lui les hommages de la population noire; et la vertu a son jour comme le crime avait eu les siens.

Désormais plus de dangers. Aux traits d'un sublime héroïsme vont succéder les marques de la plus ingénieuse affection. Retiré au Port-au-Prince, à la suite de M. Belin, que sa grande réputation avait fait nommer président du conseil privé, Eustache entendait souvent son maître, parvenu au déclin de l'âge, gémir sur l'affaiblissement progressif de sa vue. Si Eustache savait lire, il tromperait les longues insomnies du vieillard en lui faisant la lecture des journaux. Quel chagrin pour lui et pour son ami qui se reproche de ne lui avoir pas procuré dans son enfance un si utile genre d'instruction !

Ce chagrin ne durera pas. Eustache acquiert le don qu'il regrettait. Il s'adresse en secret à un maître de lecture, et grâce aux leçons de ce maître, grâce surtout à une volonté puissante, Eustache, sans nuire à son service; car c'était à quatre heures du matin qu'il allait prendre ses leçons, Eustache arrive un jour vers le pauvre demi-aveugle, un livre à la main, et lui prouve par le plus touchant des exemples que, si rien ne semble facile à l'ignorance, rien n'est impossible au dévouement. L'affranchissement d'Eustache suivit de près; cet affranchissement qui, moins encore que ses vertus, l'a naturalisé Français : Bientôt Eustache perdit celui auquel il avait consacré sa vie. Je ne parlerai point de sa douleur, vous la devinez, vous qui êtes entrés dans le secret de sa belle âme. Des legs considérables lui furent remis au nom de M. Belin, entre autres la somme de 12,000 francs. Mais tous les trésors qui passaient par des mains si généreuses n'y pouvaient rester. Eustache les regardait comme un dépôt que la Providence lui confiait pour le soulagement des pauvres et des infortunés. Ces nouvelles richesses furent bientôt épuisées, car il y avait tant d'infortunés et tant de pauvres dans les colonies! et par malheur on n'y voyait qu'un Eustache. Ce nom, combien il s'est ennobli depuis que la vertu l'a porté! Voyez, voyez ce nègre digne de tant de respects, voyez-le déliant tous les jours les nœuds de cette bourse qu'il tient de la reconnaissance de son maître, chemises, linge, habits, meubles, tout ce que la misère demande à sa générosité, sa générosité le prodigue à la misère des soldats dont la paye est arriérée : Eustache acquitte la dette du gouvernement. Voilà des familles sans pain : elles en ont, Eustache est venu les visiter. Enfin Eustache a tout donné, il ne lui reste que le souvenir de ses bonnes actions : c'est assez, il ne se plaindra pas, il remerciera le ciel, il est content; il n'a plus rien, mais les autres ont quelque chose.

(Extrait des *Prix de Vertu*.)

LIVRE II
LES ANIMAUX

CHAPITRE VII

BONTÉ ENVERS LES ANIMAUX — LEUR RECONNAISSANCE

> Ce n'est pas sans raison que l'on a dit que les amis des bêtes sont les amis de l'homme.
> Mᵐᵉ HENRY GRÉVILLE.
>
> Je ne voudrais pas prendre pour ami celui qui écrase un insecte par son insouciance.
> ***

39. — La lionne de Buenos-Ayres.

En 1555, les Espagnols, qui précédemment s'étaient vus contraints d'abandonner le Paraguay, y revinrent avec des forces plus considérables, et fondèrent Buenos-Ayres. La nouvelle colonie manqua bientôt de vivres. Tous ceux qui se permettaient d'en aller chercher étaient massacrés par les sauvages, et l'on se vit réduit à défendre, sous peine de la vie, de sortir de l'enceinte du nouvel établissement.

Une femme à qui la faim sans doute avait donné le courage de braver la mort, trompa la vigilance des gardes qu'on avait établis autour de la colonie pour la garantir des dangers où l'exposait la famine. Maldonata, c'était le nom de la transfuge, après avoir erré quelque temps dans des routes inconnues et désertes, entra dans une caverne pour s'y reposer de ses fatigues. Quelle fut sa terreur d'y rencontrer une lionne, et sa surprise quand elle vit cette bête formidable s'approcher d'elle d'un air à demi tremblant, la caresser et lui lécher les mains, avec des cris de douleur plus propres à l'attendrir qu'à l'épouvanter ! L'Espagnole s'aperçut bientôt que la lionne était pleine. Maldonata prend courage ; elle ai.¹ la nature dans ce moment douloureux. La lionne, he...eusement délivrée, va bientôt chercher une nourriture abondante, et l'apporte aux pieds de sa bienfaitrice. Celle-ci la partageait chaque jour avec les jeunes lionceaux, qui, nés par ses soins et élevés avec elle, semblaient reconnaître par des jeux et des morsures innocentes un bienfait que leur mère payait de ses plus tendres empressements. Mais quand l'âge leur eut donné l'instinct de chercher eux-mêmes leur proie avec la force de l'atteindre et de la dévorer, cette famille se dispersa dans les bois, et la lionne, que la tendresse maternelle ne rappelait plus dans sa caverne, disparut elle-même et s'égara dans un désert que sa faim dépeuplait chaque jour.

Maldonata, seule et sans subsistance, se vit réduite à s'éloigner d'un antre redoutable à tant d'êtres vivants, mais dont sa pitié avait su lui faire un asile. Cette femme, privée avec douleur d'une société chérie, ne fut pas longtemps errante sans tomber entre les mains des sauvages indiens. Une lionne l'avait nourrie et des hommes la firent esclave.

Bientôt après, elle fut reprise par les Espagnols qui la ramenèrent à Buenos-Ayres.

Le commandant plus féroce, lui seul, que les lions et les sauvages, ne la crut pas sans doute assez punie de son évasion par tous les maux et tous les dangers qu'elle avait essuyés ; le barbare ordonna qu'elle fût attachée à un arbre, au milieu d'un bois, pour y mourir de faim, ou devenir la pâture des monstres dévorants.

Deux jours après, quelques soldats allèrent savoir la destinée de cette malheureuse victime. Ils la trouvèrent, pleine de vie, au milieu de tigres affamés qui, la gueule ouverte sur cette proie, n'osaient approcher devant une lionne couchée à ses pieds avec des lionceaux. Ce spectacle frappa tellement les soldats, qu'ils en étaient immobiles d'attendrissement et de frayeur. La lionne, en les voyant, s'éloigna de l'arbre, comme pour leur laisser la liberté de délier sa bienfaitrice ; mais quand ils voulurent l'emmener avec eux, l'animal vint à pas lents confirmer, par des caresses et de doux gémissements, les prodiges de reconnaissance que cette femme racontait à ses libérateurs.

La lionne suivit quelque temps les traces de l'Espagnole avec ses lionceaux, donnant toutes les marques de regret et d'une véritable douleur qu'une famille fait éclater quand elle accompagne jusqu'au vaisseau un père ou un fils chéri qui s'embarque d'un port de l'Europe pour le nouveau monde, d'où peut-être il ne reviendra jamais.

Le commandant, instruit de toute l'aventure par ses soldats, et ramené par un monstre des bois aux sentiments d'humanité que son cœur farouche avait dépouillés sans doute en passant les mers, laissa vivre la malheureuse femme.

40. — Le chien de Montargis.

Un jour du règne de Charles V, un chevalier cheminait gaiement à travers la forêt de Bondy. Sa tête était nue, et à ses côtés pendaient négligemment ses armes, car il ne redoutait aucun danger. D'une main il tenait son casque qu'il avait retiré à cause de la chaleur qui était grande, de l'autre, il s'amusait à faire des signaux à un magnifique lévrier qui, joyeux, courait çà et là, le devançant et poussant des cris, comme s'il aboyait après un gibier. Tout à coup, il reste immobile, comme s'il venait d'apercevoir dans le fourré du bois quelque daim ou quelque chevreuil. Aubry de Montdidier, c'est ainsi qu'il s'appelait, arrête son cheval et tient les yeux fixés, s'attendant à voir partir à chaque instant l'animal. Soudain le lévrier prend sa course et se dirige vers son maître, qui, surpris, observe tous ses mouvements, sans pourtant soupçonner aucun péril, quand, de derrière un arbre, un homme s'élance, et avant d'être aperçu par Aubry, lui porte un coup d'épée dans le côté. Aubry, se sentant blessé, se retourne, veut saisir une arme pour se défendre, mais, avant qu'il en ait eu le temps, son agresseur lui porte un nouveau coup dans la poitrine; il chancelle de dessus son cheval et tombe à terre, il était mort. Alors s'engage entre l'assassin et le chien une lutte désespérée, lutte dans laquelle le pauvre animal, pour cette fois, fut vaincu. Le meurtrier, croyant l'avoir assommé, le jeta dans un fossé qui longeait la route; puis, voulant faire disparaître toutes les traces de son crime, il creusa une fosse au pied d'un arbre et y déposa le corps de sa victime. Cependant le chien n'avait été qu'étourdi du coup qu'il avait reçu; il ne tarda pas à revenir à lui; mais alors son assassin était parti. Le fidèle animal, ne voyant plus le corps de son maître, se mit à pousser des hurlements plaintifs, mais bientôt son instinct le conduisit au pied de l'arbre où le cadavre était enfoui. Il se coucha sur la tombe, et la forêt, pendant plusieurs jours, ne cessa de retentir de ses gémissements. Un matin, toutefois, pressé par la soif et la faim, il quitta l'asile que lui avait assigné sa fidélité, il courut tout d'un trait à Paris et se rendit chez un ami de son maître. Là, ses tristes hurlements semblent annoncer la perte qu'il a faite.

Cependant la disparition d'Aubry de Montdidier

commençait à sembler étrange, et quand le chien revint, les amis de son maître, frappés de la singularité de ses mouvements, résolurent de le suivre. Ils arrivèrent ainsi dans la forêt. Tout à coup le chien quitte la route, et s'arrête en un lieu où la terre paraissait avoir été fraîchement remuée. Il s'agite, saisi d'un tremblement convulsif; puis, grattant le sol avec ses pattes, il pousse un long gémissement. Aussitôt on l'aide dans ses efforts, on creuse le sol, et bientôt est découvert le cadavre, qui est facilement reconnu pour celui d'Aubry. Les deux blessures qu'il a reçues ne laissent aucun doute sur la manière dont il est mort. Un crime a été commis, cela ne fait pas l'ombre d'un doute; mais quel est le coupable?

Un jour, le hasard fit rencontrer au lévrier l'assassin de son maître; celui-ci se tenait au milieu d'un groupe d'archers ses camarades. Le voir, s'élancer sur lui, l'attaquer avec rage, lui sauter à la gorge, ne fut que l'affaire d'un moment. En vain, on le chasse, il revient à la charge; il veut mordre cet homme, qui, pour échapper à sa fureur, est obligé de s'enfuir. Alors le chien, qu'on empêche d'approcher, se tourmente et aboie de loin, adressant ses menaces du côté qu'il sent que s'est sauvé l'assassin. Désormais entre cet homme et le lévrier ce fut une guerre à outrance, une guerre sans paix ni trêve. Chaque fois qu'il le rencontre, il l'attaque et le poursuit avec un acharnement sans exemple. Ces assauts multipliés, cette persistance frénétique de ce pauvre animal, qui était la douceur même, commencèrent à faire soupçonner quelque chose du fait.

Cette histoire parvint aux oreilles du roi qui fit venir le chevalier Macaire et lui imposa le combat à mort avec le chien dans une enceinte fermée; c'était ce qu'on appelait, dans ces temps barbares, le jugement de Dieu.

Macaire était armé d'un gros et pesant bâton, espèce de massue; le chien avait un tonneau percé pour sa retraite et les relancements. Le signal est donné; on lâche le chien, qui n'attend pas que son ennemi vienne à lui. Il court, il s'élance, il va, il vient, tourne autour de son adversaire, évite ses coups, le menace tantôt d'un côté, tantôt d'un autre, le fatigue et enfin lui saute à la gorge, et s'y attache si bien qu'il le renverse dans le camp et le contraint à dire merci.

Le roi ordonne qu'on le retire des étreintes du chien, ce que firent les gardes du camp; puis, également sur un ordre du roi, les juges s'approchèrent.

Alors fut amené le chevalier Macaire, qui confessa devant eux tous qu'il avait en effet assassiné son compagnon, Aubry de Montdidier, sans qu'il y eût personne qui l'eût pu voir que ce chien, duquel il se reconnaissait vaincu.

Après cet aveu, la sentence fut exécutée; il fut envoyé au gibet et pendu. Ceci se passa l'an 1371, ainsi que le rapporte Montfaucon.

41. — L'éléphant et le factionnaire.

Un factionnaire exact à sa consigne, au Muséum d'histoire naturelle de Paris, ne manquait pas, lorsqu'il était de garde auprès des éléphants, d'avertir le public de ne leur rien donner à manger. Une telle conduite n'était pas propre à le faire aimer des éléphants; la femelle, en particulier, le regardait d'un très mauvais œil, et déjà elle lui avait fait éprouver les effets de sa mauvaise humeur, en lui aspergeant la tête avec sa trompe. Ce militaire ne se corrigeait pas, et un jour que l'affluence des spectateurs était plus grande qu'à l'ordinaire, il reçut d'abord une fusée d'eau à la figure; mais comme il ne s'obstinait pas moins à défendre tous dons de morceaux de pain, la femelle, irritée, se saisit du fusil du rigide surveillant, le fit tourner dans sa trompe, le foula aux pieds et ne le rendit qu'après l'avoir complètement ployé de diverses sortes.

42. — Les pigeons de Latude.

Le fameux prisonnier, Latude, qui accomplit trente-cinq ans de captivité dans diverses prisons pour un rien, raconte l'histoire suivante dans ses Mémoires :

« Il venait assez souvent, dit-il, des pigeons se poser sur ma fenêtre ; je conçus le projet d'en apprivoiser quelques-uns. L'esprit entièrement occupé de cet objet, je cherchai à réaliser cette idée. Je fis, avec quelques fils que je tirai de mes chemises et de mes draps, un petit filet que je tendis en dehors de ma fenêtre, et avec lequel je pris un superbe mâle. J'eus bientôt la femelle, qui paraissait demander elle-même à venir partager ses fers. Je mis tous mes soins à les consoler de leur captivité ; je les aidais à faire leur nid, à réchauffer, à nourrir leurs petits, mes soins et ma tendresse égalaient la leur. Ils parurent y être sensibles, et cherchèrent à m'en payer par des témoignages de leur affection. Lorsque cette touchante réciprocité de sentiments fut établie entre nous, je ne m'occupai plus que d'eux ! Comme j'épiais leurs actions ! comme je jouissais de leurs amours !

Tous les officiers de la Bastille, étonnés de mon adresse, vinrent examiner ce spectacle. Je me plaisais à les étonner en leur parlant des jouissances que j'éprouvais ; peu faits pour les sentir, ils ne pouvaient pas les concevoir. L'un de mes gardiens, nommé Daragon, en fut jaloux et résolut de les troubler. Ce malheureux frémissait de rage quand il voyait qu'une palpitation de mon cœur n'était pas au supplice. Il était soutenu par quelques-uns des chefs dont il était le complaisant et la créature, et qui autorisaient toutes ces infamies ;

on approuvait tout ce qu'il osait se permettre contre moi; il résolut donc de me priver de mes pigeons, en

Les pigeons de Latude.

me refusant leur nourriture, quoique je la lui payasse quatre fois plus qu'elle ne valait. Outré de toutes ces insolences, je lui répondis avec un peu de fermeté; il sortit en écumant de rage, et rentra quelque temps après en m'annonçant qu'il venait obéir au gouverneur, qui avait donné l'ordre de tuer mes pigeons. Mon désespoir à ce mot fut horrible, il troubla tout à fait ma raison : j'aurais donné ma vie pour assouvir sur ce monstre ma trop légitime vengeance. Je le vis faire un mouvement pour se jeter sur ces innocentes victimes de mon infortune, je m'élançai pour le prévenir : je les pris, et dans mon transport je les écrasai moi-même.

Ce moment fut peut-être le plus affreux de ma vie, je ne me le suis jamais rappelé qu'avec un profond déchirement. Je fus alors pendant plusieurs jours sans vouloir prendre de nourriture ; la douleur, l'indignation, se disputaient mon âme : mes soupirs étaient des hurlements, et j'avais les hommes en horreur.

43. — L'éléphant rancunier.

A Achem, dans l'île de Sumatra, un éléphant avait l'habitude, quand il passait dans les rues, d'allonger sa trompe dans les allées ou aux fenêtres des maisons, comme pour demander des fruits ou des racines, que les habitants se faisaient un plaisir de lui donner. Un matin, en allant à la rivière pour se laver, monté de son cornac, il présenta l'extrémité de sa trompe aux fenêtres d'un tailleur ; cet homme, au lieu de lui donner ce qu'il désirait, le piqua avec son aiguille ; l'éléphant ne parut faire aucune attention à cette insulte, mais il alla tranquillement à la rivière et se lava ; après quoi, il en remua le limon avec un de ses pieds de devant et aspira une grande quantité de cette eau fangeuse dans sa trompe ; puis, passant nonchalamment du côté de la rue où était la boutique du tailleur, il s'avança vers la fenêtre et lui lança une fusée d'eau avec une force si prodigieuse, que le coupable et ses garçons furent renversés de leur établi et jetés dans une terreur panique.

44. — Le chien Mitraille.

Le 2ᵉ régiment d'artillerie conserve, dans ses glorieuses archives, le souvenir des hauts faits du caniche Mitraille, que son amour étrange pour le bruit du canon avait fait baptiser ainsi : un vrai cœur de lion sous une peau de brebis. Mitraille se distingua par sa vaillance à l'attaque et à la prise d'Alger, et fut un des premiers assaillants qui pénétrèrent dans le corps de la place. Immédiatement après la victoire, il s'offrit généreusement à déguster les sources du pays conquis, qu'on disait avoir été empoisonnées par les Arabes, et il rendit à l'armée française, en cet office de gourmet, d'innombrables services. Rentré en France avec sa batterie et caserné à Metz, il essaya quelque temps de tromper, par les délassements de la petite guerre, l'ardente soif des combats qui le brûlait au cœur ; mais sa passion, empirant de jour en jour, finit par le dégoûter des vains exercices du polygone et lui inspirer le désir de tenter l'impossible. Las de déterrer les boulets morts, il rêva d'arrêter l'obus dans sa course rapide, et périt dans une rencontre avec un de ces projectiles qu'il avait provoquée. Digne et glorieuse fin d'une vie si bien remplie.

Toussenel.

45. — Le chien de Terre-Neuve.

On raconte qu'un pêcheur des environs de Tours, aussi cruel qu'ingrat, résolut un beau jour de se défaire de son vieux chien, ancien compagnon de travail, un pauvre terre-neuve.

Il monte dans une barque avec sa victime, lui attache une lourde pierre au cou et d'un coup de pied le précipite dans la Loire. Le chien disparaît.

Mais le pêcheur perdant son équilibre tombe aussi dans le fleuve. Il ne sait point nager et le courant l'emporte.

Au même instant la pierre se détache du cou du terre-neuve qui devient libre, remonte à la surface de l'eau, aperçoit son maître qui se noie, nage vers lui avec une vigueur qui n'est plus de son âge, le saisit de ses vieilles dents par un bout de sa veste et le ramène sur la berge, l'entraînant par un suprême effort sur un lit de roseaux, rendant ainsi la vie à celui qui avait voulu lui donner la mort.

DUMONTEIL.

46. — Il faut bien traiter les animaux.

Charles, duc de Calabre, en Italie, rendait journellement la justice à Naples, assisté de ses ministres et de ses conseillers, qu'il assemblait dans son palais; et dans la crainte que les gardes ne fissent pas entrer les pauvres, il avait fait placer dans le tribunal même une sonnette, dont le cordon pendait hors la première enceinte. Un vieux cheval, abandonné de son maître, vient se gratter contre le mur, et fait sonner. « Qu'on ouvre, dit le prince, et faites entrer qui que ce soit. — Ce n'est que le cheval du seigneur Capèce, dit le garde en entrant »; et toute l'assemblée d'éclater... « Vous riez, dit le prince... Sachez que l'exacte justice étend ses soins jusque sur les animaux... Qu'on appelle Capèce... Qu'est-ce? un cheval que vous laissez errer? lui demanda le duc. — Ah! mon prince, reprit le cavalier, ç'a été un fier animal dans son temps, il a fait vingt campagnes sous moi; mais enfin, il est hors de service, et je ne suis pas d'avis de le nourrir en pure perte... — Le roi mon père vous a cependant bien récompensé. — Il est vrai, j'en ai été comblé de bienfaits. — Et vous ne daignez pas nourrir ce généreux animal, qui eut tant de part à vos services ! Allez de ce pas lui donner une place dans vos écuries, qu'il soit traité à l'égal de vos autres animaux domestiques; sans quoi je ne vous tiens plus vous-même comme loyal cavalier, et je vous retire mes bonnes grâces. »

J.-P. BÉRENGER.

47. — L'éléphant blanc.

L'histoire fait mention des guerres acharnées qui ont eu lieu entre les princes de l'Inde, pour la possession d'un éléphant blanc; et dans ces querelles, dont le sujet nous paraît si futile, on a vu des rois perdre le trône et la vie, et de vastes contrées être mises à feu et à sang.

Élien raconte qu'un seigneur indien trouva un jeune éléphant blanc qu'il éleva avec grand soin. Cet animal lui servait de monture ordinaire, et lui donnait toutes les marques de la plus tendre amitié. Le roi, informé de sa douceur et de son adresse, le demanda pour lui; mais le seigneur à qui il appartenait ne put s'en détacher, et pour éviter les suites de son refus, il se sauva dans les montagnes : on l'y poursuivit par ordre du prince. Le fugitif, monté sur le haut d'un rocher, y soutint un long assaut, parant les traits et se défendant à coups de pierres, parfaitement secondé par son éléphant qui les lançait avec toute la justesse possible. Les soldats montèrent néanmoins, malgré cette courageuse résistance. Alors l'animal, plein de fureur, se jeta au milieu d'eux, en renversa plusieurs avec sa trompe, les écrasa, mit les autres en fuite, reprit son maître blessé et se retira avec lui.

FOURNIER (Les Animaux historiques).

48. — Androclès et le lion.

Appion, surnommé Plistonice, était très versé dans la littérature et dans la connaissance de toutes les parties de l'histoire grecque : on connaît et on estime le recueil complet qu'il a publié de toutes les merveilles d'Egypte, et de toutes celles que renferment ses Annales. L'étalage affecté d'érudition et l'air de jactance de l'historien le font soupçonner d'un peu d'exagération dans ses récits, lorsqu'il cite ses lectures ou ses conversations. On ne peut cependant porter le même jugement sur le trait dont il fait mention au cinquième livre de ses Mémoires de l'Égypte, puisque le narrateur assure qu'il ne l'a lu ni ouï raconter nulle part, mais qu'à Rome lui-même il en a été témoin.

On donnait au peuple, dit Appion, dans le grand cirque, le spectacle d'un combat de bêtes dans le plus grand appareil : comme je me trouvais à Rome, j'y courus. Les barrières levées, l'arène se couvre d'une foule d'animaux frémissants, monstres affreux, tous d'une hauteur et d'une férocité extraordinaires. On vit surtout bondir des lions d'une grandeur prodigieuse ; un seul fixa tous les regards : une taille énorme, des élancements vigoureux, des muscles enflés et raidis, une crinière flottante et hérissée, un rugissement sourd et terrible, faisaient frémir tous les rangs des spectateurs. Parmi les malheureux condamnés à disputer leur vie contre la rage de ces animaux affamés, parut un certain Androclès, autrefois esclave d'un proconsul. Dès que le lion l'aperçoit, dit l'écrivain, il s'arrête tout à coup frappé d'étonnement ; il s'avance d'un air adouci, comme s'il eût connu ce misérable ; s'approche en agitant la queue d'une manière soumise, comme le chien qui cherche à flatter : il presse le corps de l'esclave à demi mort de frayeur, et lèche doucement ses pieds et ses mains. Les caresses de l'horrible animal rappellent Androclès à la vie ; ses yeux éteints s'entr'ouvrent peu à peu ; ils rencontrent ceux du lion. Alors, comme dans un renouvellement de connaissance, vous eussiez vu l'homme et le lion se donner les marques de la joie la plus vive et du plus tendre attachement.

Rome entière, à ce spectacle, poussa des cris d'admiration, et César ayant demandé l'esclave : « Pourquoi, lui dit-il, es-tu le seul que la fureur de ce monstre ait épargné ? — Daignez m'écouter, seigneur, dit Androclès ; voici mon aventure : Pendant que mon maître gouvernait l'Afrique en qualité de proconsul, les traitements cruels et injustes que j'en essuyais tous les jours me forcèrent enfin de prendre la fuite ; et pour échapper aux poursuites d'un maître qui commandait en ce pays, j'allai chercher une solitude inaccessible parmi les sables et les déserts, résolu de me donner la mort de quelque manière, si je venais à manquer de nourriture. Les ardeurs intolérables du soleil, au milieu de sa carrière brûlante, me firent chercher un asile. Je trouvai un antre profond et ténébreux, je m'y cachai ; à peine y étais-je entré que je vis arriver ce lion ; il s'appuyait douloureusement sur une patte ensanglantée. La violence de ses tourments lui arrachait des rugissements et des cris affreux. La vue du monstre rentrant dans son repaire me glaça d'abord d'horreur ; mais dès qu'il m'eut aperçu, je le vis s'avancer avec douceur : il approche, me présente sa patte, me montre sa blessure, et semble me demander du secours. J'arrachai une grosse épine enfoncée entre ses griffes ; j'osai même en presser la plaie, et en exprimer tout le sang corrompu ; enfin pleinement remis de ma frayeur, je parvins à la purifier et à la dessécher. Alors l'animal, soulagé par mes soins et ne souffrant plus, se couche, met sa patte entre mes mains, et s'endort paisiblement. Depuis ce jour, nous avons continué de vivre ensemble pendant trois ans dans cette caverne. Le lion s'était chargé de la nourriture ; il m'apportait exactement les meilleurs morceaux des proies qu'il avait déchirées ; n'ayant point de feu, je les faisais rôtir aux plus grandes ardeurs du soleil. Cependant la société de cet animal et ce genre de vie commençant à m'ennuyer, je choisis l'instant où il était allé chasser ; je m'éloignai de la caverne, et après trois jours de marche, je tombai entre les mains des soldats. Ramené d'Afrique à Rome, je parus devant mon maître, qui, sur-le-champ, me condamna à être dévoré ; et je pense que ce lion, qui sans doute fut pris aussi, me témoigne actuellement sa reconnaissance. »

Tel est le discours qu'Appion met dans la bouche d'Androclès ; sur-le-champ on l'écrit, on en fait part au peuple ; ses cris redoublés obtinrent la vie de l'esclave, et lui firent donner le lion. On voyait Androclès, continue l'auteur, tenant son libérateur attaché à une simple courroie marcher au milieu de Rome. Le peuple enchanté le couvrit de fleurs et le combla de largesses, en s'écriant : « Voilà le lion qui a donné l'hospitalité à un homme, et voilà l'homme qui a guéri un lion. »

L.-P. Bérenger.

49. — Le lion et l'épagneul.

Pour voir à la Tour de Londres les bêtes féroces, il fallait donner de l'argent à leur maître, ou apporter un chien ou un chat qui pût leur servir de nourriture. Quelqu'un prit dans une rue un épagneul noir, qui était très joli ; étant venu voir un énorme lion, il jeta dans sa cage le petit chien. Aussitôt la frayeur s'empare de ce petit animal : il tremble de tous ses membres, se couche humblement, rampe, prend l'attitude la plus capable de fléchir le courroux naturel au lion, et d'émouvoir ses dures entrailles. Cette bête féroce le tourne, le retourne, le flaire sans lui faire le moindre mal. Le maître jette au lion un morceau de viande, il refuse de le manger, en regardant fixement le chien, comme s'il voulait l'inviter à le goûter avant lui.

L'épagneul revient de sa frayeur, il s'approche de cette viande, en mange, et dans l'instant le lion s'avance pour la partager avec lui. Ce fut alors qu'on vit naître entre eux une étroite amitié. Le lion, comme transformé en un animal doux et caressant, donnait à 'épagneul des marques de la plus vive tendresse, et l'épagneul à son tour témoignait au lion la plus extrême confiance. La personne qui avait perdu ce petit chien vint quelque temps après pour le réclamer. Le maître du lion la presse vivement de ne pas rompre la chaîne de l'amitié qui unit si étroitement ces deux animaux ; elle résiste à ses sollicitations. « Puisque cela est ainsi, répliqua le maître du lion, prenez vous-même votre chien ; car, si je m'en chargeais, cette commission deviendrait pour moi trop dangereuse. » Le propriétaire de l'épagneul vit bien qu'il fallait en faire le sacrifice.

Au bout d'une année, le chien tomba malade et mourut ; le lion s'imagina pendant quelque temps qu'il dormait ; il voulut l'éveiller, et l'ayant inutilement remué avec ses pattes, il s'aperçut alors que l'épagneul était mort. Sa crinière se hérisse, ses yeux étincellent, sa tête se redresse, sa douleur éclate avec fureur ; transporté de rage, tantôt il s'élance d'un bout de sa cage à l'autre, tantôt il en mord les barreaux pour les briser ; quelquefois il considère, d'un œil consterné, le corps mort de son tendre ami, et pousse des rugissements épouvantables. Il était si terrible qu'il faisait sauter par ses coups de larges morceaux du plancher ; on voulut écarter de lui l'objet de sa profonde douleur, mais ce fut inutilement, et il garda le petit chien avec grand soin ; il ne mangeait pas même ce qu'on lui donnait. Pour calmer ses transports furieux, le maître alors jeta des chiens vivants dans sa cage; il les mit en pièces ; enfin il se coucha et mit sur son sein le corps de son ami, seul et unique compagnon qu'il eût sur la terre; dans cette situation pendant cinq jours, sans vouloir prendre de nourriture, rien ne put modérer l'excès de sa tristesse; il languit, et tomba dans une si grande faiblesse qu'il en mourut. On le trouva la tête affectueusement penchée sur le corps de l'épagneul. Le maître pleura la mort de ces deux inséparables amis, et les fit mettre dans une même fosse. L'histoire nous présente-t-elle un exemple d'amitié plus parfait? Quel modèle à proposer! Il est la honte de ces hommes dont le seul intérêt forme et rompt les liens qui les unissent.

L.-P. Bérenger.

50. — La fidélité mal récompensée.

M. P... avait un chien nommé Muphty qu'il aimait beaucoup. Un jour qu'il devait recevoir une somme de douze cents livres à la campagne, il monte à cheval et Muphty ne manque pas de l'accompagner. Cet animal est témoin de tout; il voit que M. P... compte et recompte de l'argent qu'il renferme dans un sac avec grand soin, et qu'il remonte à cheval d'un air satisfait.

Muphty prend part à la joie de son maître ; il s'agite, il saute autour de lui, et jappe pour le féliciter. Vers le milieu du chemin, M. P... est obligé de mettre pied à terre ; il attache son cheval à un arbre, et passe derrière une haie. En s'éloignant, il se rappelle que son argent est resté sur le cheval et que le premier venu pourrait s'en emparer, il va prudemment prendre le sac, le pose à côté de lui au pied d'un buisson, où il s'arrête quelque temps ; ensuite il n'y pense plus, se lève, et se dispose à partir.

Muphty, qui observait tous ses mouvements et qui le suivait pas à pas, s'aperçoit de cette distraction ; il court au sac, essaie de le soulever ou de le traîner avec ses dents ; ce poids étant trop lourd, il retourne à son maître, s'accroche à ses habits pour l'empêcher de monter à cheval : il crie, il mord. M. P... n'y fait aucune attention, repousse son chien et part.

Le chien s'étonne de ce que ses avis ne sont pas mieux écoutés ; il se jette au devant du cheval pour l'empêcher d'avancer ; il aboie jusqu'à ce que la voix lui manque ; enfin son zèle l'emporte, il se jette sur le cheval, et le mord en cinq ou six endroits.

C'est alors que M. P... commence à craindre que son chien ne soit enragé. Dans certains esprits les soupçons se changent bientôt en certitude. On traverse un ruisseau : Muphty, quoique tout haletant, continue de crier et de mordre, et, dans l'excès de son zèle, il ne songe pas à se désaltérer :

« Ah ! mon malheur est donc certain, s'écrie M. P..., mon chien est enragé ! S'il allait se jeter sur quelqu'un !... Il faut le tuer... Un chien qui m'était si fidèle !... Mais si j'attends, il pourrait bien me mordre moi-même... Allons, c'est un devoir... »

Il prend un pistolet, vise et lâche le coup en détournant les yeux ; le chien tombe, se débat, se tourne vers son maître, et semble lui reprocher son ingratitude.

M. P... s'éloigne en frémissant : il se retourne, et Muphty agite sa queue en le regardant, comme pour lui dire le dernier adieu. M. P..., au désespoir, est tenté de descendre pour chercher quelque remède au coup qu'il a porté ; un reste de frayeur l'arrête : il continue tristement sa route, livré à des regrets, à des remords, et poursuivi de l'image de Muphty mourant ; il ne sait comment expier ce trait de barbarie ; il donnerait tout pour qu'il fût possible de le réparer, et il maudit mille fois son voyage. Tout à coup cette idée lui rappelle celle de son sac ; il voit qu'il ne l'a plus : il se souvient de l'endroit où il l'a laissé ; c'est pour lui un trait de lumière ; voilà l'explication des cris et de la colère du malheureux Muphty. Il retourne à toute bride chercher son argent, en déplorant son injustice, une trace de sang qu'il aperçoit le long du chemin le fait frissonner, et met le comble à sa douleur, il arrive au pied du buisson, et qu'y trouve-t-il ? Muphty expirant, qui s'était traîné jusque-là, pour veiller du moins sur le bien de son malheureux maître, et pour le servir jusqu'au dernier instant.

L.-P. Bérenger.

LIVRE III

LA PATRIE

CHAPITRE VIII

LES PATRIOTES

> Il faut que la patrie soit sentie dans l'école.
> MICHELET.
>
> On n'emporte pas la patrie à la semelle de ses souliers.
> DANTON.
>
> Tout homme a deux patries : son pays et la France.
> ***
>
> Nous ne sommes pas nés pour nous, mais pour la patrie.
> CICÉRON.

51. — Le grand Ferré.

Les habitants de Longueil, près Compiègne, demandèrent la permission de fortifier leur village. Après l'avoir obtenue, ils y portèrent des vivres et des armes, prirent pour capitaine un d'entre eux, grand et bel homme, appelé Guillaume des Alouettes, et jurèrent de se défendre jusqu'à la mort. Dès que cela fut fait et connu, beaucoup accoururent des villages voisins, afin de s'y mettre en sûreté.

Le capitaine avait pour serviteur un autre paysan très grand, très vigoureux, et aussi brave qu'il était fort : c'était le grand Ferré. Malgré sa haute taille et sa force, le grand Ferré n'avait de lui-même que petite opinion, et le capitaine en faisait ce qu'il voulait.

Les voilà donc environ deux cents, tous laboureurs et habitués à gagner leur pauvre vie avec le travail des mains. Les Anglais qui occupaient un fort près de Creil, en apprenant ces préparatifs de défense, furent pleins de mépris pour de tels gens. « Allons chasser ces manants, dirent-ils, le lieu est bon et fort, occupons-le. » Et il fut fait comme il avait été dit. Deux cents Anglais y marchèrent. On ne faisait pas bonne garde, les portes étaient ouvertes ; ils entrèrent hardiment. Au bruit même qu'ils firent, ceux du dedans qui étaient dans les maisons coururent aux fenêtres, et, voyant tant d'hommes bien armés, tombèrent en grand effroi. Le capitaine descendit toutefois avec quelques-uns des siens et se mit à frapper bravement sur les Anglais ; mais bientôt entouré, il fut blessé mortellement. A cette vue, les autres et le grand Ferré dirent : « Descendons et vendons chèrement notre vie, car il n'y a pas de miséricorde à attendre. » Ils se rassemblèrent, et, sortant soudainement par diverses portes, se précipitèrent à coups redoublés sur les Anglais ; ils frappaient comme quand ils battent le grain sur l'aire. Les bras se levaient, puis s'abattaient, et à chaque coup un Anglais tombait.

Quand le grand Ferré arriva près de son capitaine expirant, il fut pris d'une vive douleur et se rejeta avec furie sur l'ennemi. Comme il dépassait tous ses compagnons de la tête, on le voyait brandir sa hache, frapper, redoubler les coups, dont pas un ne manquait son homme. Les casques étaient brisés, les têtes fendues, les bras coupés. En peu de temps, il fit place nette autour de lui, en tua dix-huit, en blessa bien plus ; ses compagnons, encouragés, faisaient merveille, si bien que les Anglais quittèrent la partie et se mirent à fuir. Les uns sautèrent dans le fossé plein d'eau et se noyèrent ; les autres se pressèrent aux portes, mais les traits pleuvaient drus et serrés. Le grand Ferré, arrivé

Le grand Ferré.

au milieu de la rue où ils avaient planté leur étendard, tue le porte-enseigne, se saisit du drapeau, et dit à un des siens d'aller le jeter dans le fossé. Celui-ci lui montre avec effroi la masse encore épaisse des Anglais : « Suis-moi, » lui dit-il ; et, prenant sa grande hache à deux mains, il frappe à droite, il frappe à gauche et se fait un chemin jusqu'au fossé, où l'autre jette dans la boue l'enseigne ennemie. Le grand Ferré se reposa alors un moment, mais retourna bientôt contre ce qui restait d'Anglais. Bien peu de ceux qui étaient venus pour faire ce coup purent s'échapper, grâce à Dieu et au grand Ferré, qui en tua, ce jour-là plus de quarante.

Les Anglais, confus et irrités, revinrent le lendemain en plus grand nombre, mais les gens de Longueil ne les craignaient plus. Ils sortirent à leur rencontre, le grand Ferré marchant à leur tête. Quand ils le virent, et qu'ils sentirent le poids de son bras et de sa hache de fer, ils auraient bien voulu n'être pas venus de ce côté-là. Ils ne s'en allèrent pas si vite que beaucoup ne fussent mortellement blessés, tués ou pris.

A ce dernier combat, la besogne était rude, et le grand Ferré s'y était fort échauffé. Il but de l'eau froide en quantité, il fut aussitôt pris par la fièvre. Il retourna alors à son village, rentra dans sa cabane et se mit au lit, mais en plaçant près de lui sa bonne hache, une hache de fer si lourde qu'un homme de force ordinaire pouvait à peine, à deux mains, la soulever de terre.

Quand les Anglais apprirent que le grand Ferré était malade, ils furent pleins de joie, et, pour ne pas lui donner le temps de se guérir, ils lui dépêchèrent douze soldats avec l'ordre de le tuer. Sa femme les vit venir de loin et lui cria : « Oh ! mon pauvre Ferré, voici les Anglais, que vas-tu faire ? » Lui, oublie son mal, se lève vivement, et, prenant sa lourde hache, sort dans la cour. Quand ils entrèrent : « Ah ! brigands ! vous venez pour me prendre au lit ! Vous ne me tenez pas encore. » Il s'adossa au mur pour n'être pas entouré, et, jouant de la hache, les mit à male mort. Sur douze, il en tua cinq, le reste se sauva. Le grand Ferré retourna à son lit ; mais il s'était échauffé à donner tant de coups, il but encore de l'eau froide, la fièvre redoubla, et peu de jours après, il trépassa. Le grand Ferré fut enterré au cimetière de son village ; tous ses compagnons, tout le pays le pleurèrent, car, lui vivant, les Anglais n'auraient jamais osé en approcher.

(*Le Continuateur de Nangis.*)

52. — Captivité et mort de Jeanne d'Arc.

Les revers commencèrent. Jeanne, mal soutenue, échoua devant Paris et fut blessée. Puis elle se jeta dans Compiègne menacé. Le jour même de son arrivée, elle fit une vigoureuse sortie, mais elle fut forcée de battre en retraite, et quand elle se présenta pour rentrer dans la place, le pont était levé. Elle se défendit vaillamment ; à la fin, elle fut renversée de cheval, faite prisonnière et livrée au comte de Luxembourg, qui la vendit aux Anglais.

Le martyre de Jeanne d'Arc commença. Les Anglais l'enfermèrent à Rouen dans une dure prison où elle était enchaînée et exposée aux insultes de grossiers soldats qui demandaient sa mort avec fureur. Son procès fut un modèle d'iniquité. On eut recours à tout, aux mensonges, aux perfidies les plus atroces, pour trouver matière à accusation. Jeanne ne se démentit pas un seul jour ; plus d'une fois, elle déconcerta ses juges par ses réponses héroïques, toujours sensées et souvent sublimes.

Malgré son innocence, Jeanne fut condamnée à être brûlée vive. Les soldats anglais se jetèrent sur elle et la traînèrent au supplice. Jeanne s'agenouilla, pardonnant à tous et demandant aux assistants de prier pour elle. Elle réclama une croix ; un Anglais lui en fit une avec un bâton; mais elle en voulait une de l'église voisine; on lui apporta celle de la paroisse de Saint-Sauveur. Cependant les soldats anglais s'impatientaient;

Supplice de Jeanne d'Arc.

deux sergents la saisirent et la livrèrent au bourreau. Un instant la nature faiblit chez Jeanne : « Rouen! s'écria-t-elle, seras-tu ma dernière demeure ? » Le feu venait d'être mis au bûcher; Jeanne, s'oubliant pour ne penser qu'au dominicain qui l'exhortait toujours, lui dit de descendre et de lui tenir haut la voix.

« Dix mille hommes pleuraient, peut-être même
» l'évêque Pierre Cauchon, ce qui ne l'empêcha pas
» d'ordonner de jeter dans la Seine les restes de Jeanne
» dont on eût fait des reliques. Quelques Anglais seuls
» riaient ou tâchaient de rire. Un d'eux, des plus fu-
» rieux, avait juré de mettre un fagot au bûcher; Jeanne
» expirait au moment où il le mit; il se trouva mal. Ses
» camarades le menèrent à une taverne pour le faire
» boire et reprendre ses esprits, mais il ne pouvait se
» remettre... Un secrétaire du roi d'Angleterre disait
» tout haut en revenant : « Nous sommes perdus, nous
» avons brûlé une sainte. »

53. — Mort de deux héros.

Une puissante escadre avait amené dans le Saint-Laurent dix-neuf mille hommes, que commandait le général Wolf, jeune et impétueux capitaine, décidé à terminer la guerre. Montcalm s'établit dans un camp retranché pour couvrir Québec sans défense; tous les Français de douze à quatre-vingts ans vinrent s'unir à lui, pendant que les Anglais bombardaient la ville et brûlaient quatorze cents maisons dans les environs. Wolf fut d'abord repoussé avec pertes. Comme il était maître du Saint-Laurent, il débarqua au-dessus de Québec pendant la nuit et vint s'établir sur un plateau abrupt, que Montcalm avait cru inaccessible et qui dominait la plaine d'Abraham. Le général français pensa qu'il n'y avait pas un instant à perdre pour le chasser de cette position, qui menaçait Québec. Avec plus d'impétuosité que de prudence, sans attendre le colonel Bougainville, qui n'était pas loin avec trois mille hommes, il se précipita sur les Anglais supérieurs en nombre, mais il fut repoussé. Wolf, déjà blessé au poignet, s'était mis à la tête de ses grenadiers; il fut frappé d'une balle à la poitrine; on l'emporta sur les derrières de l'armée. « Ils fuient! s'écrie l'un de ses compagnons. — Qui ? demande-t-il. — Les Français, lui répond-on. — Quoi, déjà ! alors, je meurs content. » Et il expira. Montcalm tombait au même moment ; déjà blessé, il dirigeait encore la retraite, lorsqu'un coup de feu le jeta à bas de son cheval : « Au moins, dit-il, je ne verrai pas les Anglais dans Québec. » On voit dans cette dernière ville un obélisque de granit où l'on a gravé les deux noms de Wolf et de Montcalm avec cette inscription : « Leur courage leur a donné même mort ; l'histoire, même renommée ; leur postérité, même monument. »

54. — La patrie en danger.

Cependant les Prussiens avançaient. L'Assemblée décréta que la patrie était en danger. A Paris, le canon d'alarme tirait de moment en moment. On avait dressé sur les places des sortes de tribunes. Les officiers municipaux, rangés autour d'une table couronnée de drapeaux, recevaient les enrôlements. Les volontaires venaient donner leurs noms au milieu des acclamations de la foule. En quelques jours, Paris fournit 34 bataillons de 500 à 600 hommes.

Un vieillard avait quatre fils, ils lui demandèrent la permission de partir tous quatre. — « Allez et battez-vous bien. » Le bataillon partit. Le père ne voyait déjà plus ses enfants, mais il voyait encore le drapeau. « Mon Dieu, dit-il, comme ce drapeau s'éloigne vite ! Je suis trop vieux, je ne puis le suivre. — Comment ferez-vous pour vivre sans vos enfants ? lui demanda-t-on. — La patrie aura soin de moi. »

H. MARTIN.

55. — Beaurepaire.

Beaurepaire, ancien officier de carabiniers, forma, en 1789, l'intrépide bataillon des volontaires de Maine-et-Loire.

Au moment de l'invasion, ces braves eurent peur de n'arriver pas assez vite. Ils ne s'amusèrent pas à parler en route, traversèrent toute la France au pas de charge et se jetèrent dans Verdun. Ils avaient un pressentiment qu'au milieu des trahisons dont ils étaient environnés, ils devaient périr. Ils chargèrent un député patriote de faire leurs adieux à leurs familles, de les consoler et de dire qu'ils étaient morts. Beaurepaire venait de se marier, il quitta sa jeune femme, et il n'en fut pas moins ferme. Le commandant de Verdun assemblant un conseil de guerre pour être autorisé à rendre la place, Beaurepaire résista à tous les arguments de lâcheté. Voyant, enfin, qu'il ne gagnait rien sur ces nobles officiers, dont le cœur, tout royaliste, était déjà dans l'autre camp : « Messieurs, dit-il, j'ai juré de ne me rendre que mort... Survivez à votre honte ; » il se fit sauter la cervelle.

Michelet.

56. — Bel exemple de patriotisme.

A la bataille de Jemmapes, au moment où une colonne abordant une des redoutes défilait devant le général Dampierre aux cris de : « Vive la République ! » comme soulevée par un enthousiasme qui rendait le sol élastique sous les pieds des soldats, celui-ci aperçut au milieu des volontaires un vieillard à cheveux blancs qui versait des pleurs en se frappant le sein.

« Qu'as-tu, mon ami ? lui dit Dampierre ; est-ce le moment de s'attrister pour un soldat que celui qui mène

à la victoire ou à la mort ? — O mon fils ! ô mon fils ! se répondit à lui-même le vieux combattant, faut-il que la pensée de la honte empoisonne pour moi un si glorieux moment ! »

Et il raconta au général que son fils, enrôlé dans le 1er bataillon de Paris, avait déserté son drapeau, et que lui-même, il était parti à l'instant pour le remplacer et pour donner sa vie, en échange du bras que la lâcheté de son fils avait enlevé à la nation. Ce trait de Romain fut consigné dans les proclamations de Dumouriez à son armée.

LAMARTINE.

57. — Joseph Barra.

Parmi les belles actions qui se sont passées dans la Vendée et qui ont honoré la guerre de la liberté contre la tyrannie, la nation entière doit distinguer celle d'un jeune homme dont la mère a déjà occupé la Convention. Je veux parler de Barra ; ce jeune homme, âgé de treize ans, a fait des prodiges de valeur dans la Vendée. Entouré de brigands qui d'un côté lui présentaient la mort, et, de l'autre, lui demandaient de crier : Vive le roi ! il est mort en criant : Vive la République ! Ce jeune enfant nourrissait sa mère avec sa paye ; il partageait ses soins entre l'amour filial et l'amour de la patrie. Il n'est pas possible de choisir un plus bel exemple, un plus parfait modèle pour exciter dans les jeunes cœurs l'amour de la gloire, de la patrie et de la vertu, et pour préparer les prodiges qu'opérera la génération naissante. En décernant les honneurs au jeune Barra, vous le décernerez à toutes les vertus, à l'héroïsme, au courage, à l'amour filial, à l'amour de la patrie.

Les Français seuls ont des héros de treize ans ; c'est la liberté qui produit des hommes d'un si grand caractère. Vous devez présenter ce modèle de magnanimité, de morale, à tous les Français et à tous les peuples ; aux Français, afin qu'ils ambitionnent d'acquérir de semblables vertus et qu'ils attachent un grand prix au titre de citoyen français ; aux autres peuples, afin qu'ils désespèrent de soumettre un peuple qui compte des héros dans un âge si tendre.

Je demande que les honneurs du Panthéon soient décernés à Barra, que cette fête soit promptement célébrée et avec une pompe analogue à son objet et digne du héros à qui nous la destinons.

(*Discours de Robespierre*).

58. — Le lieutenant de vaisseau Carouge.

Le 2 septembre 1793, Carouge, lieutenant de vaisseau, commandant la corvette l'*Assemblée nationale*, fut poursuivi par une frégate anglaise de premier rang ; il aima mieux s'échouer que de se rendre. La corvette toucha aux rochers qui sont à l'entrée de la rivière de Tréguier. Carouge conserva  le plus grand sang-froid, fit couper les mâts et ordonna aux embarcations, qu'il avait mises en mer pour remorquer son bâtiment, de prendre l'équipage et de le conduire à terre. En vain on le pressa d'y descendre : « Mon devoir et l'honneur, répondit-il, me forcent à » ne sortir que le dernier ; sauvez-vous, mes amis ; » moi, je reste à mon poste. » Il n'y avait qu'une partie de l'équipage en sûreté lorsque la corvette coula bas.

Carouge et les braves qui l'entouraient disparurent en criant : « *Vive la France !* »

L'enseigne Rogerie s'attacha au commandant et fit tous ses efforts pour le sauver. Il le tenait par les cheveux et lui donnait l'appui d'une de ses jambes ; mais Carouge, s'apercevant que les forces de l'enseigne diminuaient, lâcha prise en disant : « Tu périrais avec moi ; va tout seul, » mon ami ; je ne veux pas être cause de ta mort. »

Pendant que le caractère français s'illustrait par un si beau dévouement, que faisaient les Anglais ? Hélas ! faut-il le dire ? ils mitraillaient les embarcations qui sauvaient les débris de l'équipage.

59. — Marceau.

Au siège de Verdun, la tâche la plus pénible incombait à Marceau. Étant le plus jeune officier, il devait porter la capitulation au roi de Prusse. Quand il arriva devant le monarque, les yeux bandés, ainsi que l'exigent les règlements militaires, des larmes de colère et d'humiliation roulaient le long de ses joues : « Si les Français ont beaucoup d'officiers comme celui-là, dit le roi, nous aurons fort à faire. »

Le lendemain, au moment où la garnison sortait de la ville et défilait devant les Prussiens, on entendit une voix crier aux ennemis : « Au revoir, dans les plaines de la Champagne ! » Quelques soldats assurèrent que cette voix était celle de Marceau.

Le jeune capitaine avait perdu pendant le siège une partie de ses effets et une somme d'environ quatre cents francs, tout son petit pécule. Un représentant du peuple en mission lui demanda : « Que voulez-vous qu'on vous rende ? » — Marceau, jetant un coup d'œil sur son sabre ébréché, répondit : « Un sabre pour venger notre défaite ! »

Tulou (*Les Généraux de vingt ans*).

60. — Récompense patriotique.

On sait que Hoche finit par pacifier la Vendée. Il avait accompli ce que onze généraux en chef et cent vingt autres n'avaient pu faire.

Le Directoire annonça solennellement cette nouvelle au Corps législatif. et un décret déclara que Hoche avait bien mérité de la Patrie.

Le glorieux général ne reçut ni dotation, ni titre pour l'immense service qu'il avait rendu à son pays, mais le décret que nous venons de citer se terminait ainsi.

« Il est fait présent au général Hoche de deux des plus beaux chevaux existants au dépôt de la guerre, avec les harnais et une paire de pistolets de combat de la manufacture de Versailles, comme marque de satisfaction pour les services qu'il a rendus à la Patrie et pour honorer, dans sa personne, ses braves défenseurs, qui, sous ses ordres, ont terminé la longue et malheureuse guerre de Vendée et des chouans. »

61. — Mort de Marceau.

Marceau portait le dolman et le pantalon du 11ᵉ chasseurs, sans écharpe ; sur son chapeau flottait une partie de son panache, qui avait été coupé par une balle à l'affaire de Limbourg. Un chasseur tyrolien, caché derrière un arbre, reconnaît le général et l'ajuste aussitôt. La balle, frisant le capitaine Louhart, frappe Marceau au bras gauche, le traverse et va se loger dans le corps, au-dessus de la dernière côte.

Marceau se sent blessé. Il retourne sur ses pas et à peu de distance se fait descendre de cheval. Ne voulant pas alarmer les troupes, il recommande à ceux qui l'entourent de cacher cet événement ; mais déjà la terrible nouvelle circule de rang en rang. Marceau fait prévenir le général en chef qu'il est grièvement blessé. En attendant son arrivée, il trouve encore assez d'énergie pour donner des ordres.

Mais on est obligé de l'emporter en arrière. Il traverse les colonnes, porté par des grenadiers. Des pleurs sont dans tous les yeux. Tous les soldats voudraient donner leur vie pour celle de leur général. « Mes amis, dit le blessé, c'en est fait de moi, mais que je ne tombe pas entre leurs mains. Achevez-moi ! »

C'est que Marceau n'avait jamais eu qu'une crainte, celle d'être fait prisonnier : « Jamais, disait-il, je ne serai prisonnier de guerre ; je saurai mourir. »

Marceau ne pense pas seulement à lui :

« Mon camarade, dit-il à Bernadotte, faites qu'avant de mourir, je ne voie pas nos troupes forcées de fuir en désordre devant l'ennemi. Cette pensée me tue. — Rassurez-vous, lui répond Bernadotte, la retraite se fera avec ordre. » Et en effet, les soldats de Marceau, que Jourdan lui-même conduit à l'ennemi, semblent vouloir venger leur général, et, malgré leur infériorité, ils le forcent à reculer.

Cependant il fallut pourtant céder. Les compagnons d'armes de Marceau sont forcés de le quitter. Jourdan écrit une lettre au général autrichien pour lui recommander l'illustre blessé.

Kray, l'un des plus vieux généraux de l'armée autrichienne et qui avait combattu Marceau pendant deux campagnes, accourut auprès de lui. Le mourant lui tendit la main, et le vieux guerrier la lui serra en pleurant.

Les médecins s'étaient d'abord bornés à retirer la balle et à élargir les plaies pour ouvrir un passage au sang. Vers le soir, ils avaient appliqué un premier appareil.

Le blessé, soulagé, avait passé une nuit assez pai-

III. — LA PATRIE

Mort de Marceau.

sible. Mais le lendemain le délire s'empara de Marceau. Vers une heure du matin, il retrouva un moment de calme et en profita pour dicter ses dernières dispositions. Il partageait ce qu'il possédait entre son jeune frère et sa sœur ; il laissait un souvenir à Jourdan et à chacun de ses aides de camp ; il recommandait de donner à son frère d'armes, Kléber, un des plus beaux chevaux de son écurie.

Épuisé par cet effort, il s'évanouit. Il revint cependant encore à lui, et reconnut le général autrichien. Puis son esprit s'égara, il parla de Limbourg, de la retraite, commanda ses troupes, et vers six heures du matin, le 21 septembre, il rendit le dernier soupir.

TULOU (*Les Généraux de vingt ans*).

62. — Le portrait de Desaix.

Le général Desaix écrivait à sa sœur, qui lui avait demandé son portrait :

« J'ai été extrêmement surpris de la demande étonnante que tu m'as faite de mon portrait ; en vérité je n'y conçois rien. Où veux-tu que je songe à me faire peindre, placé dans un village entièrement dévasté, dans un pays désert ? Ne rêvant que combats et victoires, et courant tout le jour, puis-je penser à un portrait ? Non, mon amie, j'en suis bien loin, et je te promets bien qu'il m'est de toute impossibilité de le faire. Il n'y a pas ici un homme capable de faire un portrait, excepté à Strasbourg, et j'en suis à trente lieues. Si tu veux une peinture, porte l'image de la Liberté ; les Français n'en doivent pas avoir d'autre. D'ailleurs, ma chère sœur, si j'avais la folie de me faire peindre, ce serait à présent fort inutile, vu que j'espère que d'ici à la fin de la guerre, où j'aurai le plaisir de te voir, ma figure sera très embellie par les cicatrices honorables et glorieuses des coups que j'aurai reçus en défendant mon pays. »

Tulou (*Les Généraux de vingt ans*).

63. — Le « Vengeur »

Le *Vengeur*, accablé par le nombre, voit crouler sa mâture pendant que sa coque, criblée de boulets, au-dessus comme au-dessous de la flottaison, donne de tous côtés passage à la vague. Partout ce sont des brèches béantes où la mer s'engouffre en effroyable quantité.

L'équipage français étant tout entier occupé à pomper et à puiser l'eau qui s'est introduite jusque dans les soutes, le *Vengeur* ne peut plus riposter. Cependant il n'a pas amené, et une simple remorque venant à propos peut lui éviter cette humiliation, car nul vaisseau anglais ne paraît encore en état de forcer définitivement un vaisseau français à se rendre, ni de l'amariner.

Renaudin voit bientôt avec douleur que le *Vengeur* est complètement abandonné. La détresse de ce malheureux vaisseau augmente incessamment. Bientôt les bras et les pompes ne suffisent plus : l'eau gagne l'entre-pont ; on a beau jeter les canons à la mer, cela n'empêche pas le vaisseau de s'emplir et d'enfoncer à vue d'œil.

Plusieurs vaisseaux anglais mettent alors leurs canots à la mer, pour venir au secours de l'équipage du navire à demi submergé. Ces embarcations arrivées le long du haut reçoivent d'abord Renaudin et ses officiers en signe d'amarinage, puis les gens valides au nombre de deux cent soixante-sept.

A peine se sont-ils éloignés sur les canots anglais qu'un affreux spectacle s'offre à leurs regards : deux cents environ de leurs camarades, tous blessés plus ou moins grièvement, sont restés sur le *Vengeur :* les canots anglais n'auront pas le temps de faire un second voyage pour venir les recueillir. Voyant toute espérance évanouie, les matelots français prennent la réso-

Le *Vengeur.*

lution de périr du moins en gens dignes de leur nation.

Les plus valides descendent dans la batterie basse et lâchent à l'ennemi leur dernière bordée au moment où la ligne d'eau arrive à hauteur de la gueule des canons. S'élançant ensuite sur le pont, ils clouent le pavillon tricolore afin qu'il ne puisse tomber aux mains de leurs adversaires.

Puis, formant avec leurs camarades un groupe sublime sur le pont, et agitant leurs armes et leurs chapeaux, ils s'enfoncent avec le vaisseau dans les flots aux cris de : « Vive la France ! Vive la Nation ! »

C'est un spectacle où la pitié touche au sublime. Bientôt on n'aperçoit plus que quelques hommes qui surnagent à l'aide de débris du bâtiment. Ceux-ci sont sauvés par un cotre, une chaloupe et quelques canots et conduits à bord des vaisseaux anglais. Le flot a recouvert le reste pour jamais.

DICK DE LONLAY (*Les Marins français*).

64. — Mort de Du Petit-Thouars.

L'amiral anglais Nelson lance aussitôt plusieurs vaisseaux contre le *Tonnant*, seul maintenant contre toute l'armée ennemie et l'entoure d'une double ligne de batteries.

Du Petit-Thouars, avec son vieux vaisseau, fait des prodiges de valeur et d'habileté pour conjurer le malheur d'une défaite.

Un boulet de canon lui emporte le bras droit, celui-là même dont il se sert pour commander la manœuvre. Les yeux du vaillant marin se voilent, il paraît s'affaisser sur lui-même ; on accourt.

— Ce n'est rien, dit-il en se redressant.

Son porte-voix lui a été enlevé avec la main qui le tenait ; il saisit de la main qui lui reste celui d'un de ses officiers en s'écriant :

— J'ai encore un bras pour servir la France ! puis s'adressant à son équipage :

— Vive la France ! camarades, feu !

Et sur les ponts et dans les batteries du *Tonnant*, on entend retentir ces cris :

« Vive la France ! Feu ! »

Peu d'instants après, un second boulet lui emporte le bras gauche.

« Vive la France ! camarades, feu ! » reprend Du Petit-Thouars. Et ces cris sont encore répétés par l'équipage, au milieu de la grêle des boulets qui part des vaisseaux ennemis à laquelle on riposte par des bordées incessantes.

Un troisième boulet ramé emporte les deux jambes de Du Petit-Thouars ; mais le héros, se survivant à lui-même, se fait placer dans une balle remplie de son pour arrêter ou du moins retarder l'hémorrhagie et de là, continue avec le même héroïque sang-froid à donner ses ordres. L'un d'eux est pour que l'on cloue son pavillon sur le mât.

Du Petit-Thouars sent sa vie s'enfuir avec son sang ; dans l'obstination de ce courage surhumain, ce tronçon mutilé fait encore entendre sa voix énergique pour un suprême appel au lieutenant Belliard et à son équipage :

« Braves marins, équipage du *Tonnant*, jurez de ne pas amener mon pavillon, jurez de couler bas plutôt que de vous rendre ; si vous êtes pris à l'abordage, promettez-moi de jeter mon corps à la mer, pour qu'il ne soit pas un trophée de l'ennemi. »

Et son regard sublime qui commande à la mort, sa lèvre qui retient la vie, semblent encore donner des ordres : on entend, dans un dernier soupir, le cri de : Vive la France ! et le héros s'affaisse dans son sang... La patrie compte un marin illustre de plus.

DICK DE LONLAY (*Les Marins célèbres*).

65. — Lucien Bonaparte.

La scène se passa à la Malmaison, peu de temps avant que l'empire fût proclamé, mais il était déjà connu dans la famille. Napoléon se voyait trompé dans ses calculs relativement à son frère Lucien, dont il comptait faire un de ses plus puissants lieutenants.

Lucien, qui avait espéré voir renaître les beaux jours

du Forum et qui ne voyait que ceux ramenés par Auguste, fut terrible dans ses reproches; il dit au futur empereur qu'il lui avait manqué de parole, qu'il avait agi avec déloyauté envers lui; enfin, la discussion devint une querelle, puis une dispute des plus vives.

— Vous voulez tuer la République, s'écria Lucien en fureur, eh bien, assassinez-la. Élevez-vous sur son cadavre et sur celui de ses fils... Mais, écoutez bien ce qu'un d'eux vous prédit : Cet empire que vous élevez par la force, que vous soutiendrez par la violence, eh bien, il sera abattu par la violence et par la force. Et vous-même vous serez brisé ainsi !

Et saisissant un écran qui était sur la cheminée, il le brisa d'une main tremblante de rage. Puis, comme s'il eût voulu rendre sa colère plus sensible encore, il prit sa montre la jeta à terre et la brisa du talon de sa botte en répétant :

— Oui, brisé, broyé ainsi.

(*Mémoires de la Duchesse d'Abrantès.*)

66. — En avant, marche!

Non loin de Jérusalem, je fus tout à coup frappé de ces mots prononcés distinctement en français : « En avant, marche! » Je tournai la tête et j'aperçus une troupe de petits Arabes, tout nus, qui faisaient l'exercice avec des bâtons de palmier. Je ne sais quel vieux souvenir de ma première vie me tourmente, et, quand on me parle d'un soldat français, mon cœur bat; mais voir de petits Bédouins dans les montagnes de la Judée imiter nos exercices militaires et garder le souvenir de notre valeur; les entendre prononcer ces mots qui sont, pour ainsi dire, les mots d'ordre de nos armées et les seuls que sachent nos grenadiers, il y aurait eu de quoi toucher un homme moins amoureux que moi de la gloire de sa patrie. Je ne fus pas si effrayé que

Robinson quand il entendit parler son perroquet, mais je ne fus pas moins charmé que ce fameux voyageur. Je donnai quelques pièces de monnaie au petit bataillon, en lui disant : « En avant, marche ! »

CHATEAUBRIAND.

67. — Un instituteur patriote.

Leroy naquit le 4 novembre 1845, à Remigny, dans l'arrondissement de Saint-Quentin. Entré dans l'enseignement en 1865, en qualité d'instituteur adjoint, il était appelé l'année suivante à diriger l'école de Monthurel. Le 14 novembre 1868, l'administration, désireuse de récompenser ses bons services, l'envoya à Vendières. Leroy était alors à la veille de se marier ; il hésita un instant à accepter l'avancement qu'on lui offrait. Mais, sur les conseils de son inspecteur, il consulta sa fiancée, qui lui donna une réponse favorable, et il s'empressa de se rendre à son nouveau poste, qui devait être, hélas ! sa dernière étape dans la carrière universitaire.

Vendières est un village de 366 habitants, entouré de collines pittoresques, situé non loin des rives du Petit Morin, au sud de l'arrondissement de Château-Thierry. Vers la fin de 1870, il s'y était formé une compagnie de francs-tireurs, qui ne tarda pas à attirer l'attention de l'ennemi ; car, dans les premiers jours de janvier, deux cantiniers et deux cantinières, attachés à l'armée allemande, furent surpris et emmenés à Vendières. Les deux hommes parvinrent à s'échapper. Huit jours après, le 18 janvier 1871, une colonne de 62 Prussiens, de la garnison de Nogent-l'Artaud, arrivait à Vendières, conduite par les cantiniers.

Il était à peine jour ; les francs-tireurs déjeunaient. Tout à coup un cri se fait entendre : « Les Prussiens, voilà les Prussiens ! » Ce fut un tumulte indescriptible.

Les francs-tireurs abandonnent leur repas, se dispersent dans toutes les directions. Les Prussiens se précipitent dans les maisons, les fouillent de fond en comble, sans pouvoir rien trouver de compromettant. Mais les cantiniers prétendent reconnaître l'instituteur Leroy, comme l'un des chefs de la compagnie. Ils le désignent aux soldats, qui l'arrachent de sa classe, l'accablent de coups de pied et de coups de crosse, le menacent de leurs revolvers et l'entraînent avec eux. Neuf personnes furent arrêtées en même temps, parmi lesquels M. Bouloré.

On fit monter les paysans sur un chariot abandonné par les francs-tireurs, et on les dirigea vers la route de Nogent-l'Artaud. Il se passa alors des scènes déchirantes. Les femmes se jettent aux genoux des Prussiens; elles leur jurent qu'ils ne détiennent aucun franc-tireur; elles les supplient de rendre la liberté à leurs maris. La douleur de Mme Leroy surtout est navrante.

Le chariot s'ébranle, Leroy adresse un dernier adieu à sa femme. « Viens, mon amie, viens, lui dit-il, m'embrasser encore une fois; je crains de ne plus te revoir. » Hélas! ce triste présage ne devait que trop se réaliser.

A Dormans, arrêt de plus cinq heures. Dès l'arrivée du train, le commandant de place s'élance furieux dans le wagon, et se tournant vers le malheureux Leroy, qui semble être le principal objet de la haine de l'ennemi : « Combien as-tu d'élèves ? — Soixante. — Soixante brigands, soixante canailles ! » Puis, lui tirant violemment la barbe : « — Voilà un instituteur de cette grande nation ! Voilà un instituteur de cette nation la plus civilisée de l'Europe. » Et, sans doute pour lui prouver la supériorité de la civilisation allemande, il crache à la figure d'un prisonnier ayant pieds et poings liés.

Le convoi arriva le lendemain à Châlons. On conduisit les prisonniers chez le commandant de place qui leur fit subir un nouvel interrogatoire, puis on les dirigea vers la prison militaire.

Je ne pense pas, raconte M. Bouloré, qu'il soit possible de passer une nuit plus agitée, plus affreuse. L'instruction de notre affaire commença aussitôt après notre internement. J'entendais de ma cellule faire l'appel de mes compagnons d'infortune. Personne ne revient, me disais-je. Nous n'aurons pas même la consolation de mourir ensemble. La nuit s'écoula sans qu'on m'eût appelé.

Le lendemain, à huit heures du matin, on vint me chercher, pour me conduire devant le conseil de guerre. Nous étions appelés comme témoins à décharge. On voulait simuler un jugement régulier. Nos dépositions étaient reçues par un interprète, qui les traduisait aussitôt aux officiers du conseil. Hélas ! l'arrêt était rendu d'avance. A toutes nos affirmations les officiers répondaient par des rires sardoniques.

Le soir, vers neuf heures, je trouvai M. Leroy se chauffant auprès du poêle du corps de garde. « Connaissez-vous, lui dis-je, la décision du conseil ? — Je n'en sais pas plus que vous, mon cher monsieur Bouloré ; mais les questions qui m'ont été adressées par l'interprète ne me laissent aucun espoir. — Pourquoi ? Je suis accusé d'un crime horrible, abominable. — D'un crime ! Que voulez-vous dire ? — Comme vous aurez pu le voir, les deux cantinières sont retrouvées. Eh bien ! elles m'accusent... — Est-ce possible ? Ne perdez cependant pas tout espoir. Nos ennemis, si barbares qu'ils soient, vont certainement ordonner une enquête. Est-ce que tout Vendières ne se lèvera pas comme un seul homme pour attester votre innocence ? — Non, mon cher monsieur Bouloré, on n'aura pas recours à ce témoignage. Ne cherchez pas à me bercer d'illusions. Le sort en est jeté. Il faut à tout prix épouvanter les francs-tireurs de Vendières, et je serai un des boucs émissaires. Rappelez-vous les recommandations que je vous ai faites. Recommandez à ma femme de faire dresser mon acte mortuaire, portez-lui mes derniers adieux et embrassez mes enfants pour moi. » Les soldats de garde nous ordonnèrent de nous séparer.

Le 22 janvier, vers sept heures du matin, quatre de nos infortunés compagnons furent traînés derrière le manège et adossés à un mur aujourd'hui renfermé dans une caserne.

« Venez, criait Leroy pendant le trajet ; venez voir, habitants de Châlons, comment meurt un Français innocent ! »

Quatre trous avaient été creusés, et au bord de chaque fosse était une bière ; à sept heures et quart, les quatre prisonniers tombaient sous les balles allemandes. Leurs corps furent enterrés sur place. Détail affreux ! Leroy n'a été atteint que le dernier ; il a dû voir tomber successivement sous ses yeux ses trois compagnons. Jusqu'au dernier moment il tint sa main droite levée comme pour affirmer encore son innocence.

(*Bulletin de l'Aisne.*)

68. — Un défenseur obstiné.

François Leildroux était un de ces braves canonniers de marine que Paris avait chargés de défendre les forts. C'était un Breton d'environ 70 ans. Il était pointeur des grosses pièces, et c'était plaisir de voir l'affection du brave homme pour son canon. Il l'aimait comme un chauffeur aime sa locomotive ou un fermier sa charrue. Il ne l'avait point quitté depuis quatre mois. Peu de pointeurs pouvaient se vanter d'un coup d'œil plus juste, et il avait envoyé plus d'un boulet destructeur aux avant-postes prussiens.

Quand le feu cessait, on voyait le vieux François Leildroux fourbir et astiquer son canon, ou le coude appuyé sur le bronze étincelant, fumer tranquillement sa pipe près d'un ami ; s'il pleuvait, il ôtait sa vareuse pour l'en couvrir et semblait jaloux des rayons de soleil qui miroitaient sur le métal. Le jour de deuil vint enfin. Le vieux brave s'appuyait sur son fidèle ami, tout en écoutant l'horrible nouvelle. La tête dans ses mains, il pleurait. Il lui fallait quitter les remparts et dire adieu à son vieil ami. « Mais mon canon ? disait-il. — Laissez faire, on en aura soin, lui répondait-on. — Non ! je ne veux pas le quitter, reprenait-il sourdement. — Alors, vous serez porté déserteur. — Eh bien ! soit ! j'aime mieux mourir que de le voir prendre par l'ennemi. » On le laissa. Quelques minutes après, on entendit la détonation d'un pistolet. Le vieux brave était étendu près de son canon. Il n'était pas tout à fait mort, mais il expira quelques heures après. Inscrivons parmi ceux des braves qui ont illustré le siège de Paris le nom du vieux François Leildroux.

J. CLARETIE.

69. — Une réponse sublime.

La retraite de l'armée française en Suisse, pendant l'hiver de 1871, fut marquée par des traits du patriotisme le plus pur.

Dans un dernier combat, dit de la Cluse, qui terminait une retraite d'une hardiesse toute chevaleresque, un héros était tombé. C'est le colonel Achillé, du 44e régiment de marche. Chargé de défendre les derniers défilés et voyant que quelques-uns de ses soldats murmuraient : « Qu'avez-vous, dit-il, vous restez en France, les autres passent en Suisse et vous vous plaignez ? — C'est que, ici, nous allons nous faire tuer, colonel ! — Eh bien ! c'est ce que je vous disais ! vous resterez en France ! » Le mot est sublime. Une heure après le colonel Achillé tombait frappé d'une balle au ventre.

GAUDELETTE (*La Patrie à l'École*).

70. — La mère Gauthier.

Tout le monde a admiré le magnifique tableau du peintre de Neuville, « Les dernières Cartouches », reproduisant si fidèlement la maison Bougerie, à Bazeilles, illustrée par un combat suprême.

A la suite de cette terrible journée du premier septembre 1870, le village tout entier offrait l'image de la ruine la plus complète ; il lui semblait qu'une trombe se fût abattue sur ce malheureux pays. Tout y était par terre. Un amoncellement de toitures effondrées et de murailles tombées au ras du sol, des débris de meubles calcinés, des poutrelles rompues, des charrettes en morceaux, des charrues et des herses brisées par le milieu, des lambeaux de volets et de portes pendant sur leurs gonds, des carcasses d'animaux atteints par les balles et surpris par le feu, les jardins en ruines avec leurs treilles et leurs pommiers noircis, partout les traces de l'incendie. On marchait sur les éclats d'obus. Il y avait çà et là sur des pans de mur de larges taches d'un brun noirâtre. Une main sanglante avait appliqué l'empreinte de ses cinq doigts sur un enduit de plâtre, des lambeaux de vêtements restaient accrochés entre les haies ; sur un buisson on apercevait deux petits bas d'enfant qu'on y avait mis à sécher. C'était navrant, horrible, hideux. Le village était comme éventré.

Si le passage des Bavarois dans cet infortuné village fut marqué par le pillage, l'incendie, il donna lieu aussi à des traits d'héroïsme qu'il est bon de rappeler.

Il y eut une héroïne, la mère Gauthier. Son fils était professeur de physique dans un collège du Midi. Chaque année, il passait ses vacances à Bazeilles chez sa vieille mère à laquelle il venait généreusement en aide. C'est là que l'invasion l'avait surpris et avait fait du modeste savant un intrépide citoyen. Dans cette terrible journée du 1er septembre 1870, le professeur avait fait le coup de feu contre les Prussiens. Entraîné par les opérations militaires, il avait dû s'éloigner de son village en flammes. La nuit venue, nuit sinistre, éclairée par d'immenses gerbes de flammes que faisait tourbillonner un vent furieux, il se hasarda dans les rues, et arriva à la porte de la maison qu'il ouvrit brusquement en criant : « Mère, où es-tu ? »

Deux voisins, Vincent, ancien officier de l'armée qui s'était illustré au Mexique, et Chacal qui avait aussi essuyé le feu de la journée, sortirent d'un hangar où ils s'étaient blottis, et sans rien dire, ils serrèrent la main au nouveau venu.

— Je suis heureux de vous savoir vivants, mes chers amis, reprit Gauthier ; mais ma mère ? Est-elle en haut ? l'avez-vous vue quelque part ?

Chacal regarda avec tristesse celui qui l'interrogeait

La mère Gauthier.

et d'une voix émue lui dit : — Monsieur Gauthier, il faut s'armer de courage, votre vieille mère est tombée bravement victime de son dévouement à la patrie.

— Ah ! les bourreaux ! s'écria alors cet homme brisé par la douleur. Quoi ! ils l'ont assassinée ! Et qu'ont-ils fait de sa chère dépouille ?

— Venez, dit le soldat, vous allez voir.

L'un des hommes alluma une lanterne sourde, et tous trois se dirigèrent du côté du puits, en se heurtant parfois à des cadavres couchés au travers des allées.

Ils arrivèrent ainsi péniblement jusqu'au fond du jardin, où la terre était humide de sang. Là un émouvant spectacle s'offrit à leurs yeux.

A la pâle lueur de la lanterne, on voyait une vieille femme tenant des pierres dans ses doigts crispés : elle était renversée sur le dos et ses yeux tout grands ouverts semblaient encore regarder fixement les hommes sans entrailles qui l'avaient assassinée.

— Allez, monsieur, dit le brave Chacal, votre bonne mère est morte d'une mort superbe. Elle faisait le coup de feu dans la rue, à la fenêtre de son rez-de-chaussée, comme un soldat, lorsque les Bavarois, furieux d'être arrêtés par une femme, s'approchent en rasant les murs, ouvrent les portes, et courent à sa poursuite jusqu'au verger où elle se retira en leur jetant à la tête tout ce qu'elle rencontrait, des pierres, des pots et des tuiles.

Elle était comme folle. La rage décuplait ses forces et elle tenait toujours les Allemands en respect avec une bûche, qu'elle brandissait autour d'elle : « Eh ! Eh ! la vieille, dit l'un d'eux en français, c'est à ton tour d'y passer, une petite prière et enlevons. » Elle ne demanda pas grâce, elle ne pleura pas, elle ne se mit pas à genoux pour implorer leur pitié. Non. Elle était debout, fière, très pâle, et lançait des regards terribles sur ces barbares qui tremblaient. Ses cheveux blancs tombaient en désordre sur ses épaules, et elle avait les lèvres serrées par la colère. On lui attacha les mains derrière le dos, on la colla contre le mur, et pendant ce temps, la mère Gauthier les appelait lâches, bandits. Enfin, cinq minutes après, une dizaine de balles lui avaient troué la poitrine. Les Bavarois se retirèrent alors, muets, honteux, comme effrayés de leur action, la tête basse, n'osant pas regarder devant eux. J'ai vu tout ça de la fenêtre de la maison voisine ; j'étais furieux de ne pouvoir courir à son secours, mais j'ai pu admirer son magnifique courage.

GAUDELETTE (La Patrie à l'École).

LIVRE IV
LA PERSONNALITÉ

CHAPITRE IX

TEMPÉRANCE

> Les gourmands creusent leurs fosses avec leurs dents.
> (*Ancien proverbe.*)
>
> Grande chère, maigre testament. (*Proverbe.*)

71. — Une bonne résolution.

Charles XII, roi de Suède, avait un jour, dans l'ivresse, oublié le respect qu'il devait à la reine, son aïeule ; elle se retira, pénétrée de douleur, dans son appartement. Le lendemain, comme elle ne paraissait pas, le roi en demanda la cause, car il avait tout oublié. On la lui dit. Il alla trouver la reine : « Madame, lui dit-il, je viens d'apprendre qu'hier, je me suis oublié à votre égard ; je viens vous en demander pardon ; et, afin de ne plus tomber dans cette faute, je vous déclare que j'ai bu hier du vin pour la dernière fois de ma vie. » Il tint parole. Depuis ce jour-là, il ne but plus que de l'eau et fut d'une sobriété qui ne contribua pas moins que l'exercice à rendre son tempérament plus robuste. Jamais il ne se plaignit que les mets fussent peu délicats ou mal apprêtés. Après un repas frugal, il faisait à cheval de longues courses, et le soir en campagne, il couchait sur de la paille étendue par terre, tête nue, sans draps, couvert seulement d'un manteau. Il acquit ainsi un tempérament de fer, que les fatigues les plus violentes ne purent abattre.

72. — Une réponse de Platon.

Les plaisirs de la table pris sans modération ne sont agréables que pour le moment, on les achète souvent bien cher ; et la nature ne tarde pas à se venger, quand on a la force de prendre ce qu'elle ne demande point. Les pauvres sont moins souvent malades faute de nourriture, que les riches ne le deviennent pour en prendre trop. Les aliments qui flattent agréablement le goût et qui font manger au delà du besoin empoisonnent au lieu de nourrir. La frugalité, au contraire, flatte moins sur le moment, mais les suites en sont douces et agréables. Timothée, illustre général athénien, avait fait chez Platon un souper frugal, où il avait eu beaucoup de plaisir. L'ayant rencontré le jour suivant : « Ami, lui dit-il, vos repas me plaisent beaucoup, parce qu'on s'en trouve bien, même le lendemain. »

73. — Henri II et le glouton.

Un homme qui mangeait autant que six se présenta un jour à Henri II, dans l'espérance qu'il en obtiendrait de quoi entretenir un si beau talent. Le roi, qui avait ouï parler de cet homme, lui demanda s'il était vrai qu'il mangeât autant que six. « Oui, sire, répondit il. — Et tu travailles à proportion, ajouta le roi. — Sire, répliqua-t-il, je travaille autant qu'un autre de ma force et de mon âge. — Ventre saint gris, dit ce prince, si j'avais beaucoup d'hommes comme toi dans mon royaume, je les ferais pendre : de tels coquins l'auraient bientôt affamé. »

74. — Danger des excès de table.

Alexandre, que tant de combats, de travaux, de fatigues, n'avaient pu vaincre, fut vaincu par le vin et par la débauche. Il mourut à Babylone au milieu des plaisirs, à trente-deux ans, avec la fausse gloire d'avoir mis sous le joug, par les armes et contre les lois de la justice, la plus grande partie de la terre alors connue, mais couvert de la honte éternelle d'avoir été lui-même le vil esclave des vices les plus grossiers. Le dernier excès auquel il se livra en ce genre, et qui mit le comble à tous les autres, fut une nouvelle partie de débauche, qu'on lui proposa après une nuit entièrement passée dans toutes sortes d'intempérances. Il s'y trouva vingt convives. Il but à la santé de chacun d'eux, et répondit à celles qu'ils lui portèrent l'un après l'autre. Peu content de cela, il se fit apporter la coupe d'Hercule qui tenait six bouteilles. Il la but toute pleine et la présenta ensuite à un de la compagnie. Celui-ci l'ayant bue, il réitéra encore cette énorme rasade, pour lui faire raison. Aussitôt il tomba par terre, une violente fièvre le saisit et on le transporta chez lui à demi-mort. La fièvre ne le quitta plus, et l'emporta en peu de temps. On crut qu'il avait été empoisonné, mais le vrai poison qui le fit mourir, et qui en a tué bien d'autres, fut les excès du vin et de la débauche; ils terrassèrent un héros, invincible durant douze années à toutes les fatigues des plus longs et des plus difficiles voyages, à tous les dangers des sièges et des combats, et aux intempéries si différentes de tant de lieux par où il avait passé.

CHAPITRE X

ÉCONOMIE — DÉSINTÉRESSEMENT

> Ce qui coûte peu est cher dès que ce n'est pas une chose utile.
> FRANKLIN.
>
> Les petits ruisseaux font les grandes rivières.
> (*Proverbe.*)

75. — Dix mille livres de rente.

Quand j'avais dix-huit ans, dit M. A.-V. Arnault dans ses mémoires, j'allais durant la belle saison passer la journée du dimanche à Versailles, ville qu'habitait ma mère, et, pour m'y transporter, je me rendais presque toujours à pied sur la route, où je prenais une des petites voitures qui en faisaient alors le service.

En sortant des barrières, j'étais toujours sûr de trouver un pauvre qui criait d'une voix glapissante : « La charité, s'il vous plaît, mon bon monsieur ! » De son côté il était bien sûr d'entendre résonner dans son chapeau une grosse pièce de deux sous.

Un jour que je payais mon tribut à Antoine (c'était le nom de mon pensionnaire), il vint à passer un petit monsieur poudré, sec, vif, et à qui Antoine adressa son memento criard : « La charité, s'il vous plaît, mon bon monsieur ! » Le passant s'arrêta, et, après avoir considéré le pauvre quelques moments : « Vous me pa-

» raissez, lui dit-il, intelligent et en état de travailler,
» pourquoi faire un si vil métier ? Je veux vous tirer
» de cette triste situation et vous donner dix mille livres
» de rente. » Antoine se mit à rire et moi aussi. « Riez
» tant que
» vous le
» voudrez,
» reprit le
» monsieur
» poudré,
» mais sui-
» vez mes
» conseils,
» et vous ac-
» querrez ce
» que je
» vous pro-
» mets. Je
» puis, d'ail-
» leurs, vous

» prêcher d'exemple : j'ai été aussi pauvre que vous ;
» mais, au lieu de mendier, je me suis fait une hotte avec
» un mauvais panier ; et je suis allé dans les villages et
» dans les villes de province demander, non pas des
» aumônes, mais de vieux chiffons, qu'on me donnait
» gratis et que je revendais ensuite, un bon prix, aux
» fabricants de papier. Au bout d'un an, je ne deman-
» dais plus pour rien les chiffons, mais je les achetais,
» et j'avais en outre une charrette et un âne pour faire
» mon petit commerce. Cinq ans après, je possédais
» trente mille francs, et j'épousais la fille d'un fabri-
» cant de papier, qui m'associait à sa maison de com-
» merce peu achalandée, il faut le dire ; mais j'étais
» actif, je savais travailler et m'imposer des priva-
» tions. A l'heure qu'il est, je possède deux maisons à
» Paris, et j'ai cédé ma fabrique de papier à mon fils,

» à qui j'ai enseigné de bonne heure le goût du travail
» et le besoin de la persévérance. Faites comme moi,
» l'ami, et vous deviendrez riche comme moi. »

Là-dessus, le vieux monsieur s'en alla, laissant Antoine tellement préoccupé, que deux dames passèrent sans entendre l'appel criard du mendiant : « La charité, s'il vous plaît ! »

En 1815, pendant mon exil à Bruxelles, j'entrai un jour chez un libraire pour y faire emplette de quelques livres ; un gros et grand monsieur se promenait dans le magasin et donnait des ordres à cinq ou six commis. Nous nous regardâmes l'un et l'autre comme des gens qui, sans pouvoir se reconnaître, se rappelaient cependant qu'ils s'étaient vus autrefois quelque part. « Mon-
» sieur, me dit enfin le libraire, il y a vingt-cinq ans,
» n'alliez-vous pas à Versailles le dimanche ? — Quoi !
» Antoine, c'est vous ! m'écriai-je. — Monsieur, ré-
» pliqua-t-il, vous le voyez, le vieux monsieur poudré
» avait raison ; il m'a donné dix mille livres de rente. »

76. — Colbert et les emprunts.

Colbert avait une vraie terreur des emprunts, il se rappelait les désordres du temps de Fouquet et il savait que l'emprunt grève l'avenir, et profite aux financiers.

Avec l'esprit de conquête cultivé chez Louis XIV par Louvois, les nécessités s'accrurent. Pour fournir à l'État des ressources extraordinaires, il fallait avoir recours fréquemment aux emprunts.

Colbert n'y consentit qu'à contre-cœur. Le roi avait résolu de conférer avec Louvois et Lamoignon sur ce sujet si grave. Le projet des emprunts ayant prévalu, le contrôleur général exhala son mécontentement, au sortir de la séance.

« Vous triomphez, dit-il au président ; mais croyez-vous avoir fait l'action d'un homme de bien? Croyez-vous que je ne savais pas comme vous qu'on pouvait trouver de l'argent à emprunter? Mais connaissez-vous comme moi l'homme auquel nous avons affaire, sa passion pour la représentation, pour les grandes entreprises, pour tout genre de dépense? Voilà donc la carrière ouverte aux emprunts et par conséquent à des dépenses et à des impôts illimités! Vous en répondrez à la nation et à la postérité ! »

Colbert était passionné pour le bien public et pour ce qui y contribue particulièrement, c'est-à-dire la richesse publique. « Il faut, écrivait-il à Louis XIV, épargner cinq sols aux choses non nécessaires et jeter les millions quand il s'agit de votre gloire. Un repas inutile de 300 livres me fait une peine incroyable, et lorsqu'il est question de millions d'or pour l'affaire de Pologne, je vendrais tout mon bien, j'engagerais ma femme et mes enfants, et j'irais à pied toute ma vie, pour y fournir. » — « Je voudrais, disait-il encore, que mes projets eussent une fin heureuse, que l'abondance régnât dans le royaume, que tout le monde y fût content, et que, sans emploi, sans dignité, éloigné des affaires, l'herbe crût dans ma cour. »

Cette passion de l'économie ne lui valut que la disgrâce du roi et l'impopularité de la foule qui ne l'avait pas compris.

77. — Une bonne leçon.

Il y avait à Marseille un négociant fort riche. Un jour, il reçoit une lettre qui lui est remise par un jeune homme qu'on lui recommandait fortement. Le jeune homme avait de la fortune. Il ne demandait qu'une protection de société. Il avait même une lettre de crédit assez forte sur le banquier. Celui-ci, après avoir lu la lettre de recommandation, au lieu de la jeter dans le panier aux papiers de rebut, ou bien de la serrer dans un tiroir, l'examina et vit qu'elle ne couvrait qu'une des quatre faces de la feuille. Il la déchira en deux, mit la partie écrite dans un carton de son casier, puis ploya l'autre de manière à pouvoir s'en servir pour écrire un billet et la serra dans un autre carton qui en contenait déjà beaucoup d'autres. Lorsqu'il eut terminé sa petite mesure économique, il se retourna vers le jeune homme et l'engagea à venir dîner chez lui le jour même. Le jeune homme était accoutumé à une vie assez élégante, assez sybarite, pour avoir peur de dîner chez un homme qui prélevait ainsi un droit sur le chiffonnier en lui enlevant son vieux papier. Cependant il accepta et promit de revenir à quatre heures. Mais en descendant le petit escalier du bureau de son banquier, il se rappelait déjà cette pièce étroite et sombre, précédée de deux grandes salles encombrées de cartons jaunis par la poussière et la fumée, et dans lesquelles travaillaient en silence dix ou douze jeunes gens dont les visages lui parurent diaphanes de maigreur. Le cabinet du banquier lui-même, avec cette fenêtre dont les carreaux étaient enduits d'une croûte épaisse et ne laissaient même pas arriver un rayon du beau soleil de Provence, la petite sébile de buis dans laquelle était la sciure de bois pour servir de poudre, l'écritoire cassée, la robe de chambre du banquier, enfin tout revenait à la file pour l'effrayer.

« J'ai fait une sottise en acceptant ce dîner, se dit-il. Mais n'importe ! une journée est bientôt passée. »

Après avoir fait sa toilette, plutôt pour lui que pour les hôtes qui l'attendaient, le jeune voyageur se rendit rue de Rome, où était située la maison de son banquier. Comme celui-ci l'avait prévenu que sa femme ne logeait pas dans la partie occupée par les bureaux, il demanda en arrivant à être conduit chez la maîtresse de la maison. Plusieurs valets, mis avec propreté et même avec richesse, lui firent traverser un petit jardin rempli de fleurs rares et exotiques, et, après l'avoir fait passer dans plusieurs pièces richement meublées, l'introduisirent dans un salon où il trouva son banquier qui le présenta à sa femme et à sa mère. La première était jeune, l'autre n'était pas encore vieille, et toutes deux portaient sur elles de riches étoffes, de belles perles, de beaux diamants, attestant le florissant commerce du laborieux et honnête chef de famille. Lui-même n'était plus le personnage du matin, il semblait qu'il eût laissé, au milieu de ses cartons poudreux, l'homme au bonnet de velours noir, à la robe de chambre de molleton. Le salon était rempli par quinze ou vingt convives dont les manières et le ton attestaient que cette maison était une des meilleures, si elle n'était pas la première de la ville. On servit, et ce fut alors que le jeune homme en fut convaincu. Le dîner fut parfait, les vins exquis.

Une argenterie magnifique couvrait la table avec une somptueuse abondance. Et le jeune voyageur se vit forcé de convenir avec lui-même qu'il n'avait jamais fait une chère plus délicate, ni vu plus de magnificence. Et ce qui acheva de le confondre fut d'acquérir la certitude, par l'une des personnes qui étaient près de lui, que le banquier donnait deux fois par semaine un dîner semblable à celui qu'il voyait.

En prenant son café, il songeait à tout cela et ses jeunes idées se refusaient à un classement par conséquence du résultat qui l'aurait amené à comprendre aisément ce qu'il voyait.

« Jeune homme, lui dit son hôte, en lui frappant légèrement sur l'épaule, vous êtes revenu presque triste. Auriez-vous mal dîné ?

Ou plutôt, le regard qui accompagnait ces paroles et l'inflexion de la voix qui les prononçait voulaient dire :

— Votre peur de mal dîner ne serait-elle pas encore évanouie ? — Le jeune homme rougit, comme s'il eût entendu ces mêmes mots. Le bon financier se mit à rire. Il l'avait deviné.

— Je ne vous en veux pas, monsieur. Votre âge ne comprend pas comment on forme les masses, seule et véritable force ; soit qu'on la fasse avec de l'argent, de l'eau, des hommes, il n'importe. Une masse est un mobile immense, mais il faut la commencer, il faut l'entretenir. Jeune homme, les petits morceaux de papier dont vous vous moquiez ce matin sont un des moyens que j'emploie pour y parvenir. »

(*Mémoires de Mme d'Abrantès.*)

78. — Jean Monteil.

Jean Joseph Monteil demeurait à Joyeuse, arrondissement de l'Argentière, département de l'Ardèche. Le père de Monteil, veuf et exerçant la profession de cabaretier, mourut à Joyeuse en 1854 ; il laissa six orphelins la plupart en bas âge. Son héritage consistait en une maison et en dettes absorbant bien plus que la valeur de cette maison. Le jeune Monteil faisait en ce moment ce qu'on appelait son tour de France, afin de se perfectionner dans la profession de serrurier-mécanicien qu'il avait embrassée. Dès qu'il apprit la mort de son père, il s'empressa de revenir à Joyeuse et de se mettre à la tête de sa maison, avec la ferme résolution de servir de père à ses jeunes frères et sœurs.

D'abord il essaya de continuer l'exploitation du cabaret ; mais il s'aperçut bientôt que ce genre d'industrie, où son père s'était ruiné en partie, était loin de lui donner les moyens de pourvoir aux besoins de sa famille. D'autre part, les créanciers de son père exigeaient qu'on les payât. Le pauvre Monteil ne manquait pas de souci, sa position était pénible et difficile : il lui fallait une certaine somme ; où la trouver ?

Que fait-il alors ? C'était au moment de la guerre d'Orient ; le prix des remplacements militaires était très élevé : il vit là un moyen de salut. Sans hésitation, il se sacrifie pour ses frères et sœurs, et, malgré une certaine répugnance pour le service militaire, il se décide à remplacer. Il recommande sa famille à quelques bons parents et se rend immédiatement à Toulon, où il met son projet à exécution.

M. Chavade, l'un des adjoints du maire de Joyeuse, se trouvait à cette époque à Marseille ; Monteil vint lui remettre intacte la somme de 2.300 francs, prix de son remplacement, avec prière, à son arrivée à Joyeuse, d'en employer une partie à solder les créanciers les plus pressés et de consacrer le restant à l'entretien de ses frères et sœurs. M. Chavade remplit la mission qui lui était confiée, et s'il n'apporta pas l'aisance à ces pauvres orphelins, du moins il arrêta la misère prête à les accabler.

Monteil fut envoyé à bord du *Magellan*, frégate de l'État, et employé dans la première compagnie comme ouvrier mécanicien-chauffeur. Il passa ensuite sur le vaisseau l'*Eylau*, où, à raison de sa conduite exemplaire, il fut fait ouvrier de première classe.

Depuis son embarquement jusqu'à ce jour, Monteil n'a pas cessé d'économiser tout ce qu'il a pu sur sa solde, et l'a envoyé entièrement à ses frères et sœurs. Après de longues et laborieuses traversées, jamais il n'a succombé à la tentation de suivre l'exemple de ses camarades qui se livraient au plaisir.

Il faut aussi ajouter qu'il a sacrifié sans hésitation à ce dévouement fraternel la proposition d'un établissement avantageux. Depuis quelque temps, il a obtenu un congé comme soutien de famille; il se livre à un travail pénible et assidu, dont le produit entier est consacré à ses frères et à ses sœurs.

(Extrait des *Prix de Vertu*.)

79. — Un honnête vieillard.

Dans la guerre d'Allemagne, un capitaine de cavalerie est commandé pour aller au fourrage. Il part à la tête de sa compagnie et se rend dans le quartier qui lui est assigné. C'était un vallon solitaire où l'on ne voyait guère que des bois. Il aperçoit une pauvre cabane, il y frappe : il en sort un vieillard à barbe blanche. « Mon père, lui dit l'officier, montrez-moi un champ où je puisse faire fourrager mes cavaliers. — Tout à l'heure », reprit le vieillard. Ce brave homme se met à leur tête et remonte avec eux le vallon. Après un quart d'heure de marche, ils trouvèrent un beau champ d'orge. « C'est ici ? dit le capitaine. — Attendez un moment, répond son conducteur, vous serez content. » Ils continuent à marcher, et ils arrivent un quart d'heure après à un autre champ d'orge. La troupe met pied à terre, fauche le grain et remonte à cheval. L'officier de la compagnie dit alors à son guide : « Mon père, vous nous avez fait aller trop loin sans nécessité ; le premier champ valait mieux que celui-ci. — Cela est vrai, monsieur, reprit le bon vieillard, mais il n'était pas à moi. »

Bernardin de Saint-Pierre.

CHAPITRE XI

PRUDENCE — DISCRÉTION — FRANCHISE
FIDÉLITÉ A SA PAROLE

> Prudence est mère de sûreté.
> (*Proverbe.*)
>
> Le mot que tu retiens est ton esclave, celui que tu laisses échapper est ton maître.
> (*Proverbe persan.*)
>
> Quand on n'ose pas dire ce qu'on pense, on finit par ne plus penser ce qu'on dit.
> ZÉNON.
>
> A gens d'honneur, promesse vaut serment.
> VOLTAIRE.

80. — Alexandre et le peintre Apelles.

Celui qui possède cette précieuse qualité qu'on appelle la prudence en paroles, se gardera bien de parler jamais d'un ton décisif sur des choses qu'il ne connaît pas à fond. Sur quelque matière que ce soit, il ne faut pas vouloir se mêler de juger et de décider, qu'on ne l'ait suffisamment étudié et qu'on n'en soit bien instruit, si l'on ne veut pas s'exposer imprudemment à prononcer autant de sottises que de décisions. L'esprit qu'on a ou qu'on croit avoir ne supplée point et n'empêche pas qu'on ne fasse pitié à ceux qui savent. Il faut bien surtout se garder de tomber dans cette faute devant des personnes de l'art. On ne pourrait le faire, sans se couvrir souvent de ridicule. Alexandre étant allé voir travailler Apelles fit sur la peinture des réflexions, et porta des jugements peu justes. « Prince, lui dit tout bas Apelles, quand vous voudrez parler de peinture, ayez soin que nous soyons seuls ! Voyez-vous ces jeunes garçons, qui broient mes couleurs ? Pendant que vous gardiez le silence, ils vous admiraient, éblouis de l'éclat de votre pourpre et de l'or qui brille sur vos habits. Mais depuis que vous avez commencé à parler des choses que vous n'entendez point, ils ne cessent de rire. »

81. — Une indiscrétion terrible.

L'indiscrétion d'un seul homme empêcha que Rome ne fût plus tôt délivrée de la tyrannie affreuse de Néron.

La mort du tyran était fixée au lendemain, et tout était prêt pour l'exécution. Celui qui s'était chargé de le tuer vit, en allant au théâtre, un des malheureux destinés à combattre contre les bêtes devant l'empereur enchaîné à la porte de l'arène et l'entendit se plaindre de sa destinée. Le conjuré s'approche, et lui dit à l'oreille : « Mon ami, prie les dieux de te conserver seulement aujourd'hui, et demain, tu me remercieras. »

Le prisonnier eut la lâcheté d'abuser de cette confidence ; pensant avec raison qu'il avait un moyen de sauver sa vie, il demande à faire une révélation à Néron et lui rapporte ce que cet homme venait de lui dire. Sur-le-champ on arrête l'homme, on le met à la torture et on le force d'avouer les noms de ses complices, qui périrent avec lui. Celui qui n'avait pas eu la force de se taire une première fois ne devait pas pouvoir se taire une seconde.

82. — Trait de discrétion remarquable.

Plusieurs Athéniens avaient formé le complot de délivrer leur ville du joug d'Hippias. Une femme, nommée Lionne, était du secret. Le tyran en est instruit : il la livre aux tortures pour connaître les conjurés. Cette femme supporte les tourments les plus cruels ; mais voyant que sa constance abandonne, elle se coupe elle-même la langue de peur que son secret ne lui échappe. Le tyran ayant été chassé, les Athéniens, pleins d'admiration et de reconnaissance pour cette femme, érigèrent en son honneur une statue de lionne sans langue.

83. — Le cardinal de Richelieu et Gassion.

Le cardinal de Richelieu, dont la politique n'était pas toujours assez délicate sur le choix des moyens, trouva dans un courtisan une façon de penser bien rare, et à laquelle sans doute il ne s'attendait point. Le comte de Soissons, mécontent de la Cour, et réfugié à Sedan, traitait secrètement avec l'Espagne, pour exciter une guerre civile : il était soutenu par les ducs de Bouillon et de Guise. Avant que le complot éclatât, Richelieu voulut engager le brave Gassion, alors simple colonel, à feindre d'embrasser le parti du comte, afin de pénétrer dans ses secrets et d'en instruire la Cour. C'était une belle occasion de parvenir à la plus haute fortune. Gassion ne voulait s'élever que par des voies honorables. « Je ne puis vous rien donner de plus que ma vie, dit-il au ministre, je la perdrais volontiers pour le service de votre Éminence ; mais il n'est pas possible de lui sacrifier mon honneur. — C'est assez, reprit le cardinal, votre fortune en pourra souffrir, mais vous ne perdrez pas mon estime. » Gassion fut dans la suite décoré du bâton de maréchal, qu'il honora par ses qualités militaires.

84. — Henri III et Crillon.

Le trop faible Henri avait pris la résolution de se défaire du duc de Guise, qu'il n'osait livrer à la justice des tribunaux. Il proposa au brave Crillon de l'assassiner. « Sire, répondit ce généreux guerrier, permettez-moi d'aller loin de la Cour rougir d'avoir entendu mon roi, mon roi pour qui je donnerais mille fois ma vie, me prescrire une action qui m'ôterait son estime. » Il refusa constamment d'être l'assassin du duc de Guise.

85. — Henri IV et Sully.

Henri IV eut le bonheur d'avoir à sa cour des ministres qui lui disaient la vérité; et ce qui n'est pas moins rare, il eut la grandeur d'âme de les en estimer davantage. Henriette d'Entragues, depuis la célèbre marquise de Verneuil, femme spirituelle, qui réunissait tous les talents qui font les charmes de la société, avait engagé Henri IV, qui en était épris, à lui donner par écrit une promesse de mariage. Le prince, avant de remettre le billet, voulut le montrer à Sully, pour avoir son avis. Ce ministre, zélé pour la gloire de son maître, le prit, le lut et le mit en pièces sans rien dire. « Comment, morbleu! dit le roi, que prétendez-vous donc faire? je crois que vous êtes fou. — Il est vrai, Sire, repartit Sully, je suis fou! et plût à Dieu que je le fusse tout seul en France. » Henri IV, malgré sa passion, ne put blâmer son ministre, parce qu'il sentit qu'il avait raison, et il le quitta sans lui répliquer un mot.

86. — Denys le Tyran et Platon.

Lorsque Platon fit un voyage en Sicile pour visiter l'Etna, Denys le Tyran eut la curiosité de s'entretenir avec cet illustre philosophe. La conversation roula sur le bonheur, sur la justice, sur la véritable grandeur. Platon ayant soutenu que rien n'est si lâche et si malheureux qu'un prince injuste, Denys en colère lui dit : « Vous parlez là comme un radoteur. — Et vous comme un tyran, » répondit Platon. Cette franchise pensa lui coûter la vie. Denys le fit embarquer sur un vaisseau qui retournait en Grèce, après avoir donné au commandant l'ordre secret de le jeter à la mer, ou de s'en défaire comme d'un vil esclave. Le philosophe fut en effet vendu comme tel : il fut ensuite racheté et amené dans sa patrie. Denys, qui attachait quelque prix à l'estime des Grecs, lui écrivit de l'épargner dans ses discours. Il ne reçut d'autre réponse que celle-ci : « Je n'ai pas assez de loisir pour m'occuper de Denys. »

87. — Mort de Régulus.

Les pertes considérables que les Carthaginois avaient faites tant par terre que sur mer, depuis quelques années, les déterminèrent à envoyer à Rome des ambassadeurs pour y traiter de la paix ; et en cas qu'ils n'en pussent obtenir une qui leur fût favorable, pour y proposer l'échange des prisonniers, et surtout de certains d'entre eux qui étaient des premières familles de Carthage. Ils crurent que Régulus pourrait réussir au second article. Il avait à Rome sa femme et ses enfants, grand nombre de parents et d'amis dans le Sénat, son cousin-germain dans la place de consul. On avait lieu de présumer que le désir de se tirer du triste état où il languissait depuis plusieurs années, de rentrer dans sa famille qui lui était fort

Mort de Régulus.

chère et d'être rétabli dans une patrie où il était généralement estimé et respecté, le porterait infailliblement à appuyer les Carthaginois. On le pressa donc de se joindre aux ambassadeurs dans le voyage qu'ils se préparaient à faire à Rome. Il ne crut pas devoir se refuser à cette proposition ; la suite fera connaître quels furent ces motifs. Avant de partir, on lui fit prêter serment, qu'en cas qu'il ne réussît point dans ses demandes, il reviendrait à Carthage, et on lui fit même entendre que sa vie dépendait du succès de sa négociation.

Quand ils furent près de Rome, Régulus refusa d'y entrer, apportant pour raison que la coutume des ancêtres était de ne donner audience aux ambassadeurs des ennemis que hors de la ville. Le Sénat s'y étant assemblé, les ambassadeurs, après avoir exposé le sujet de leur ambassade, se retirèrent. Régulus voulait les suivre, quoique les sénateurs le priassent de rester : et il ne se rendit à leurs prières qu'après que les Carthaginois, dont il se regardait comme l'esclave, le lui eurent permis.

Il ne paraît pas qu'on ait fait mention de ce qui regardait la paix, ou du moins qu'on s'y soit arrêté : la délibération ne roula que sur l'échange des prisonniers. Régulus, invité par la compagnie à dire son avis, répondit qu'il ne pouvait le faire comme sénateur, ayant perdu cette qualité, aussi bien que celle de citoyen romain depuis qu'il était tombé entre les mains des ennemis, mais il ne refusa pas de dire comme particulier ce qu'il pensait. La conjoncture était délicate ; tout le monde était touché du malheur d'un si grand homme. Il n'avait, dit Cicéron, qu'à prononcer un mot pour recouvrer, avec sa liberté, ses biens, ses dignités, sa femme, ses enfants, sa patrie : mais ce mot lui paraissait contraire à l'honneur et au bien de l'État. Il ne fut attentif qu'aux sentiments qu'exigeaient de lui en cette occasion la force et la grandeur d'âme. Ce sont ces vertus, dit Cicéron en parlant de Régulus, qui apprennent aux hommes à ne rien craindre, à mépriser toutes les choses humaines, à se préparer à tout ce qui peut arriver de plus fâcheux : j'ajouterai, avec Sénèque, à marcher partout où le devoir nous appelle à travers les plus grands dangers en foulant aux pieds tout autre intérêt quel qu'il puisse être. Il déclara donc nettement « qu'on ne devait point songer à faire l'échange des prisonniers ; qu'un tel exemple aurait des suites funestes à la république ; que des citoyens qui avaient eu la lâcheté de livrer leurs armes à l'ennemi étaient indignes de compassion et incapables de servir leur patrie. Que pour lui, à l'âge où il était, on devait compter que le perdre c'était ne rien perdre ; au lieu qu'ils avaient entre les mains plusieurs généraux carthaginois dans la vigueur de l'âge, et en état de rendre encore à leur patrie de grands services pendant plusieurs années. »

Ce ne fut point sans peine que le Sénat se rendit à un avis qui devait coûter si cher à celui qui en était l'auteur. Régulus n'hésita point sur le parti qu'il devait prendre. Cet illustre exilé partit de Rome pour retourner à Carthage, sans être touché de la vive douleur de ses amis, ni des larmes de sa femme et de ses enfants, mais avec la tranquillité d'un magistrat, qui libre enfin de toute affaire, part pour sa campagne ; cependant il n'ignorait pas à quels supplices il était réservé. En effet, dès que les ennemis le virent de retour sans avoir obtenu l'échange, et qu'ils surent qu'il s'y était même opposé, il n'y eut de sorte de tourments que leur barbare cruauté ne lui fît souffrir. Ils le tenaient longtemps resserré dans un noir cachot, d'où, après lui avoir coupé les paupières, ils le faisaient sortir tout à coup pour l'exposer au soleil le plus vif et le plus ardent. Ils l'enfermèrent ensuite dans une espèce de coffre tout hérissé de pointes, qui ne lui laissaient aucun moment de repos ni jour ni nuit. Enfin, après l'avoir ainsi longtemps tourmenté par d'excessives douleurs et une cruelle insomnie, ils l'attachèrent à une croix, qui était le supplice le plus ordinaire chez les Carthaginois, et l'y firent périr.

Rollin.

88. — L'Espagnol et le Maure.

Dans le temps que l'Espagne était sous la domination des Maures, un Espagnol se battit en duel contre un jeune Maure, et le tua. Il se réfugia dans la première maison qu'il trouva ouverte, et qui appartenait à un Maure ; il implora sa protection. Celui-ci lui offrit une moitié de pêche et lui dit : « Mange ce fruit ; tu sais que, lorsque tu l'auras dans ta bouche, je ne puis te refuser le droit de l'hospitalité. » Il cacha le cavalier dans un pavillon, dont il prit la clef. Bientôt il apprend que son fils est mort, qu'il vient d'être tué par un Espagnol. Il attendit la nuit et courut au pavillon. « Sors, dit-il au jeune cavalier. Celui que tu as tué est mon fils, je l'aimais tendrement, sa perte me met au désespoir. Mes voisins affligés ont apporté le corps de mon malheureux fils chez moi : ils t'ont si bien dépeint que je n'ai pu te méconnaître. Je pourrais te punir ; je le voudrais, si je n'écoutais que la voix de la vengeance ; mais je t'ai offert à manger, je t'ai donné ma parole, je la tiendrai. Fuis, dérobe-toi à ceux qui te poursuivent, profite des ombres de la nuit. Tu as répandu le sang de mon fils, ce coup affreux a déchiré mon cœur, mais j'ai encore assez de force pour étouffer ma colère, et assez de vertu pour remplir mes engagements. »

CHAPITRE XII

COURAGE CIVIL ET MILITAIRE

> L'homme courageux est celui qui brave le danger s'il ne peut s'y soustraire, et l'évite si c'est possible.
> LUCAIN.
>
> Qui sait tout souffrir sait tout oser.
> VAUVENARGUES.
>
> On ne peut répondre de son courage quand on n'a jamais été dans le péril.
> LA ROCHEFOUCAULD.

89. — Le pompier Marinel.

Un incendie avait éclaté dans une maison dépendant des casernes de Strasbourg. Grâce à de prompts secours, les ravages de la flamme avaient été arrêtés dans les étages supérieurs ; mais la cave renfermait un baril de poudre et mille paquets de cartouches : une explosion était imminente et de tous côtés on se sauvait. Cependant, le sergent Marinel apprend que dans une mansarde se trouvent encore deux soldats que des infirmités retiennent dans leur lit. Il décide quelques hommes à pénétrer avec lui dans la maison : « Si nous arrivons au réservoir, s'écrie-t-il, nous pourrons noyer les poudres. » En disant ces mots, il s'engage dans l'escalier inférieur, sans s'apercevoir que ses compagnons, aveuglés par la fumée, ont bientôt renoncé à le suivre. Il arrive seul devant la porte d'un premier caveau. Cette porte était fermée : d'une poutre il se fait un bélier et l'enfonce.

Au moment de passer outre, il est arrêté par un tourbillon de flammes. Effrayé, il hésite, il recule, il se dispose à remonter. Mais bientôt, à la pensée que le feu va gagner les matières explosibles, que la maison va sauter, que les deux malades vont infailliblement périr, il s'arme d'un nouveau courage et se précipite au foyer même de l'incendie. Enfin le voilà dans la poudrière ; il ne fait plus qu'un bond vers le réservoir, ouvre le robinet. L'eau inonde la cave, tout danger d'explosion a disparu. La foule se précipite dans la maison ; on découvre Marinel enseveli sous les décombres, respirant à peine, mais trouvant encore assez de force pour murmurer : « Et les camarades ? » Ses camarades furent sauvés et lui-même fut rappelé non sans peine à la vie.

90. — Guillaume Matthieu.

Guillaume Matthieu, né à Salus, près de Saint-Flour, département du Cantal, est âgé de trente-neuf ans. C'est un brave soldat qui a servi huit ans et demi. Il est marié et père de deux enfants, dont l'un a cinq ans et l'autre deux ans environ ; outre son état de charbonnier, lui et sa femme sont portiers d'une petite maison rue Beaurepaire, à Paris ; ils ont le sou pour livre du loyer et ils en tirent à peu près 200 francs nets par an, étant chargés de l'éclairage.

La fosse de la maison, qui avait été vidée, avait besoin, avant d'être refermée, de grandes réparations. La dame veuve Gabriel, entrepreneur de maçonnerie, en fut chargée ; elle employa ses deux fils, ouvriers maçons, ainsi que les sieurs Louvière et Manuel, qui, dans les premiers jours, ne rencontrèrent aucun obstacle ; mais le troisième jour, à quatre heures et demie du matin, ils s'aperçurent qu'au moyen d'une communication qui s'était établie avec une fosse voisine, une assez grande quantité de matière s'était introduite dans la fosse où ils travaillaient.

Ces ouvriers voulant retirer les moellons submergés, Louvière descendit le premier : il fut sur-le-champ asphyxié ; seulement il tomba renversé sur le dos : son frère éprouva le même accident. Manuel n'en descendit pas moins, dans l'intention de sauver ses camarades ; il tomba aussi, mais il eut la force de se relever, de reprendre l'échelle, d'où il retomba encore ; il parvint cependant à sortir. A ses cris, il arriva du monde, mais personne n'entreprit de donner du secours aux autres ouvriers, gisant asphyxiés dans la fosse.

Eveillé par sa femme, et sans s'arrêter à se plaindre de l'inaction des spectateurs, Matthieu prend une corde qu'il s'attache autour du corps, il descend dans la fosse, en recommandant de le retenir si l'on s'apercevait qu'il chancelât. Il parvient cependant à retirer l'ouvrier qui était tombé le premier ; il descend de nouveau et il en ramène un second ; enfin, il a le courage de redescendre encore, et il sauve le troisième.

Mais, en sortant de la fosse, Matthieu tombe évanoui sur le pavé ; bientôt après il reprend ses sens, donne ses soins aux asphyxiés, qu'il rappelle à la vie. Il y en avait un qui était meurtri. Matthieu se procure un brancard, y place le blessé ; il le porte, aidé d'un autre particulier, chez le commissaire de police, et de là dans sa maison, rue du Caire. Le lendemain, Matthieu éprouve de violents maux de tête et de fréquents vomissements : il a une forte fièvre pendant huit ou dix jours. Sa maladie a duré plus d'un mois.

M. le préfet de Seine, informé de cette bonne action,

a voulu qu'elle fût récompensée pour servir d'exemple ; il a obtenu du ministère de l'Intérieur une médaille d'or pour Guillaume Matthieu.

(Extrait des *Prix de Vertu*.)

91. — Mirabeau aux États généraux.

Lorsque Louis XVI eut terminé le discours qu'on lui avait préparé, il ajouta ces mots : « Je vous ordonne,

Mirabeau aux États généraux.

messieurs, de vous séparer tout de suite et de vous rendre demain matin dans les chambres affectées à votre ordre, pour y reprendre vos séances. »

Il sortit ensuite. La noblesse et le clergé suivirent. Les députés du peuple, immobiles, silencieux, indignés, ne quittèrent point leurs sièges. Le marquis de Dreux-Brézé, grand-maître des cérémonies, vint leur rappeler l'ordre du roi. Alors Mirabeau d'une voix tonnante :

« Allez dire, s'écria-t-il, allez dire à ceux qui vous envoient que nous sommes ici par la volonté du peuple et qu'on ne nous en arrachera que par la puissance des baïonnettes. » Dreux-Brézé, intimidé par la majesté de cette souveraineté nouvelle qui venait de se révéler, sortit à reculons devant les représentants du peuple, comme il faisait devant le roi.

Mirabeau ce jour-là mit fin virtuellement à l'autorité royale.

92. — Bel exemple de courage civique.

Lorsque le maréchal Ney fut traduit devant le conseil de guerre qui devait le juger, le maréchal Moncey qui présidait écrivit à Louis XVIII la noble lettre suivante qui est un exemple de courage civique dans les circonstances terribles à traverser à cette époque.

« Placé dans la cruelle alternative de désobéir à Votre Majesté, ou de manquer à ma conscience, disait le maréchal Moncey, j'ai dû m'en expliquer à Votre Majesté ; je n'entre point dans la question de savoir si le maréchal Ney est innocent ou coupable. Ah! Sire, si ceux qui dirigent vos conseils ne voulaient que le bien de Votre Majesté, ils lui diraient que jamais l'échafaud ne fit d'amis ; croient-ils donc que la mort soit si redoutable pour ceux qui la brave si souvent? Ce fut au passage de la Bérézina, Sire, c'est dans cette malheureuse catastrophe que Ney sauva les débris de l'armée. J'y avais des parents, des amis, des soldats enfin, qui sont les amis de leurs chefs, et j'enverrais à la mort celui à qui tant de Français doivent la vie, tant de familles leurs fils, leurs époux et leurs parents ! Non, Sire, s'il ne m'est pas permis de sauver mon pays, ni ma propre existence, je sauverai du moins l'honneur : et s'il me reste un regret, c'est d'avoir trop vécu, puisque je survis à la gloire de ma patrie. Quel est, je ne dis pas le maréchal, mais l'homme d'honneur qui ne sera pas forcé de regretter de n'avoir pas trouvé la mort aux champs de Waterloo ? Ah ! peut-être si le malheureux Ney avait fait là ce qu'il a fait tant de fois ailleurs, peut-être ne serait-il pas traîné devant une commission militaire ; peut-être que ceux qui demandent aujourd'hui sa mort imploreraient sa protection. Excusez, Sire, la franchise d'un vieux soldat qui, toujours éloigné des intrigues, n'a connu que son métier et la patrie. Il a cru que la même voix qui avait blâmé les guerres d'Espagne et de Russie pouvait aussi parler le langage de la vérité au meilleur des rois, au père de ses sujets. Je ne dissimule pas qu'auprès de tout autre monarque ma démarche aurait été dangereuse ; je ne dissimule pas non plus qu'elle peut m'attirer la haine des courtisans ; mais si, en descendant dans la tombe, je puis avec un de vos aïeux m'écrier : « Tout est perdu hormis l'honneur, » alors je mourrai content. »

Ces nobles paroles n'empêchèrent pas, après que le conseil de guerre se fût déclaré incompétent, la Cour des Pairs de condamner à mort le maréchal Ney.

Le ministre de la Guerre d'alors punit même Moncey pour cette lettre si honorable en le destituant et le condamnant à trois mois d'emprisonnement. Quand le maréchal se rendit à Ham pour subir sa peine, le chef de la garnison prussienne refusa de le recevoir comme prisonnier et il fut forcé de s'installer dans une auberge.

93. — La bombe de Charles XII.

Un jour que Charles XII dictait des lettres pour la Suède à un secrétaire, une bombe tomba sur la maison, perça le toit et vint éclater près de la chambre même du roi. La moitié du plancher tomba en pièces ; le cabinet où le roi dictait, étant pratiqué en partie dans une grosse muraille, ne souffrit point de l'ébranlement, et, par un bonheur étonnant, nul des éclats qui sautaient en l'air n'entra dans ce cabinet dont la porte était ouverte. Au bruit de la bombe et au fracas de la maison qui semblait tomber, la plume échappa des mains du secrétaire. « Qu'y a-t-il donc? lui dit le roi d'un air tranquille; pourquoi n'écrivez-vous pas? » Celui-ci ne put répondre que ces mots : « Eh! Sire, la bombe! — Eh bien, reprit le roi, qu'a de commun la bombe avec la lettre que je vous dicte? Continuez. »

VOLTAIRE.

94. — Bayard au pont du Garigliano.

Le bon chevalier, qui désirait toujours être près des coups, s'était logé joignant le pont et, avec lui, un hardi gentilhomme qui se nommait le Basque, écuyer du roi de France. Ils commencèrent à s'armer quand ils ouïrent le bruit. Le bon chevalier en regardant au delà de la rivière avisa deux cents chevaux des Espagnols, qui venaient droit au pont pour le gagner, ce qu'ils eussent fait sans grande résistance, et cela était la totale destruction de l'armée française. Il commença à dire à son compagnon :

— Monseigneur l'écuyer, mon ami, allez vitement quérir de nos gens, pour garder ce pont, ou nous sommes tous perdus. Cependant je m'efforcerai de les amuser jusqu'à votre venue, mais hâtez-vous.

Ce qu'il fit; et le bon chevalier, la lance au poing, s'en va au bout du dit pont, où de l'autre côté étaient déjà les Espagnols prêts à passer. Mais comme un lion furieux il va se mettre sa lance en arrêt et donna dans la troupe qui était sur le pont, de sorte que trois ou quatre sont ébranlés : deux en churent dans l'eau, et jamais depuis ne s'en relevèrent, car la rivière était profonde.

Cela fait, on lui tailla beaucoup d'affaires, car il fut assailli si rudement que, sans son grand héroïsme, il n'eût su résister : mais comme un tigre échauffé, il s'accula à la barrière du pont pour qu'ils ne gagnassent pas le derrière et à coups d'épée se défendit si bien, que les Espagnols ne savaient que dire et ne croyaient point que ce fût un homme mais un diable.

Bref, tant bien et si longuement, il se maintint que l'écuyer le Basque son compagnon lui amena un assez notable secours, comme de cent hommes d'armes, lesquels arrivés firent abandonner tout le pont par les Espagnols et les chassèrent un grand mille au delà ; et davantage qu'eussent-ils fait, s'ils n'eussent vu approcher une grosse troupe d'Espagnols de sept à huit cents chevaux, qui venaient secourir ceux-là. Le bon chevalier dit à ses compagnons :

— Messeigneurs, nous avons assez fait aujourd'hui d'avoir sauvé notre pont, retirons-nous le plus serrément que nous pourrons.

Son conseil fut tenu pour bon, ils commencèrent à se retirer au beau pas. Le bon chevalier était toujours le dernier et soutenait toute la charge.

95. — Tourville.

A quatorze ans, Tourville est reçu chevalier de Malte. Il s'embarque à dix-huit ans, sur une frégate de Marseille, qui, à peine sortie du port, rencontre deux corsaires algériens. Ceux-ci sautent à l'abordage, mais sont si rudement reçus qu'ils se hâtent de quitter la partie. Tourville montre dès cette première affaire une rare bravoure.

— Que ferai-je de cet Adonis ? avait dit son capitaine, obligé de le recevoir à bord. Il avait, en effet, des cheveux blonds, des traits fins et délicats qui eussent fait merveille à Versailles.

D'Hocquincourt, commandant du navire français, poursuit ses deux ennemis; en les rejoignant il leur lance les terribles grappins d'abordage, et dit aux volontaires :

— Mes enfants, il y a trop longtemps que cela dure ! à l'abordage ! il faut qu'avant peu ce navire soit à nous ! Les braves jeunes gens lui répondent par leurs acclamations. Tourville, la demoiselle, comme l'appellent aussi les autres gardes-marine, s'élance le premier, bientôt suivi de ses camarades. Quoique blessé, trois fois, il ne paraît pas s'apercevoir que son sang coule. Il sabre tout ce qui lui fait obstacle, et chacun de ses coups étend un ennemi sur le carreau. Ses yeux lancent des éclairs; les Turcs, terrifiés, jettent bientôt leurs armes et demandent grâce.

D'Hocquincourt, quoique resté sur son navire, a suivi de loin les détails du combat : aussi, l'affaire terminée, il n'hésite pas à déclarer que c'est au jeune Tourville qu'est due la prise du vaisseau.

DICK DE LONLAY (*Les Marins français*).

96. — Jean Bart.

Jean Bart, fils d'un simple pêcheur de Dunkerque, était devenu, grâce à son courage, lieutenant de vaisseau, chef d'escadre.

On raconte que le roi lui ayant annoncé son avancement, Jean Bart lui répondit avec sa rude franchise :

« Sire, vous avez bien fait. »

Les courtisans riaient :

« Vous n'avez pas compris, leur dit Louis XIV, sa
» réponse est celle d'un homme qui sent ce qu'il vaut
» et qui compte m'en donner de nouvelles preuves. »

V.

Un seul trait suffit à donner une idée de Jean Bart. Il conduisait le prince de Conti, qui venait d'être nommé roi de Pologne; attaqué par les Anglais, il courut le danger d'être pris. Comme le prince lui témoignait sa joie d'être encore libre :

« Nous n'avions pas à craindre d'être faits prisonniers, répondit le brave marin, mon fils était à la sainte-barbe, prêt à nous faire sauter s'il eût fallu nous rendre. »

97. — Les Fantômes.

... L'on s'amusa tant que la pointe du jour (c'était dans les plus grands jours de l'été) commençait à paraître quand l'on fut au bas de la descente des Bons Hommes.

Justement au pied, le carrosse s'arrêta tout court. Comme j'étais à l'une des portières avec mademoiselle de Vendôme, je demandai au cocher pourquoi il s'arrêtait, et il me répondit avec une voix fort étonnée : « Voulez-vous que je passe par-dessus tous ces diables qui sont là devant moi ? » Je mis la tête hors de la portière, et, comme j'ai toujours eu la vue fort basse, je ne vis rien. Madame de Choisy, qui était à l'autre portière avec M. de Turenne, fut la première qui aperçut du carrosse la cause de la frayeur du cocher : je dis du carrosse, car cinq ou six valets qui étaient derrière criaient : « Jésus ! Maria ! » et tremblaient déjà de peur. M. de Turenne se jeta en bas du carrosse aux cris de madame de Turenne. Je crus que c'étaient des voleurs. Je sautai aussitôt hors du carrosse, je pris l'épée d'un laquais, je la tirai et j'allai joindre de l'autre côté M. de Turenne que je trouvai regardant fixement quelque chose que je ne voyais point. Je lui demandai ce qu'il regardait, et il me répondit en me poussant les bras et assez bas : « Je

vous le dirai, mais ne faut pas épouvanter ces femmes, »
qui, dans la vérité, hurlaient plutôt qu'elles ne criaient.
Voiture commença un oremus. Vous connaissez peut-
être les cris aigus de Choisy; mademoiselle de Vendôme
disait son chapelet; madame de Vendôme voulait se
confesser à M. de Lisieux qui lui disait : « Ma fille,
n'ayez point de peur, vous êtes en la main de Dieu. »
Le comte de Brisson avait entonné bien dévotement,
à genoux, avec tous nos laquais, les litanies de la Vierge.
Tout se passa, comme vous vous pouvez imaginer, en
même temps et en moins de rien. M. de Turenne, qui
avait une petite épée à son côté, l'avait aussi tirée et
après avoir un peu regardé comme je vous l'ai déjà dit,
il se tourna vers moi du ton dont il eût donné à une
bataille, et me dit ces paroles : « Allons voir ces
gens-là ! — Quels gens ? » lui répondis-je; et dans le
vrai, je croyais que tout le monde avait perdu le sens.
Il me répondit : « Effectivement, je crois que ce pour-
roit bien être des diables. »

Comme nous avions déjà fait cinq ou six pas du
côté de la Savonnerie, et que nous étions par conséquent plus proches du spectacle, je commençai à en-
trevoir quelque chose, et ce qui m'en parut fut une
longue procession de fantômes noirs, qui me donna
d'abord beaucoup plus d'émotion qu'elle n'en donna à
M. de Turenne. Je fis deux ou trois sauts vers la
procession; les gens du carrosse, qui croyaient que
nous étions aux mains avec tous ces diables, firent un
grand cri, et ce ne fut pourtant pas eux qui eurent le
plus de frayeur. Les pauvres augustins réformés et
déchaussés, que l'on appelle les capucins noirs, qui
étaient nos diables d'imagination, voyant venir à eux
deux hommes qui avaient l'épée à la main, l'eurent
très grande, et l'un d'eux se détachant de la troupe
nous cria : « Messieurs, nous sommes de pauvres religieux qui ne faisons de mal à personne et qui venons

de nous rafraîchir un peu dans la rivière pour notre santé. » Nous retournâmes au carrosse, M. de Turenne et moi, avec les éclats de rire que vous vous pouvez imaginer.

(*Mémoires du Cardinal de Retz.*)

CHAPITRE XIII

PERSÉVÉRANCE — PATIENCE — MODESTIE

> L'eau qui tombe goutte à goutte finit par creuser la pierre. ROJAS.
>
> Avec du temps et de la patience, la feuille du mûrier devient satin.
> (*Proverbe oriental.*)
>
> Voulez-vous qu'on dise du bien de vous, n'en dites point. LA BRUYÈRE.

98. — Michelet.

La Saint-Charlemagne, qui ne tarda pas à arriver, mit le pauvre enfant dans un embarras extrême. Il n'avait pour toute garde-robe qu'un vieil habit qu'il ne pouvait songer à exhiber dans une telle réunion. « Je me décidai, dit-il, à prendre celui de papa; j'endossai donc son habit crottin de cheval, la culotte noire, et, ce qui acheva de me rendre tout à fait remarquable dans les boues de l'hiver, des bas blancs. Je ne sais comment cela se fit, mais on ne s'égaya pas autant que je le craignais de mon grotesque équipage. J'étais fort hardi dans mon ordinaire. »

La vie devenait plus agréable au lycée pour Michelet, mais de retour à la maison paternelle, il trouvait toujours la misère assise au foyer. Les faibles ressources qu'un petit héritage avait procurées à la famille achevaient de s'épuiser; la mère de Michelet ne quittait plus son lit, et l'on réservait pour elle tout ce qu'on pouvait se procurer. Le plus souvent, le jeune homme

Michelet.

partait pour le lycée à jeun. Parfois cependant sa grand'mère venait le voir et lui donnait deux sous, avec lesquels il eût pu acheter du pain, mais il n'osait, de peur de faire connaître ainsi sa détresse à ses camarades. Il préférait faire emplette de quelque chose qui eût l'air d'une friandise, tout en étant de nature à le

soutenir un peu. Il achetait donc un bonhomme de pain d'épice et le glissait dans son carton. « Pendant la classe, dit-il, quand je sentais le vertige me saisir et que mes yeux voyaient trouble par l'effet de l'inanition, je lui cassais un bras, une jambe que je grignotais à la dérobée. Mes voisins ne tardaient guère à surprendre mon petit ménage. « Que manges-tu là? » me disait Réval ou Poret. Je répondais sans rougir : « Mon des-
« sert. »

(*Les Enfants célèbres.*)

99. — La dame Durand.

En 1821, un affreux assassinat fut commis à Joncas, département de Vaucluse, sur la personne de la veuve Boyer. Un paysan de ce village, nommé Durand, fut accusé d'avoir commis le crime. Beaucoup de témoignages se réunirent contre lui; cependant il fut acquitté à une voix de majorité.

Durand, pendant les débats, avait toujours protesté de son innocence. Quand le verdict du jury fut prononcé, la femme de Durand, qui était convaincue que son mari n'était pas coupable, s'avança devant le siège des magistrats, et, la main levée, elle s'écria : « Mon pauvre mari est acquitté, mais il n'est pas lavé; il est complètement étranger, je le jure, au crime affreux qu'on lui a imputé par suite de machinations infernales, et je prends ici l'engagement solennel devant vous, messieurs, qui êtes les représentants de la justice sur la terre, d'amener bientôt sur ce banc d'infamie les véritables auteurs de l'assassinat de madame Boyer. » L'assemblée entière fut saisie d'attendrissement en entendant ces paroles énergiquement prononcées.

Notre émotion n'a fait que s'accroître en voyant comment pendant sept années entières la femme Durand a partout épié et surveillé ceux qu'elle soupçonnait d'être les coupables, allant dans les foires, dans les marchés, causant, questionnant, interrogeant tout le monde, rassemblant patiemment tous les indices, et chaque jour de marché allant à Apt communiquer ses découvertes aux magistrats.

Un jour enfin, en 1828, ayant surpris par hasard un signe d'intelligence entre les nommés Chou et Bourgue qui plus tard furent condamnés comme étant les vrais assassins de la veuve Boyer, elle les vit s'acheminer vers une maison isolée près du village de Joncas; ils y entrèrent et s'y enfermèrent. Madame Durand pensa que si elle pouvait les entendre causer ainsi tête à-tête elle parviendrait à surprendre dans leur entretien le secret de l'innocence de son mari. La nuit arrivait; madame Durand se glisse près de la maison, gravit un mur, arrive près de la chambre où se tenaient les deux hommes, se suspend à un treillage en fer qui montait près d'une croisée, et comme les contrevents n'étaient qu'à demi fermés, elle voit et entend Chou et Bourgue qui avaient une de ces conversations qu'ont presque toujours entre eux les complices d'un crime. Bourgue accusait Chou d'être bavard et d'avoir trop parlé; Chou demandait à Bourgue de l'argent pour se taire, et Bourgue, qui était le plus riche des assassins et le gendre même de la victime, Bourgue payait cette fois encore le silence de son complice.

Enfin madame Durand était maîtresse du secret des coupables, elle pouvait justifier l'innocence de son mari.

Dès le lendemain elle allait à Apt révéler tout au procureur du roi. Une nouvelle instruction avait lieu; onze accusés étaient traduits devant la cour d'assises à Carpentras; deux de ces accusés, Chou et Bourgue, étaient condamnés à mort et les autres à des peines plus ou moins fortes; enfin surtout l'innocence de Durand, l'ancien acquitté, était hautement proclamée par le magistrat qui portait la parole au nom de la société. L'acquittement de Durand eut lieu en 1822, la condamnation de Chou et de Bourgue eut lieu en 1829. Mme Durand avait mis sept ans à rechercher et à découvrir la vérité qui devait réhabiliter son mari; sept ans de peines, de fatigues, de dangers, de soins, d'intelligence, de courage et de persévérance, et au bout de sept ans, un jour de joie et d'honneur.

(Extrait des *Prix de Vertu*.)

100. — La jeune Ouvrière.

Il y a quelques années que, dans la petite ville de Provins, une famille honnête fut complètement ruinée par des entreprises hasardeuses. Après avoir donné tout ce qu'il possédait, le malheureux père, âgé et incapable de travail, devait encore près de 4.000 francs.

Déclaré insolvable, et n'ayant que des enfants mineurs, ses créanciers l'abandonnèrent. L'un de ces enfants était une jeune ouvrière de quatorze ans, qui travaillait depuis plusieurs années pour s'amasser une dot. Aussitôt que le désastre de sa famille lui fut connu, abandonner son petit trésor pour suffire aux premiers besoins, devenir par son travail l'unique appui d'un père infirme, d'un frère enfant, d'une grand'mère octogénaire, tout cela ne fut pas assez pour la jeune fille.

Sa mère, sa pauvre mère, est là, mourante, et ce n'est pas la misère qui la tue. L'ange qui veille auprès d'elle comprend des vœux que le cœur d'une mère ne laisse pas échapper, et toute sa vie y sera consacrée. Le travail du jour, celui des nuits joints aux plus rudes privations, lui permettront d'acquitter les dettes de la famille, et un jour le nom de son père sera réhabilité.

La malheureuse mère ferme les yeux en bénissant sa fille. Peu après, celle-ci va trouver les créanciers, leur demander du temps, beaucoup de temps, et les supplie de laisser quelques effets à son vieux père. On est ému à la vue de cette enfant, mais son projet étonne : elle n'a que son travail, trois personnes sont à sa charge et elle entreprend de payer des dettes qui ne sont pas les siennes.

Une résolution aussi forte, dans un âge aussi tendre, trouve des incrédules. Il y a aujourd'hui vingt ans que mademoiselle Josserand a pris ce noble engagement, dont elle a rempli toutes les obligations; et elle semble croire que sa conduite n'a rien que de très ordinaire. Son courage, n'ayant jamais faibli, une vie qui n'a été que la mise en œuvre d'une bonne pensée lui a laissé toute sa délicatesse et toute sa modestie. Elle a reçu les derniers vœux de sa grand'mère; la vieillesse de son père a été honorée par elle et pour elle; son frère lui doit une bonne éducation et un état, il lui doit surtout un nom sans tache, car toutes les dettes sont acquittées.

(Extrait des *Prix de Vertu*.)

101. — **Périclès.**

On raconte qu'étant insulté par un homme bas et insolent qui ne cessa durant toute une journée de lui dire des injures, il les supporta patiemment sans lui répondre un seul mot, et se tint constamment dans la place à expédier les affaires pressées. Le soir, il se retira tranquillement chez lui, toujours poursuivi par cet homme, qui l'accablait d'injures. Quand il fut à la porte de sa maison, comme il faisait déjà nuit, il commanda à un de ses esclaves de prendre un flambeau et de reconduire cet homme chez lui.

PLUTARQUE.

102. — M. de Harlay et la Plaideuse.

C'est surtout aux magistrats, aux personnes occupant des fonctions publiques que la patience est nécessaire dans la place qu'ils occupent. M. de Harlay, premier président au Parlement de Paris, la possédait au suprême degré. Une dame n'ayant pu obtenir de lui une grâce qu'elle demandait en fut très piquée. Il voulut la reconduire : elle s'y opposa; il feignit de se rendre. Elle poursuivit son chemin en murmurant contre ce magistrat, à qui elle donnait à demi-voix plusieurs injures grossières. L'ayant aperçu en se retournant : « Ah! Monsieur, s'écria-t-elle, vous êtes là! — Madame, lui répondit-il, vous dites de si belles choses qu'on ne saurait trop vous quitter. » Et il l'accompagna jusqu'à son carrosse.

103. — Thémistocle.

Dans un conseil de guerre, Eurybiade, généralissime de la flotte des Grecs contre les Perses, ayant émis un avis, Thémistocle, qui le crut mauvais, s'y opposa vivement. Eurybiade, choqué de la hardiesse de ce jeune Athénien, leva la canne sur lui avec des paroles piquantes. Thémistocle sans s'émouvoir : « Frappe, dit-il, mais écoute. » Le Lacédémonien, surpris d'une telle modération et admirant la sagesse de Thémistocle, l'écouta. Il fit plus. Pour disputer de gloire avec lui, il ne balança pas à suivre son avis, qui était d'attirer les Perses dans le détroit de Salamine où l'avantage du nombre serait perdu pour eux. Le combat naval s'y donna, et les alliés remportèrent cette célèbre victoire qui sauva la Grèce.

104. — Le capitaine Paul.

Le capitaine Paul parvint aux premiers grades de la marine; il devint lieutenant général et vice-amiral des mers du Levant.

Ce héros avait un cœur des plus nobles et des plus généreux. Un seul fait le prouve. Un jour, comme il passait dans les rues de Toulon suivi d'un brillant état-major, il aperçoit un matelot qui, par respect, se tient à distance; il le reconnaît, s'approche et lui dit : « Pourquoi donc me fuyez-vous ? Croyez-vous donc que la fortune me fasse oublier mes anciens amis ? » — et lui prenant la main qu'il serre, il se tourne vers son escorte : « Messieurs, dit-il aux officiers, voilà un de mes anciens camarades ; nous avons été mousses sur le même navire; la fortune m'a été favorable et à lui contraire. Je ne l'en estime pas moins. »

(*Les Marins français.*)

105. — Une leçon de modestie.

Souvenez-vous de vos aïeux, puisqu'ils vous imposent des devoirs, et qu'ils sont pour vous des exemples ; mais gardez-vous de croire que la nature vous a transmis leur gloire et leurs titres, comme un héritage dont vous n'ayez plus qu'à jouir ; gardez-vous de cet orgueil jaloux et impatient, qui, sur la foi d'un nom, prétend que tout lui cède, et s'indigne des préférences que le mérite obtient sur lui ; soyez modeste en un mot.

Holbein, célèbre peintre suisse, étant passé en Angleterre, y devint, par ses talents, le peintre de Henri VIII. S'étant un jour enfermé dans son cabinet pour prendre quelqu'un qui ne voulait pas être connu, un des plus grands seigneurs anglais vint le voir et insista pour entrer. Le peintre s'excusa d'abord poliment de le recevoir ; mais le lord, qui pensait qu'on devait tout à son rang, ayant voulu forcer la porte, Holbein vif et très peu endurant le précipite du haut en bas de l'escalier, se sauve par une fenêtre, court se jeter aux pieds du roi à qui il raconte son aventure et lui demande sa grâce. Le seigneur outragé vint un moment après porter ses plaintes au monarque et lui demander justice. Henri l'écoute et cherche à calmer son ressentiment. Mais celui-ci parle plus haut encore, et s'oublie au point que le roi, peu accoutumé à se voir manquer, lui dit : « Milord, je vous défends sur votre vie d'attenter à celle de mon peintre. La différence que je trouve entre vous deux est si grande que de sept paysans je puis dans le moment faire sept comtes tels que vous, mais des sept comtes tels que vous, je ne pourrais jamais en faire un Holbein. »

106. — Bon conseil d'un père.

Un lord anglais venait d'être élevé à la place de secrétaire d'État. Ayant été lui-même rendre sa patente dans le cabinet du roi, une foule de courtisans s'assembla autour de lui, et chacun s'empressait d'être le premier à le féliciter. Ayant aperçu son fils au milieu d'eux il l'appela et lui dit : « Que ce spectacle ne vous abuse point, mon fils ; je ne suis devenu ni plus grand, ni meilleur que je n'étais. Ce n'est pas à moi qu'on rend ces honneurs, c'est à ma patente de secrétaire d'État : elle les a reçus sous mon prédécesseur, elle les aura encore sous mon successeur : ils la suivent dans toutes les mains où elle passe ; et quand je ne l'aurai plus, vous verrez toute cette foule disparaître. »

107. — Le Père de Plutarque.

La modestie donne un nouvel éclat à la grandeur. On s'empresse à lui rendre ce qu'elle veut s'ôter à elle-même. Elle force les autres hommes à voir, sans jalousie, sa gloire et ses avantages.

Plutarque, célèbre philosophe, historien et orateur grec, à qui ses excellents ouvrages ont acquis une gloire immortelle, y raconte lui-même qu'étant fort jeune encore, il fut député avec un autre citoyen vers le proconsul de la province, pour une affaire importante. Son collègue resta en chemin et Plutarque remplit seul la commission. C'était une belle occasion de s'attribuer tout l'honneur du succès. Mais avant qu'il rendît compte de son voyage au public, son père le prit en particulier, et lui fit cette sage leçon : « Gardez-vous bien de dire : J'ai parlé, j'ai fait, dites toujours nous, associez à tout votre collègue, apprenez à prévenir l'envie en étant modeste. »

CHAPITRE XIV

ACTIVITÉ — GRANDS CARACTÈRES

> Vivre, ce n'est pas respirer, c'est agir.
> **J.-J. Rousseau.**
>
> Il faut des actions et non pas des paroles.
> **Racine.**
>
> Quiconque n'a pas de caractère n'est pas un homme, c'est une chose.
> **Chamfort.**

108. — Un vrai travailleur.

Pline le Jeune ne craignait rien plus que de perdre la moindre partie du temps. Lors même que pour se délasser il se permettait le divertissement de la chasse, il portait, comme il nous le dit lui-même, ses tablettes, afin de remporter ses feuilles pleines, s'il revenait les mains vides. Il avait pris cette pratique de Pline, son oncle, qui s'est rendu si célèbre par son Histoire naturelle, ouvrage d'une érudition immense, rempli d'une infinité de choses très curieuses et très importantes : il ne perdait jamais un moment. Il lisait à table ; et dans ses savantes courses, il avait toujours à ses côtés un livre, ses tablettes et son copiste : car il ne lisait rien dont il ne fit des extraits : méthode excellente, la plus propre à former et à enrichir l'esprit. Jamais personne ne porta plus loin l'assiduité au travail et à la lecture, ne fut plus économe du temps. Un jour, celui qui lisait pendant le repas, ayant prononcé peu distinctement quelques mots, un des amis de Pline l'arrêta et le fit recommencer. Pline dit à son ami : « Vous aviez pourtant, je crois, entendu. » Il en convint. « Pourquoi donc, ajouta Pline, avez-vous fait recommencer le lecteur ? votre interruption nous a fait perdre plus de dix lignes. » Voyant un jour son neveu se promener sans livre, il lui dit : « Vous pouvez ne pas perdre ce temps. » Il prenait sur son sommeil tout ce qu'il pouvait refuser à la Nature. « Je donne tout le jour aux affaires, écrit-il à un de ses amis ; et je me réserve la nuit, afin de l'employer à la lecture et à la composition. Ne serais-je pas trop heureux encore, quand cette conduite ne me procurerait d'autre avantage que celui de vivre plus longtemps, car on ne vit qu'en veillant. Le sommeil emporte une partie de la vie ; et c'est de tous les gains le plus sûr et le plus légitime, que de lui dérober tout ce qu'on peut. »

109. — Enfance de Michelet.

Le malheur ne cessait, en effet, de s'acharner sur la maison de Michelet. L'imprimerie qui s'était un moment relevée retombait dans un état d'extrême langueur. Les leçons de dessin devenant trop coûteuses, Michelet dut cesser de suivre les cours de M. Mossa : il dut renoncer aussi à la classe du soir pour prendre part aux travaux de sa famille.

« Dès que j'étais revenu de chez M. Mélot, à midi — dit-il — et que j'avais fait mon devoir pour le lendemain, je prenais mon tablier et je composais intrépidement mes douze à quinze pages. J'imprimai ainsi tout seul le « Savant de Société » qui nous aidait à payer nos dettes.

IV. — LA PERSONNALITÉ.   169

» Pour vivre, il nous fallait recourir à des expédients, aux futilités alors en vogue ; aux petits jeux, aux amusements de société, acrostiches, charades, rébus, dont je fournissais toujours et parfois les dessins. J'ai encore six de ces planches de cuivre ; je les conserve en souvenir de ces temps de malheur.

»... Le dimanche, n'allant pas chez M. Mélot, je faisais double tâche. Mon père, dès le matin, me disait : « Comme nous allons travailler fort aujour-« d'hui ! » Et je n'avais garde d'y contredire, voyant le dénûment de notre intérieur.

» Immobile à ma casse, sous l'ennui pesant, rien que l'ennui, j'appris ce que c'était que les longues heures : ce que c'est que de travailler tard à quatorze ans, quand le bruit des pas des promeneurs vous invite, que les robes blanches passent et que l'on croit les oisifs heureux.

» Je sus, avant l'heure, ce que c'était que souffrir et vouloir ; vouloir, non le vain désir, mais la volonté réalisée par le travail. L'avenir n'est pas chose faite qu'il faille attendre ; il faut savoir le créer soi-même. »

(*Les Enfants célèbres.*)

110. — **Pas de temps perdu.**

Le chancelier d'Aguesseau dînait à midi précis et quand midi sonnait il descendait toujours dans la salle à manger.

Sa femme, moins exacte, le faisait attendre cinq à dix minutes.

Le chancelier, s'apercevant de ce retard habituel, voulut l'employer à quelque chose ; il fit mettre du papier et des plumes dans la salle à manger et tous les jours il se livrait à quelque occupation utile en attendant sa femme.

Au bout de dix ans, avec les dix minutes de retard

de tous les jours, qu'un autre aurait perdues à ne rien faire, il composa un très beau livre représentant un an de travail pour un autre.

111. — **Un trait du czar Pierre.**

Ce prince était en Hollande à apprendre lui-même et à pratiquer la construction des vaisseaux. Bien qu'incognito, suivant sa mode et ne voulant pas s'incommoder de sa grandeur ni de personne, il se faisait cependant tout rendre à sa mode et à sa façon. Il trouva sourdement mauvais que l'Angleterre ne se fût pas pressée de lui envoyer une ambassade dans ce proche voisinage, d'autant que, sans se commettre, il avait fort envie de se lier avec elle pour le commerce. Enfin l'ambassade arriva; il différa de lui donner audience, puis donna le jour, et l'heure, à bord d'un gros vaisseau hollandais qu'il devait aller examiner. Il y avait deux ambassadeurs, qui trouvèrent le lieu sauvage; mais il fallut bien y passer. Ce fut bien pis quand ils furent arrivés à bord. Le czar leur fit dire qu'il était à la hune et que c'était là qu'il les verrait. Les ambassadeurs n'avaient pas le pied assez marin pour hasarder les échelles de corde, s'excusèrent d'y monter : le czar insista; et voilà les ambassadeurs fort troublés d'une proposition si étrange et si opiniâtre : à la fin, à quelques réponses brusques aux derniers messages, ils sentirent bien qu'il fallait sauter ce fâcheux bâton, et ils montèrent. Dans ce terrain si serré et si fort au milieu des airs, le czar les reçut avec la même majesté que s'il eût été sur son trône. Il écouta la harangue, répondit obligeamment pour le roi et la nation, puis se moqua de la peur qui était peinte sur le visage des ambassadeurs, et leur fit sentir en riant que c'était la punition d'être arrivés auprès de lui trop tard.

112. — M. Fox.

On sait que M. Fox a eu une existence fort agitée par sa propre volonté ou plutôt par celle de sa destinée qui l'entraînait à jouer, à faire des dettes et à ne pas avoir toujours dans le monde l'attitude convenable à celui qu'un grand peuple chargeait de ses intérêts. Or, il y avait parmi ses créanciers un homme possesseur d'une lettre de change signée par  Charles Fox dont il ne pouvait parvenir à se faire payer. User de rigueur, faire mettre son débiteur en prison, le créancier y répugnait fortement. On va voir que ce créancier-là avait une manière de voir à lui, et je crois qu'il avait la meilleure. Du moins l'est-elle à mon avis.

Cet homme allait régulièrement trois fois par semaine chez M. Fox pour demander les trois cents guinées qui lui étaient dues. Le valet de chambre de l'honorable débiteur répondait qu'il n'y avait pas d'argent et le créancier s'en retournait désespéré, car il avait vraiment besoin de ses fonds. Enfin, un matin, il arrive déterminé à forcer la consigne et à parler à M. Fox. Le valet de chambre lui faisait la réponse ordinaire, lorsque cet homme le repousse en entendant le bruit sonore d'une somme d'argent que l'on comptait dans la chambre voisine, qui était celle de M. Fox. Le créancier prend son parti, et se précipitant sur la porte de cette chambre avant que le domestique ait pu l'en empêcher il l'ouvre et se trouve en présence de M. Fox qui comptait et rangeait devant lui plusieurs centaines de guinées dont il faisait des rouleaux. En voyant son créancier, il ne parut nullement embarrassé.

— Il me paraît, monsieur, lui dit celui-ci, que ce n'est pas l'impossibilité qui met obstacle à ce que vous vous acquittiez envers moi. Je suis charmé de vous voir en position meilleure que ne le disait votre valet de chambre.

— Vous vous trompez, mon cher, lui répondit M. Fox, car je n'ai pas dix guinées dont je puisse disposer. Il faut que vous attendiez une meilleure chance.

— Vous voulez sans doute plaisanter, monsieur? Et le créancier montrait du regard et de la main les sept à huit cents guinées étalées sur le tapis de la table, où elles étaient fort visibles, tant en or qu'en billets de banque.

— Cet argent n'est plus à moi, dit M. Fox, il doit acquitter ce matin même, avant midi, une dette d'honneur, une dette sacrée.

— Cependant, monsieur, je doute que le créancier que vous allez satisfaire ait des droits plus anciens que les miens. Songez que vous me devez cet argent que je vous ai prêté sans intérêt depuis près de trois ans.

— Oh! dit M. Fox en riant, non seulement le créancier que je vais satisfaire n'est pas, à beaucoup près, aussi ancien que vous, car je ne suis même son débiteur que depuis quelques heures! Mais, ajouta-t-il plus sérieusement, c'est une dette d'honneur, et vous savez que celles-là ne se remettent jamais au delà de vingt-quatre heures.

Le créancier ne savait pas ce que le beau monde est convenu d'appeler une dette d'honneur. M. Fox le lui expliqua.

— J'ai perdu cette nuit, sur ma parole, cette somme de huit cents guinées contre M. Sheridan, lui dit-il. Il n'a aucune garantie que cette simple parole. Si quelque accident venait me frapper avant que je l'eusse payé, quel serait son recours ? Vous, du moins, vous avez un billet de moi, vous avez ma signature. Ma famille ne la laisserait pas en souffrance.

L'honnête homme auquel s'adressait l'homme du monde l'écoutait avec une expression de figure qui décélait une peine assez vive.

— Ainsi donc, dit-il enfin, c'est parce que j'ai le nom de M. Charles Fox sur cette lettre de change que je ne suis pas payé de lui ? Eh bien, ajouta-t-il en mettant en morceaux le billet qu'il tenait à la main, maintenant ma dette est aussi une dette d'honneur, car je n'ai plus que le vôtre pour garantie de mon paiement, et j'ai sur le créancier de cette nuit l'avantage de la priorité.

M. Fox avait vu l'action de cet homme avec un étonnement qui peut être aisément compris. Mais il était fait pour sentir promptement tout ce qu'une telle action avait de beau et surtout de remarquable par la confiance que son créancier mettait en son honneur. Elle ne fut pas trompée. Il prit trois cents guinées sur la table et les présentant à cet homme :

— Je vous remercie d'avoir compté sur moi, lui dit-il. Voilà votre argent, Sheridan attendra pour avoir sa somme complète. Adieu. Je vous rends grâces encore une fois d'avoir compté sur moi.

ABRANTÈS.

113. — L'éléphant de Pyrrhus.

Caïus Fabricius, général romain, fut envoyé comme ambassadeur auprès de Pyrrhus pour traiter de la rançon des prisonniers. Cinéas, l'un des confidents du roi d'Épire, avertit son maître que ce personnage passait à Rome pour être le plus grand homme de bien de la République, en même temps qu'il était excellent capitaine et vaillant soldat ; mais qu'il était extrêmement pauvre. C'est pourquoi Pyrrhus, le tirant à part, le combla de caresses, et, voulant le mettre dans ses intérêts, lui offrit des sommes considérables ; mais le vertueux Fabricius rejeta de bien loin ses présents. Pyrrhus ayant ainsi éprouvé sa fidélité, voulut également éprouver son courage. En conséquence, il ordonna à ses gens que, tandis qu'il s'entretiendrait avec lui, ils amenassent auprès d'eux le plus grand de ses éléphants derrière une tapisserie. Le général romain n'avait jamais vu aucun de ces animaux. L'ordre du roi fut exécuté ; et, à un signal convenu, la tapisserie fut tout à coup enlevée, et l'éléphant parut, jetant un cri terrible et levant sa trompe au-dessus de la tête de Fabricius. Celui-ci, sans se troubler, se retourna, et dit en souriant à Pyrrhus : « Ton or ne m'a pas séduit hier, ton monstre ne m'effraiera pas aujourd'hui. »

114. — Mort de Vatel.

Il est dimanche 26 avril, cette lettre ne partira que mercredi ; mais ce n'est pas une lettre, c'est une relation que Moreuil vient de me faire de ce qui s'est passé à Chantilly touchant Vatel. Je vous écrivis vendredi qu'il s'était poignardé : voici l'affaire en détail. Le roi arriva le jeudi au soir ; la promenade, la collation dans un lieu tapissé de jonquilles, tout cela fut à souhait. On soupa, il y eut quelques tables où le rôti manqua, à cause de plusieurs dîners, à quoi l'on ne s'était point attendu : cela saisit Vatel, il dit plusieurs fois : « Je suis perdu d'honneur, voici un affront que je ne supporterai pas. » Il dit à Gourville : « La tête me tourne, il y a douze nuits que je n'ai dormi ; aidez-moi à donner des ordres. » Gourville le soulagea en ce qu'il put. Le rôti, qui avait manqué, non pas à la table du roi, mais aux vingt-cinquièmes, lui revenait toujours à l'esprit. Gourville le dit à M. le prince. M. le prince alla jusque dans la chambre de Vatel, et lui dit : « Vatel, tout va bien, rien n'était si beau que le souper du roi. » Il répondit : « Monseigneur, votre bonté m'achève ; je sais que le rôti a manqué à deux tables. — Point du tout, dit M. le prince, ne vous fâchez point, tout va bien. » Minuit vint, le feu d'artifice ne réussit pas, il fut couvert d'un nuage, il coûtait seize mille francs. A quatre heures du matin, Vatel s'en va partout, il trouve tout endormi, il rencontre un petit pourvoyeur qui lui apportait seulement deux charges de marée ; il lui demanda : « Est-ce là tout ? » Il lui dit : « Oui, monsieur. » Il ne savait pas que Vatel avait envoyé à tous les ports de mer. Il attend quelque temps, les autres pourvoyeurs ne viennent point ; sa tête s'échauffait, il croit qu'il n'aura point d'autre marée, il trouve Gourville et lui dit : « Monsieur je ne survivrai pas à cet affront-ci, j'ai de l'honneur, de la réputation à perdre. » Gourville se moqua de lui.

Vatel monte à sa chambre, met son épée contre la porte et se la passe à travers du cœur ; mais ce ne fut qu'au troisième coup, car il s'en donna deux qui n'étaient pas mortels ; il tombe mort. La marée cependant arrivait de tous côtés ; on cherche Vatel pour la distribuer, on va à sa chambre, on heurte, on enfonce la porte, on le trouve noyé dans son sang ; on court à M. le prince qui fut au désespoir. M. le duc pleura ; c'était sur Vatel que tournait tout son voyage de Bourgogne. M. le prince le dit au roi fort tristement. On dit que c'était à force d'avoir de l'honneur à sa manière ; on le loua fort, on loua et on blâma son courage. Le roi dit qu'il y avait cinq ans qu'il retardait de venir à Chantilly, parce qu'il comprenait l'excès de cet embarras. Il dit à M. le prince qu'il ne devait avoir que deux tables, et ne point se charger de tout le reste ; il jura qu'il ne souffrirait plus que M. le prince en usât ainsi ; mais c'était trop tard pour le pauvre Vatel.

Cependant Gourville tâcha de réparer la perte de Vatel, elle le fut ; on dîna très bien, on fit collation, on soupa, on se promena, on joua, on fut à la chasse ; tout était parfumé de jonquilles, tout était enchanté. Hier, qui était samedi, on fit encore de même ; et le soir, le roi alla à Liancourt, où il doit demeurer aujourd'hui. Voilà ce que m'a dit Moreuil pour vous le mander. Je jette mon bonnet par-dessus le moulin, et je ne sais rien du reste.

Madame de Sévigné.

115. — Mucius Scevola.

Porsenna assiégeait Rome et la ville commençait à éprouver la famine, lorsqu'un jeune Romain se dévoua pour le salut de son pays. Mucius Scevola possédait toutes les vertus, mais surtout les vertus guerrières. Ayant formé le dessein de tuer Porsenna, il prend un habit toscan, pénètre dans le camp des ennemis, dont il savait la langue, et fait le tour du tribunal où le roi était assis environné de ses officiers ; mais ne le connaissant pas personnellement, et craignant de se découvrir en demandant où était Porsenna, il s'arrêta à celui des officiers qui lui parut être ce prince, et, le frappant de son épée, il le tua à l'instant. Il fut arrêté et conduit devant le roi, qui l'interrogea. Il y avait près du tribunal un brasier ardent qu'on avait préparé pour un sacrifice que Porsenna devait faire. Mucius mit sa main droite sur le feu ; et pendant qu'elle brûlait, il regardait Porsenna d'un visage ferme et d'un œil menaçant. Ce prince, étonné d'un courage si extraordinaire, ordonna qu'on le laissât aller, et lui rendit son épée que Mucius reçut de la main gauche : c'est de là, dit-on, qu'il eut le surnom de Scevola, qui signifie gauche. « J'ai bravé tes menaces, dit-il à Porsenna, en prenant son épée, mais je suis vaincu par ta générosité. Je vais faire à la reconnaissance un aveu que la violence n'aurait jamais pu m'arracher. Trois cents Romains qui ont juré ta mort sont répandus dans ton camp et n'attendent que le moment favorable d'exécuter leur dessein. Pour moi, appelé par le sort à tenter le premier l'impossible, je ne me plains pas de la fortune, qui n'a pas voulu que je fasse périr un homme vertueux, plus fait pour être l'ami que l'ennemi des Romains. » Porsenna, ne doutant point de la vérité de ce qu'il lui disait, se prêta plus volontiers à une négociation, moins encore, à ce que je crois, par la crainte des trois cents conjurés que par l'estime et l'admiration que lui inspirèrent le courage et la vertu des Romains.

Plutarque.

116. — Marius.

Marius proscrit se rendit à Carthage. L'Afrique avait alors un gouverneur appelé Sextilius. Marius, qui ne lui avait jamais fait ni bien ni mal, espérait que la compassion seule lui en ferait obtenir quelques secours. Mais à peine il fut descendu avec un petit nombre des siens, qu'un licteur de Sextilius vint à sa rencontre et s'arrêtant devant lui : « Marius, lui dit-il, Sextilius te fait dire de ne pas mettre le pied en Afrique, si tu ne veux pas qu'il exécute contre toi les décrets du sénat et qu'il te traite en ennemi de Rome. » Cette défense accabla Marius d'une tristesse et d'une douleur si profondes qu'il n'eut pas la force de répondre et qu'il garda longtemps le silence, en jetant sur l'officier des regards terribles. Le licteur lui ayant enfin demandé ce qu'il le chargeait de dire au gouverneur : « Dis-lui, répondit Marius, en poussant un profond soupir, que tu as vu Marius assis sur les ruines de Carthage. » Paroles d'un grand sens qui mettaient sous les yeux de Sextilius la fortune de cette ville et la sienne, comme deux grands exemples des vicissitudes humaines.

117. — Le cheval d'Alexandre.

Un Thessalien amena un jour à Philippe un cheval nommé Bucéphale qu'il voulait vendre treize talents. On descendit dans la plaine pour l'essayer, mais on le trouva difficile, farouche et impossible à manier : il ne souffrait pas que personne le montât : il ne pouvait supporter la voix d'aucun des écuyers de Philippe, et se cabrait contre tous ceux qui voulaient l'approcher. Philippe, mécontent et croyant qu'un cheval si sauvage ne pourrait jamais être dompté, ordonna qu'on l'emmenât. Alexandre, qui était présent, ne put s'empêcher de dire : « Quel cheval ils perdent là par leur inexpérience et leur timidité. » Philippe, qui l'entendit, ne dit rien d'abord ; mais Alexandre ayant répété plusieurs fois la même chose et témoigné sa peine de ce qu'on renvoyait le cheval, Philippe lui dit enfin : « Tu blâmes des gens plus âgés que toi, comme si tu étais plus habile qu'eux et que tu fusses capable de conduire ce cheval. — Sans doute, reprit Alexandre, je le conduirai mieux qu'eux. — Mais si tu n'en viens pas à bout, quelle sera la peine de ta présomption ? — Je paierai le prix du cheval, » re-

partit Alexandre. Cette réponse fit rire tout le monde ;
et Philippe convint avec son fils que celui qui perdrait
payerait les treize talents. Alexandre s'approche du
cheval, prend les rênes et lui tourne la tête en face du

Le cheval d'Alexandre.

soleil, parce qu'il avait apparemment observé qu'il était
effarouché par son ombre, qui tombait devant lui et
suivait tous ses mouvements. Tant qu'il le vit souffler
de colère, il le flatta doucement de la voix et de la main ;
ensuite, laissant couler son manteau à terre, d'un saut
léger, il s'élance sur le cheval avec la plus grande fa-

cilité. D'abord il lui tint la bride serrée, sans le frapper ni le harceler ; mais quand il vit que sa férocité était diminuée et qu'il ne demandait plus qu'à courir, il baissa la main, lui parla d'une voix plus rude, et, lui appuyant les talons, il le poussa à toute bride. Philippe et toute sa cour, saisis d'une frayeur mortelle, gardaient un profond silence ; mais, quand on le vit tourner bride et ramener le cheval avec autant de force que d'assurance, tous les spectateurs le couvrirent de leurs applaudissements. Philippe en versa des larmes de joie ; et lorsque Alexandre fut descendu de cheval, il le serra étroitement dans ses bras. « Mon fils, lui dit-il, cherche ailleurs un royaume qui soit digne de toi ; la Macédoine ne peut te suffire. »

LIVRE V

LA SOCIÉTÉ

CHAPITRE XV

PROBITÉ

> La probité est une vertu si délicate et si scrupuleuse qu'elle s'effarouche de l'ombre même d'un soupçon.
>
> ***
>
> Bien mal acquis ne profite jamais.
>
> ***

118. — « Belle action » de Chamillard.

Ce fut du temps qu'il était conseiller au Parlement, et qu'il jouait au billard avec le roi trois fois la semaine, sans coucher à Versailles. Cela lui rompait fort les jours et les heures, sans le détourner de son assiduité au Palais. Il y rapporta dans ces temps-là un procès; celui qui le perdit lui vint crier miséricorde. Chamillard le laissa s'exhaler, avec ce don de tranquillité et de patience qu'il avait. Le plaignant insista fort sur une pièce qui faisait le gain de son procès, et avec laquelle il ne comprenait pas encore qu'il l'eût perdu. Il rebattit tant cette pièce que Chamillard se souvint qu'il ne l'avait pas vue, et lui dit qu'il ne l'avait pas produite; l'autre à crier plus fort, et qu'elle l'était. Chamillard insistant et l'autre aussi, il prit les sacs qui se trouvaient là parce que l'arrêt ne faisait qu'être signé;

ils les visitèrent et la pièce se trouva produite. Voilà l'homme à se désoler, et cependant Chamillard à lire la pièce et à le prier de lui donner un peu de patience. Quand il l'eut bien lue et relue : « Vous avez raison, lui dit Chamillard, elle m'était inconnue, et je comprends qu'elle a pu m'échapper : elle décide en votre faveur. Vous demandiez vingt mille livres et vous en êtes débouté par ma faute, c'est moi à vous payer : revenez après-demain. » Cet homme fut si surpris qu'il fallut lui répéter ce qu'il venait d'entendre. Il revint le surlendemain ; Chamillard cependant avait battu monnaie de tout ce qu'il avait et emprunté le reste ; il lui compta les vingt mille livres, lui demanda le secret, et le congédia ; mais il comprit de cette aventure que les examens et les rapports de procès ne pouvaient compatir avec ce billard, de trois fois la semaine. Il n'en fut pas moins assidu au Palais, ni moins attentif à bien juger, mais il ne voulut plus être rapporteur d'autre affaire et remit au greffe celles dont il se trouvait chargé.

119. — Desaix et la tonne d'argent.

Le général Desaix revenait d'une expédition lorsqu'il trouva dans sa tente une tonne remplie d'argent, abandonnée dans une déroute par un des princes de l'empire. Il donna aussitôt l'ordre de la transporter chez le payeur général. Le fardeau était difficile à charger, et, comme Desaix pressait un peu les soldats, ils lui dirent : « Ah ! général, si cette tonne sortait d'autres mains, elle ne serait pas aussi lourde. »

TULOU (*Généraux de vingt ans*).

CHAPITRE XVI

LA TOLÉRANCE

> Supporter et se supporter
> c'est la plus sage des choses.
> E. DE GUÉRIN.

120. — La tolérance appliquée aux lectures.

Sainte-Beuve possédait, entre autres qualités, celle qui devrait exister chez tous et qu'on ne constate malheureusement que chez quelques esprits d'élite. Il était profondément tolérant. On le vit un jour au sénat impérial — il s'agissait ce jour-là d'une pétition de cent deux citoyens de Saint-Étienne qui se plaignaient du choix des ouvrages destinés à orner deux bibliothèques populaires. Le rapporteur approuvait la pétition. Voltaire, Rousseau, Proudhon, Renan, Sand, Balzac, etc., étaient dénoncés comme des corrupteurs du peuple. Sainte-Beuve sentit se révolter sa « conscience d'écrivain et d'homme qui se croit le droit d'examen et de libre opinion ». Il fit entendre de sérieux avertissements, exposant l'imprudence qu'il y avait à dénoncer comme ennemis des gens « qui demandent souvent des choses justes au fond et légitimes et qui seront admises dans un temps plus ou moins prochain ».

« Prenez-y garde, continuait-il, ces calomniés de la veille deviennent les honnêtes gens du lendemain, et ceux que la société porte le plus haut et préconise. Malheur à qui les a persécutés ou honnis ! Agir à leur égard de la sorte, les associer et les accoler à d'indignes voisins pour les confondre dans un même anathème, c'est se faire tort, c'est se préparer de grands mécomptes, et, si le mot était plus noble, je dirais de grands pieds de nez dans l'avenir. »

121. — Michel de l'Hôpital.

L'Hôpital était « une de ces belles âmes frappées à l'antique marque ; il en avait en tout l'apparence avec sa grande barbe blanche, son visage pâle, sa façon grave. » Il aurait voulu la tolérance : « Qu'est-il besoin, disait-il, en refusant d'établir en France l'Inquisition, de tant de bûchers et de tortures ? Garnis de vertus et de bonnes mœurs, résistons à l'hérésie par les armes de charité, prières, persuasions et paroles de Dieu qui sont propres à tels combats. Le couteau ne vaut pas contre l'esprit. Il invitait tous les partis à la concorde : « Otons ces mots diaboliques, noms de partis et de séditions, luthériens, huguenots, papistes : gardons le nom de chrétiens. » Mais l'Hôpital était « l'image de la froide sagesse impuissante contre les passions » ; il savait bien que ses conseils ne seraient pas écoutés, et il avait coutume de dire tristement en caressant sa longue barbe blanche : « Quand cette neige sera fondue, il ne restera plus que la boue. » Ce ne sera qu'après quarante années de guerres civiles que les idées de l'Hôpital triompheront avec Henri IV.

122. — M. de Turenne.

Il n'y avait point de personne plus tolérante que M. de Turenne. Sa physionomie peu avantageuse et la simplicité de son extérieur donnèrent aussi lieu à une méprise singulière. Un jour qu'il était venu au spectacle, il s'était placé sur le devant d'une première loge. Deux jeunes gens du prétendu bon ton entrèrent un moment après dans cette même loge, et s'imaginant que la figure qu'ils y voyaient ne pouvait que déparer le spectacle, lui proposèrent de leur céder le premier banc. Turenne, ne jugeant pas à propos de pousser la complaisance aussi loin, resta tranquillement à sa place.

L'un d'eux, pour se venger de ce refus, eut l'insolence de jeter sur le théâtre le chapeau et les gants que M. de Turenne avait posés sur le bord de la loge. Un jeune homme de qualité, qui était sur le théâtre, les remit au vicomte avec beaucoup de respect, en l'appelant par son nom. Nos étourdis, confus de leur sottise, voulurent se sauver ; mais il les retint, et leur dit avec beaucoup de douceur : « Restez, restez ; en nous arrangeant il y aura assez de place pour nous tous. »

CHAPITRE XVII

JUSTICE

> Une âme noble rend justice même à ceux qui la lui refusent.
> CONDORCET.
>
> On ne peut être juste, si l'on n'est pas humain.
> VAUVENARGUES.

123. — **Alexandre le Grand et le chef africain.**

Pendant le cours de son expédition en Afrique, Alexandre le Grand y trouva, sur un coin de terre ignoré, une petite peuplade qui vivait tranquille dans ses huttes grossières, et ne connaissait ni la guerre ni les conquérants. Il fut conduit dans la cabane du chef de cette peuplade, qui voulut l'honorer de son hospitalité, et lui servit des morceaux d'or représentant des dattes, d'autres fruits et du pain.

A la vue de ces mets simples, qui semblaient provenir d'une desserte de la table du roi Midas, le monarque macédonien s'écria : « Est-ce que l'on mange de l'or ici ?

— Non, répondit le sauvage, mais je me suis imaginé que pouvant avoir dans ton pays une nourriture convenable, tu n'es pas venu la chercher dans le nôtre. Qu'est-ce donc qui t'a attiré chez nous ?

— Assurément ce n'est pas votre or, c'est le désir de connaître vos mœurs et vos usages.

— Eh bien ! reste en ce lieu, pour les étudier tant que cela te sera agréable. »

Comme le chef africain prononçait ces mots, deux hommes arrivèrent pour le prier de juger un différend qui s'était élevé entre eux. L'un dit : « Mon voisin, que voilà, m'a vendu un champ où j'ai trouvé un trésor enfoui. Je veux lui rendre ce trésor qui lui appartient, puisque je n'ai acheté que la terre, et il refuse de le recevoir. »

L'autre répliqua : « Mon refus n'est pas moins consciencieux que l'offre qui m'a été faite. J'ai cédé ma propriété avec tout ce qu'elle contenait, et par conséquent je n'ai aucun droit sur le trésor, qui a été compris dans la vente. »

Le juge répéta les paroles des deux plaideurs pour leur prouver à chacun et pour s'assurer lui-même qu'il les avait bien comprises. Puis, après avoir réfléchi un moment, il dit au premier : « Tu as un fils ? — Oui. — Et toi, demanda-t-il au second, tu as une fille ? — Oui — Ces enfants se connaissent-ils, s'aiment-ils mutuellement ? — Oh ! beaucoup, beaucoup ! s'écrièrent à la fois les deux pères. — En ce cas, mes amis, il vous faut les marier et leur donner le trésor. »

Alexandre parut étonné de ce jugement.

« Le trouverais-tu donc injuste ? dit le chef africain.

— Non, certes ; mais il y a dans le fait quelque chose d'étrange.

— Eh ! comment l'affaire aurait-elle été décidée dans ton royaume ?

— A dire la vérité, le trésor aurait été enlevé aux plaideurs et remis au souverain comme sa propriété.

— Au souverain ? Mais votre terre est-elle éclairée par le soleil ?

— Sans doute.
— Est-elle arrosée par la pluie du ciel ?
— Certainement.
— C'est bien singulier ! Est-elle peuplée d'animaux domestiques et sauvages ?
— D'animaux de toutes les espèces.
— Alors ce n'est qu'en faveur de ces animaux innocents que Dieu fait lever son soleil sur votre pays, et commande aux nuages d'y verser la pluie : car, pour vous, en vérité, vous ne méritez pas ces bienfaits. »

124. — Respect de Saladin pour la justice.

Saladin ayant appris que son neveu, cité en jugement, refusait de comparaître, ordonna à ses gardes de le saisir et de le conduire au tribunal comme un coupable, s'il opposait encore le moindre délai.

Un marchand présenta requête contre Saladin lui-même au cadi de Jérusalem, se prétendant lésé dans quelqu'un de ses droits. Le juge, étonné de l'audace de cet homme, demanda au sultan ce qu'il avait à faire. « Ce qui est juste, » répondit Saladin. En conséquence, il fut cité devant le tribunal, se présenta, plaida lui-même sa cause, et, bien loin de se montrer fâché contre le marchand, il lui donna une récompense magnifique en le remerciant de la confiance qu'il avait eue dans l'intégrité de son souverain.

125. — Charles-Quint et le Berger.

Dans un voyage que fit l'empereur Charles-Quint d'Anvers à Bruxelles, ses chevaux ou ceux de sa suite écrasèrent une brebis. Le berger, ayant demandé en vain un dédommagement, se décida à faire assigner le monarque. Le procès fut instruit et jugé comme il l'aurait été entre simples particuliers. Cette procédure déplut aux grands seigneurs de la cour, qui en firent des reproches au juge. Celui-ci répondit qu'il était soumis à l'empereur comme sujet, mais que dans les affaires de son tribunal, il ne connaissait d'autre autorité que celle de la justice. Cette réponse magnanime fit impression sur l'esprit du prince, qui employa par la suite ce magistrat vertueux dans des affaires importantes.

126. — Aristide.

Le surnom de Juste, qui d'abord avait concilié à Aristide la bienveillance générale, finit par lui attirer l'envie. Thémistocle surtout ne cessait de répandre parmi le peuple qu'Aristide, en terminant seul toutes les affaires comme juge ou comme arbitre, avait réellement aboli tous les tribunaux et s'était formé par là, sans qu'on s'en aperçût, une tyrannie qui n'avait pas besoin de satellites pour se soutenir. Le peuple, fier de sa victoire et qui se croyait digne des plus grands honneurs, souffrait impatiemment ceux des citoyens dont la réputation et la gloire effaçaient celles des autres. Tous les habitants des bourgs, s'étant donc assemblés dans la ville et cachant sous une crainte affectée de la tyrannie l'envie qu'ils portaient à sa gloire, le condamnèrent au ban de l'ostracisme.

Chaque citoyen prenait une coquille sur laquelle il écrivait le nom de celui qu'il voulait bannir, et la portait dans un endroit de la place publique, fermé circulairement par une cloison de bois. Le jour où Aristide fut banni, un paysan grossier, qui ne savait pas écrire, pendant qu'on écrivait les noms sur des coquilles, donna la sienne à Aristide qu'il prit pour un homme du peuple, et le pria d'écrire le nom d'Aristide ; celui-ci, fort surpris, demande à cet homme si Aristide lui a fait quelque tort : « Aucun, répondit le paysan, je ne le connais même pas ; mais je suis las de l'entendre partout appeler le Juste. » Aristide écrit son nom sans lui dire un seul mot, et lui rend sa coquille. En sortant de la ville pour aller à son exil, il leva les mains au ciel, et demanda aux dieux que les Athéniens ne se trouvassent jamais dans une situation assez fâcheuse pour se souvenir d'Aristide.

PLUTARQUE (*Vie des Grecs illustres*).

127. — Leçon de M. de Malesherbes
à un solliciteur.

Un financier, qui avait un procès à la cour des aides, voulant se rendre favorable M. de Malesherbes, premier président de cette cour, lui envoya deux flacons d'or d'un travail admirable. Caton eût tonné contre le corrupteur ; Fabricius eût méprisé le riche présent en montrant ses vases d'argile. M. de Malesherbes s'y prit d'une autre manière. Il avait une vertu sans faste et savait donner une leçon sans humeur. Il fit remplir les flacons d'un vin exquis et les rendant au domestique qui les avait apportés : « Mon ami, dit-il, si votre » maître trouve mon vin bon, il peut en envoyer cher- » cher tant qu'il voudra. »

128. — Sully et Boisrosé.

Un brave officier, nommé Boisrosé, ayant appris que Sully voulait lui ôter sa place, courut à la cour, qu'il connaissait peu, pour solliciter une audience de Henri IV. Le hasard voulut que le premier personnage qui s'offrit à ses yeux fût Sully lui-même, qu'il n'avait jamais vu ; il l'aborda, épancha son cœur, se plaignit amèrement de l'injustice de ce ministre, et jugeant que celui à qui il parlait était un grand de la cour, il lui demanda sa protection. Sully la lui promit, reconnut qu'il avait été trompé par les ennemis de Boisrosé, alla prier le roi de le maintenir dans son emploi, et devint l'appui d'un homme dont il avait résolu la perte.

129. — Frédéric le Grand et le meunier.

Les seigneurs de Frédéric II, roi de Prusse, l'engagèrent à donner des ordres pour abattre un moulin qui dérangeait la symétrie ou le point de vue de son parc de *Sans-Souci*. Le monarque y consentit, mais le meunier s'y opposa, disant que sa majesté ne pouvait avoir formé le projet d'être injuste en détruisant la propriété d'un de ses sujets.

Frédéric, étonné, alla le trouver, et lui dit : « J'ai été curieux de voir un homme assez hardi pour résister à ma volonté! J'ai besoin de ton moulin, je te le paierai plus qu'il ne vaut, mais je veux qu'on l'abatte sur-le-champ. Voyons, qu'as-tu à répondre à cela ? — J'ai à répondre, sire, que ce moulin est à moi, qu'il est l'héritage de mes pères, que mon intention est de le garder, et qu'aucune puissance n'a le droit de m'en séparer. — Tu refuses donc de me le céder ? —

Oui, sire. — Eh bien ! je vais m'en emparer. — Cela vous plaît à dire, sire, mais vous ne le ferez point, car nous avons des juges à Berlin qui sauront bien vous en empêcher. » Frédéric fut charmé de cette répartie, qui annonçait une grande confiance dans ses lois et dans ses magistrats, et le moulin ne fut pas abattu. Ce trait a été développé d'une manière pleine d'esprit et d'agrément, par Andrieux, dans un petit poème intitulé le *Meunier de Sans-Souci*.

130. — La justice chez les Perses.

La justice se rend, parmi les Perses, très promptement et sans le ministère ni de procureur ni d'avocats.

La Justice chez les Perses.

Un commissaire, étant un jour en fonction, rencontra un bourgeois qui venait de la boucherie, et s'en retournait chez lui. Il lui demanda ce qu'il portait. « C'est, répondit le bourgeois en colère, de la viande que je viens d'acheter chez un tel boucher. » Le commissaire, frappé de la réponse et du ton du bourgeois, voulut savoir le sujet de son mécontentement : il s'informa si la viande était trop chère. « Sans doute, repartit le bourgeois : vous avez beau fixer le prix, les bouchers s'en moquent; ils exigent le triple de la taxe, encore ne donnent-ils pas le poids. Il manque à ce morceau au moins deux ou trois onces. — Mène-moi, dit le commissaire, à l'endroit où tu l'as prise. » Le commissaire, y étant arrivé, ordonna au boucher de peser le morceau, et il s'y trouva effectivement quatre ou cinq onces de moins. Le commissaire alors adressa ces paroles au bourgeois : « Quelle justice demandes-tu de cet homme ? Que veux-tu exiger de lui ? — Je demande, dit le bourgeois, autant d'onces de sa chair qu'il m'en a retranché du morceau qu'il m'a vendu. — Tu les auras, repartit le commissaire, et tu les couperas toi-même ; mais si tu en coupes plus ou moins, tu seras puni. » Le bourgeois, étonné de la sagesse de ce jugement, disparut comme un éclair.

L. P. Bérenger.

131. — Frédéric Lanucci.

L'innocence est quelquefois exposée aux plus cruelles persécutions ; mais à la fin elle triomphe de la calomnie et de la méchanceté. En voici une preuve bien frappante.

Dans le temps que Florence était en proie aux divisions intestines des Guelphes et des Gibelins, un honnête citoyen de cette ville, nommé Frédéric Lanucci, attaché à la faction des derniers, se trouvait journellement exposé aux outrages de son compatriote Antoine Bandinelli, Guelphe barbare, qui le poursuivait d'une haine inflexible, excitée non seulement par l'esprit de parti, mais encore par des raisons privées. Un jour qu'il était seul, hors des murs, à la promenade, sur la rive droite de l'Arno, il vit accourir son adversaire écumant de rage et l'épée à la main, dans la résolution la plus déterminée de l'assassiner. Contraint de se défendre, il le reçut de pied ferme, le poussa vigoureusement, le renversa, et, lui mettant le fer sur la gorge : « Je suis maître de ta » vie, lui dit-il ; cependant je te la laisse de bon cœur, » à la condition que toute inimitié va cesser dès cet » instant entre nous. » Réduit à une telle extrémité, Bandinelli promit tout. Mais à peine se fut-il relevé, qu'il s'élança sur Lanucci avec une nouvelle fureur. Celui-ci évita ses coups, et, transporté d'indignation : « Ame » vile ! s'écria-t-il, tu veux donc la mort ; hé bien ! tu » l'auras. » En disant ces mots, il lui enfonça son arme dans le sein et le laissa noyé dans son sang.

Réfugié à Pise, chez son ami Belfiore, il écrivit de là à Florence tout ce qui pouvait servir à sa justification ; mais, malheureusement pour lui, l'indigne Bandinelli n'avait pas été frappé mortellement. Rencontré par des passants, il s'était fait transporter dans son logis, et il se trouvait déjà en voie de guérison. Le traître, joignant à sa haine invétérée le désespoir et la rage d'avoir été vaincu, inventa les plus noires calomnies pour se venger. Le défaut de témoins en état de le démentir accrut son audace ; il fit passer Lanucci pour un assassin, souleva contre lui tout le parti des Guelphes ; et cet infortuné, malgré son innocence, fut condamné au bannissement, et vit confisquer tous ses biens.

Belfiore, qui s'était rendu à Florence, où il avait tout mis en œuvre pour le défendre, lui rapporta cette triste nouvelle ; en même temps il lui offrit un asile dans sa maison pour le reste de ses jours. C'était la seule ressource qui restât à Lanucci, après une si cruelle disgrâce. Cependant son malheur devait encore s'accroître. La chambre dans laquelle il couchait était séparée de celle de Belfiore par une salle qui communiquait de l'une à l'autre. Une nuit, il fut éveillé en sursaut par un bruit qui semblait venir de ce côté. Il mit la tête hors des rideaux, prêta l'oreille et entendit un sourd gémissement. A l'instant il se lève, allume une bougie et court à la chambre de Belfiore, dont il trouve la porte ouverte. Quel horrible spectacle ! Il aperçoit son ami un poignard dans la gorge, inondé de sang, et rendant avec douleur le dernier souffle de la vie. A cette vue, il pousse un cri d'effroi, la lumière lui échappe des mains, et il tombe privé de l'usage de ses sens.

Cependant les gens de la maison, éveillés par le bruit, accourent ; ils voient leur maître assassiné, et Lanucci étendu sur le parquet, les yeux fixes et immobiles, le visage pâle et défait. Ils poussent des cris. Lanucci revient à lui, se lève furieux, se précipite sur le cadavre, en arrache le poignard, et, l'agitant dans sa main : « Où » est-il, où est-il le scélérat ? s'écrie-t-il dans son délire ; » que ne puis-je plonger tout entier dans son sein ce » poignard !... Malheureux ami ! infortuné Belfiore ! » A ces mots il se rejette sur le cadavre et y reste étroitement attaché. Tous les spectateurs sont saisis d'étonnement et d'horreur. Ils ne savent que penser de cette épouvantable scène.

Aussitôt que le jour paraît, l'assassinat de Belfiore est connu de toute la ville. On arrête tous les gens de la maison, et avec eux l'infortuné Lanucci. Hélas ! c'est contre lui seul que tous les indices se réunissent. L'endroit où on l'a surpris, le sang dont il est couvert, la pâleur et le trouble de son front, le souvenir de la trahison qu'il a commise à Florence, tous ces faits l'accusent hautement et ne permettent pas de croire à son innocence. Informé des soupçons dont il est l'objet, il se livre au plus violent désespoir. « Moi, dit-il, moi, » assassiner le seul ami que j'avais dans le monde ! » celui à qui je devais ce reste d'existence que je déteste » maintenant ! celui que j'aimais plus que moi-même » et pour qui j'aurais versé la dernière goutte de mon

» sang ! Peut-on me soupçonner d'avoir une âme si
» lâche et si perfide ! »

Son procès s'instruit. Tout ce qu'il peut dire ne détruit pas les préventions élevées contre lui. Parmi les juges il n'en est qu'un qui, touché de sa douleur et du caractère d'ingénuité empreint dans ses traits et dans ses paroles, ose prendre sa défense ; tous les autres regardent le désespoir que l'accusé fait paraître comme une feinte, ou comme l'effet des remords ; ils trouvent les preuves du crime manifeste, et le malheureux est condamné.

En entendant la lecture de sa sentence, il est saisi d'un accès de fureur, qui fait bientôt place à un excès d'abattement et de consternation. Il ne sort de ce nouvel état que pour retomber dans le premier. La nuit entière se passe dans ces cruelles alternatives. Rien ne peut le calmer. Ce n'est point pourtant l'idée du supplice qui le soulève ; il le regarde comme le terme de ses maux. C'est l'horreur d'être cru l'auteur de l'assassinat de son ami qui déchire son cœur du trait le plus cruel.

Sa dernière heure est arrivée. Il est conduit sur la place de l'exécution. Sa démarche est assurée. Le calme et la sérénité brillent sur son front. Tous les spectateurs le plaignent et sont prévenus en sa faveur. De toutes parts s'élève un murmure flatteur. On dit que la condamnation a été trop précipitée, qu'il faudrait recourir à un nouvel examen pour découvrir le vrai coupable, car il est impossible que Lanucci ne soit pas innocent. Tout à coup on voit paraître un courrier qui arrive de Florence à bride abattue. Il crie que l'assassin de Belfiore vient d'être découvert.

Cet assassin était un scélérat envoyé par Bandinelli pour égorger Lanucci. L'infâme mercenaire, s'étant introduit secrètement dans l'hôtel de sa victime, s'y était tenu caché jusqu'au milieu de la nuit, et au moment de commettre le meurtre, égaré par le trouble de cet instant terrible, il avait pris, au milieu de l'obscurité, le chemin d'une chambre pour celui de l'autre. Revenu précipitamment vers Florence, il avait été attaqué, au moment d'y arriver, par un scélérat de sa trempe aux ordres de Bandinelli, qui espérait ensevelir le premier crime dans le second ; mais le meurtrier de Belfiore n'avait pas succombé sous le coup, et, avant d'expirer, il avait tout révélé à la justice, dont le premier soin avait été d'expédier le courrier à Pise.

Cette nouvelle répandit la joie dans toute la ville ; mais peu s'en fallut qu'au lieu de sauver Lanucci elle ne hâtât la fin de ses jours. Lorsqu'il entendit reconnaître son innocence d'une manière si imprévue, il éprouva une révolution si subite et si forte, qu'il tomba sur le pavé, privé de respiration et presque sans vie. Cependant les secours qu'on lui donna le ranimèrent. Il fut mis en liberté de la manière la plus solennelle. Quelques jours après, il apprit que l'infâme Bandinelli avait fait l'aveu de ses crimes et en avait reçu la punition. Il revint alors à Florence, où il était rappelé par un décret honorable, et y fut reçu avec une espèce de triomphe. Il rentra en possession de ses biens et d'une partie de ceux de son ennemi, que la république lui adjugea. Mais il ne put jamais se consoler de la mort de son ami Belfiore, dont son innocence n'empêchait pas qu'il n'eût été la cause.

CHAPITRE XVIII

POLITESSE — BIENVEILLANCE — BONTÉ

> La politesse est la fleur de l'humanité. Qui n'est pas assez poli n'est pas assez humain.
> JOUBERT.
>
> Qui ne se gêne pas gêne autrui. COMTESSE DIANE.
>
> Restons bienveillants, même avec ceux qui ne le sont pas pour nous. LEGOUVÉ.
>
> Nous sommes bons, on abuse de notre bonté ; mais ne nous corrigeons pas. VOLTAIRE.

132. — Une leçon de politesse.

L'abbé Cosson, professeur de belles-lettres au collège Mazarin, couronné dans l'art de l'enseignement, saturé de grec et de latin, se croyait avec raison un puits de science, et ne supposait pas qu'un homme familier avec Homère, Virgile, Sophocle et Térence, fût capable de commettre la moindre sottise dans le monde. Un jour, il avait dîné à Versailles chez l'abbé de Radonvilliers en compagnie de gens de la cour, de cordons bleus, de maréchaux de France. Il se vantait d'avoir déployé une rare connaissance de l'étiquette et des usages reçus. L'abbé Delille, présent à ce discours, paria qu'il avait fait cent inconvenances.

« Comment! s'écria l'abbé Cosson, j'ai fait comme tout le monde.

— Quelle présomption ! reprit Delille ; je suis sûr au contraire que vous n'avez rien fait comme personne. Voyons, au reste, ne parlons même que du dîner. D'abord que fîtes-vous de votre serviette en vous mettant à votre table ?

— Comme tout le monde, je l'étendis sur moi, en l'attachant par un coin à ma boutonnière.

— On n'étale pas sa serviette, on se contente de la mettre sur ses genoux. Et comment fîtes-vous pour manger votre soupe ?

— Comme tout le monde ; je pris une cuiller d'une main, ma fourchette de l'autre.

— Votre fourchette, bon Dieu, personne ne prend de fourchette pour manger la soupe. Mais poursuivons : après la soupe, que servit-on ?

— Des œufs frais ; j'en mangeai un.

— Et que fîtes-vous de la coquille ?

— Comme tout le monde, je la laissai au laquais.

— Sans la briser ?

— Sans la briser.

— Eh bien ! mon cher, on doit toujours briser la coquille de l'œuf que l'on vient de manger. Mais après l'œuf ?

— Je demandai du bouilli.

— Du bouilli ! Personne ne dit du bouilli. On demande du bœuf. Et ensuite ?

— Je priai qu'on me fît passer un morceau d'une très belle volaille.

— De la volaille, malheureux, de la volaille ! on demande un poulet, du chapon, de la poularde. On ne parle de volaille qu'à la basse-cour. Mais vous ne dites rien de votre manière de demander à boire ?

— Eh bien ! j'ai, comme tout le monde, demandé du bordeaux, du bourgogne.

— Sachez qu'on dit du vin de Bordeaux, du vin de Bourgogne. Mais, j'oubliais, de quelle façon coupâtes-vous votre pain ?

— A la façon de tout le monde, très proprement, avec mon couteau.

— Bon ! l'on doit rompre son pain et non le couper. Avançons : après dîner, vous dûtes prendre le café ; comment fîtes-vous ?

— Il était brûlant, je le versai par petites portions dans la soucoupe de ma tasse.

— Eh bien ! vous fîtes certainement ce que ne fit personne. Tout le monde boit son café dans la tasse, sans le verser jamais dans la soucoupe. Vous voyez, mon cher ami, que vous n'avez pas dit un mot, pas fait un mouvement qui ne fût contre l'usage. »

133. — Montaigne et les partisans.

La vraie politesse est, comme on voit, une qualité bien excellente et bien propre à concilier les cœurs.

Son empire est si doux et si puissant, qu'elle gagne les ennemis mêmes, et les désarme quelquefois. Le célèbre Montaigne s'était retiré dans son château en Périgord, pendant les guerres civiles qui, sous le règne de Charles IX, désolaient la France. Un jour, un homme se présenta devant les fossés du château, feignant d'être poursuivi par des religionnaires. Introduit par Montaigne, il lui raconta que, voyageant avec plusieurs de ses amis, une troupe de gens de guerre les avait attaqués, que leur bagage avait été pillé, que ceux qui avaient opposé de la résistance avaient été tués, et qu'on avait dispersé les autres. Montaigne ne soupçonna pas un instant la bonne foi de cet homme. C'était néanmoins un chef de parti, qui était convenu avec sa troupe qu'il se servirait de ce stratagème pour s'introduire dans le château. Un moment après, on vint avertir Montaigne qu'il paraissait deux ou trois autres cavaliers. Celui qui avait été admis le premier dit qu'il les reconnaissait pour ses camarades. Montaigne, touché de compassion, ne fit aucune difficulté de les recevoir. Ceux-ci furent suivis de plusieurs autres, en sorte que la cour du château fut bientôt remplie d'hommes et de chevaux. Montaigne s'aperçut alors de la faute qu'il avait faite; mais le mal était sans remède. Il paya de bonne contenance et ne changea rien dans ses manières. Il s'empressa de procurer à ses hôtes tout ce dont ils feignaient d'avoir besoin, leur fit distribuer des rafraîchissements, et en agit avec tant de cordialité et de politesse, que leur chef, désarmé par ses bons procédés, n'eut pas le courage de donner le signal dont il était convenu pour mettre la maison au pillage.

134. — Le duc de Bourgogne et l'officier. — M. de Turenne et le gentilhomme.

L'homme vraiment poli pardonne facilement les fautes qu'on pourrait commettre à son égard et s'ingénie à les excuser. Lorsque le duc de Bourgogne, petit-fils de Louis XIV, commandait l'armée en Flandre, un vieil officier, qui connaissait mieux son métier que les usages de la cour, se mit à la table du prince, sans en avoir obtenu la permission. On l'avertit de sa faute : il en demanda pardon. « Monsieur, lui dit le jeune prince, vous souperez avec moi : je vous apprendrai la cour, et vous m'apprendrez la guerre. » On rapporte de M. de Turenne un trait à peu près semblable et aussi beau. Un jeune gentilhomme, qui arrivait au camp, demanda sans façon, à M. de Turenne lui-même, où il mettait ses chevaux. Un rire universel suivit cette question singulière. La plaisanterie eût sans doute été poussée plus loin, si le général, avec le sérieux et la bonté qui lui étaient ordinaires, n'eût pris la parole : « C'est donc, dit-il, une chose bien étonnante, qu'un homme qui n'est jamais venu à l'armée en ignore les usages. N'y a-t-il pas bien de l'esprit à se moquer de lui, parce qu'il ne sait pas des choses qu'il ne peut savoir, et qu'au bout de huit jours il saura aussi bien que vous ? » Il ordonne en même temps à son écuyer d'avoir soin des chevaux de ce gentilhomme.

135. — Une leçon de Catinat.

Un jour, le maréchal de Catinat se promenait dans son domaine ; il était très simplement vêtu, selon sa coutume. Un jeune homme de Paris l'aborde, et lui parlant le chapeau sur la tête : « Bonhomme, lui dit-il, je ne connais pas le propriétaire de ce domaine ; mais vous pouvez lui dire que j'y ai fait bonne chasse. » Des paysans qui l'entendaient se mirent à rire aux éclats ; alors le chasseur leur demanda de quoi ils riaient. « De l'insolence avec laquelle vous osez parler à M. le maréchal, lui répondirent-ils. S'il eût dit un mot ou fait un signe, nous vous aurions assommé. »

Confus, le jeune homme courut s'excuser auprès de M. le maréchal, disant qu'il ne le connaissait pas.

« Je ne vois pas, lui dit simplement celui-ci, qu'il faille connaître quelqu'un pour lui ôter son chapeau. »

136. — Leçons de délicatesse.

Dans le siècle passé, il y avait en Allemagne une princesse dont la domination s'étendait bien à quatre ou cinq lieues carrées, et qui comptait une centaine de sujets, hommes, femmes et enfants; population chétive qu'elle appelait *son peuple*. Cette auguste dame admettait dans son conseil intime un respectable savant, médecin habile, déjà avancé en âge, et qui avait l'habitude de prendre souvent du tabac; c'était son faible; et sitôt qu'une tabatière s'ouvrait en sa présence, son pouce et son index se rapprochaient machinalement, et l'on voyait ses deux narines se rapprocher de même par une contraction involontaire, peinture naïve du désir qui le possédait. La *souveraine* prenait aussi du tabac, et du meilleur, cela va sans dire; mais l'étiquette sévère retenait toujours les doigts du vieux médecin, dont le nez éprouvait, dans ces dangereux tête-à-tête, des tentations diaboliques. Heureusement, sa majesté allemande imposait à ce nez de docteur. Un jour, cependant, la conversation s'était animée; la princesse était d'humeur aimable, et dans un abandon tout gracieux; elle prisait plus souvent que de coutume, et laissait sa tabatière ouverte entre chaque phrase qu'elle prononçait. La faiblesse humaine est grande! notre médecin ne put résister, et glissant ses doigts avec souplesse jusqu'au tabernacle, les y enfonça, et retira enfin la prise précieuse après laquelle il soupirait.

A l'instant la colère de la princesse éclate, et, pendant que le savant humait la poudre délectable, elle se redresse de toute sa fierté : « Monsieur, lui dit-elle, vous venez de faire une saleté... et voilà qui va vous prouver que les doigts des souverains ne seront pas confondus avec les doigts de la roture. » Là-dessus elle jette avec dédain son tabac et sa boîte par la fenêtre.

Le médecin s'inclina respectueusement, et sortit sans mot dire, fort humilié de la remontrance.

Rapprochons cette anecdote d'une anecdote semblable. Le grand Frédéric, qui vivait à la même époque, eut aussi une leçon à donner à un indiscret qui avait agi à son égard à peu près comme le médecin à l'égard de la princesse : et voici comment il s'y prit.

Il avait coutume, comme on sait, de traiter fort bien les hommes de talent. Il aimait beaucoup les arts, et il admettait auprès de lui tous ceux qui les cultivaient avec succès. Au nombre des personnes reçues à sa cour, se trouvait un célèbre joueur de flûte, lequel s'abandonnait trop facilement au laisser-aller commode d'un artiste en bonne humeur. Grand amateur du tabac royal, il mettait souvent les doigts, sans façon, mais à la dérobée, dans quelqu'une des boîtes que le monarque avait fait placer sur chaque cheminée de son appartement. Frédéric le prit un jour en flagrant délit et fit semblant de ne pas s'être aperçu du fait. Une heure après, il se fit apporter la tabatière, et après avoir invité notre homme à y prendre une prise : « Comment trouvez-vous ce tabac ? lui dit-il. — Excellent, sire. — Et cette tabatière ? — Superbe, sire. — Eh bien ! monsieur, recevez-la de ma main, je vous prie, car je la crois trop petite pour nous deux. »

Ou je me trompe fort, ou le fond de ces anecdotes est le même. La princesse allemande ne voulut probablement pas donner une autre leçon que le roi de Prusse ; mais son langage fut ignoble et trivial, tandis que celui de Frédéric fut plein de noblesse et d'esprit. Le premier trait est une grossièreté blâmable, dont l'effet dut être d'irriter la personne qui en était l'objet ; le second est un avertissement poli, dont la personne qui le reçut ne put se plaindre et dut faire son profit.

137. — Bonté de Turenne.

M. de Turenne donna un louable exemple de douceur et de modération, dans une circonstance qui aurait mis en fureur un de ces hommes qui, fiers de leurs richesses, de leur sang ou de leur naissance, ne peuvent souffrir la moindre insulte faite à tout ce qui les touche et leur appartient. Son carrosse se trouva un jour arrêté dans les rues de Paris. Un jeune homme de condition qui ne le connaissait pas, et dont le carrosse était à la suite du sien, descend tout bouillant de colère, et vient la canne  haute faire avancer le cocher du vicomte de Turenne. Il jure, il tempête. Le vicomte regardait tranquillement cette scène, lorsqu'un marchand qui s'en aperçut, étant sorti de sa boutique, un bâton à la main, se mit à crier : « Comment, on maltraite de la sorte les gens de M. de Turenne ! » Le jeune seigneur à ce nom sentit toute la grandeur et les conséquences de sa faute. Il courut à la portière du carrosse de M. de Turenne lui demander pardon. Il le croyait bien en colère, mais le vicomte s'étant mis à sourire : « Effectivement, monsieur, lui dit-il, vous vous entendez fort bien à châtier mes gens : quand ils feront des sottises, ce qui leur arrive souvent, je vous les enverrai. »

138. — Boursier.

Dans la journée du 23 juin 1848, une faible compagnie de garde nationale, assaillie sur la place de la Bastille par douze ou quinze cents insurgés, fut dispersée sur le boulevard. Vingt-cinq hommes commandés par un major s'engagèrent imprudemment dans la rue Jean-Beausire, dont l'issue était barricadée. Ils y furent poursuivis, et quinze d'entre eux mis hors de combat. Pressés entre les assaillants qui s'avançaient des deux bouts de la rue, ils ne pouvaient échapper à la mort qu'en se réfugiant dans une maison; mais toutes étaient, on le conçoit, fermées avec grand soin. Dans ce moment, une petite porte s'ouvrit devant eux; ils se précipitèrent dans l'allée de la maison n° 15 et montèrent par un escalier obscur, au haut duquel une jeune fille les introduisit dans un pauvre réduit. C'était celui d'un honnête ouvrier nommé Boursier.

Absent de chez lui en ce moment, il accourut pour s'associer aux soins empressés de sa famille. Les blessés furent couchés dans son lit, qu'ils baignèrent de sang. Il courut à travers les balles leur chercher un médecin; puis, avec l'aide de ses voisins, qui partageaient ses bons sentiments, il réunit des blouses, des pantalons, des casquettes en nombre suffisant pour habiller tous les gardes nationaux, cachant soigneusement chez lui leurs armes et leurs uniformes, au hasard d'être signalé à la vengeance des insurgés. Quand, à la tombée de la nuit, la fusillade devint moins vive, les gardes nationaux déguisés sortirent avec précaution et rentrèrent sains et saufs dans leurs familles, en bénissant le brave ouvrier qui leur avait donné un asile, et qu'ils regardent comme leur ayant sauvé la vie.

(Extrait des *Prix de Vertu*.)

139. — Mieux que ça.

L'empereur Joseph II n'aimait ni la représentation ni l'appareil, témoin ce fait qu'on se plaît à citer : Un jour que, revêtu d'une simple redingote bien boutonnée, accompagné d'un seul domestique sans livrée, il était allé, dans une calèche à deux chevaux qu'il conduisait lui-même, faire une promenade du matin aux environs de Vienne, il fut surpris par la pluie, comme il reprenait le chemin de la ville.

Il en était encore éloigné, lorsqu'un piéton, qui regagnait aussi la capitale, fit signe au conducteur d'arrêter ; ce que fait Joseph II aussitôt. « Monsieur, lui dit le militaire (car c'était un sergent), y aurait-il de l'indiscrétion à vous demander une place à côté de vous ? Cela ne vous gênerait pas prodigieusement, puisque vous êtes seul dans votre calèche, et ménagerait mon uniforme que je mets aujourd'hui pour la première fois. — Ménageons votre uniforme, mon brave, lui dit Joseph, et mettez-vous là. D'où venez-vous ? — Ah ! dit le sergent, je viens de chez un garde-chasse de mes amis, où j'ai fait un fier déjeuner. — Qu'avez-vous donc mangé de si bon ? — Devinez. — Que sais-je, moi ; une soupe à la bière ! — Ah ! bien oui, une soupe ! mieux que ça. — Une longe de veau ? — Mieux que ça, vous dit-on. — Oh ! ma foi, je ne puis plus deviner, dit Joseph. — Un faisan, mon digne homme, un faisan tiré sur les plaisirs de sa majesté, dit le camarade, en lui frappant sur la cuisse. — Tiré sur les plaisirs de sa majesté, il n'en devait être que meilleur. — Je vous en réponds. »

Comme on approchait de la ville, et que la pluie tombait toujours, Joseph dit à son compagnon : « Dans quel quartier logez-vous et où voulez-vous que je vous dépose ? — Monsieur, c'est trop de bonté, je craindrais d'abuser de... — Non, non, dit Joseph; votre rue? — Le sergent, indiquant sa demeure, demanda à connaître celui dont il recevait tant d'honnêtetés. — A votre tour, dit Joseph, devinez. — Monsieur est militaire, sans doute? — Comme dit monsieur. — Lieutenant? — Ah! oui, lieutenant! mieux que ça. — Capitaine? — Mieux que ça. — Colonel, peut-être? — Mieux que ça, vous dit-on. — Comment diable, dit l'autre en se rencognant aussitôt dans la calèche; seriez-vous feld-maréchal? — Mieux que ça. — Ah! mon Dieu, c'est l'empereur! — Lui-même, » dit Joseph, se déboutonnant pour montrer ses décorations. Il n'y avait pas moyen de tomber à genoux dans la voiture; le sergent se confond en excuses et supplie l'empereur d'arrêter pour qu'il puisse descendre. « Non pas, lui dit Joseph; après avoir mangé mon faisan, vous seriez trop heureux de vous débarrasser de moi aussi promptement : j'entends bien que vous ne me quittiez qu'à votre porte. » Et il l'y descendit.

140. — Joseph II et la fille d'un officier.

L'empereur Joseph II, dans une des promenades où il se plaisait à cacher sa grandeur, vit une jeune personne qui portait un paquet dans son tablier, et qui paraissait plongée dans la douleur la plus amère; sa jeunesse et son affliction l'intéressèrent. Il l'aborda avec cet air d'honnêteté touchante qui peint l'intérêt et le respect que les âmes sensibles ont toujours pour l'infortune. Il lui demanda si l'on pouvait, sans indiscrétion, savoir ce qu'elle portait. La jeune personne, dont le cœur gonflé de chagrin éprouvait ce besoin d'expansion que sentent ordinairement les infortunés, ne put résister longtemps aux instances de l'inconnu qui l'interrogeait. Elle lui dit que son paquet renfermait quelques hardes de sa mère et qu'elle allait les endre. Elle ajouta, en pleurant, que c'était la dernière ressource qui leur restait pour subsister toutes deux; qu'elles n'auraient jamais dû s'attendre à un pareil sort, qu'elle était fille et sa mère veuve d'un officier qui avait servi avec honneur et distinction dans les troupes de l'empereur, sans avoir obtenu cependant les récompenses qu'il était en droit d'attendre. « Il aurait fallu, répondit le monarque, présenter un  mémoire à l'empereur. N'êtes-vous connues de personne qui puisse lui recommander votre affaire? » Elle lui nomma un de ces courtisans qui promettent et oublient avec la même facilité.

Elle ajouta que depuis longtemps ce seigneur s'était chargé de faire obtenir quelque chose à sa mère, sans avoir pu y parvenir; et elle ne dissimula pas que l'inutilité des démarches faites par lui ne prouvait pas en faveur de la générosité de l'empereur. « On vous a trompée, mademoiselle, s'écria le prince, en cachant son émotion : je suis sûr que, si l'empereur avait su votre situation, il y aurait porté remède. Il n'est point tel qu'on vous l'a dépeint, je le connais, je le vois tous les jours, il est mon ami, mais il est plus encore l'ami de la justice. Il faut absolument avoir recours à lui. Faites un mémoire, venez demain me l'apporter au château, à tel endroit et à telle heure. Si les choses sont telles que vous les avez dites, je présenterai moi-même le mémoire à l'empereur, j'appuierai votre demande, et je vous promets que ce ne sera pas en vain. » La jeune fille essuyait ses larmes et se répandait en protestations de reconnaissance pour le généreux inconnu, lorsqu'il ajouta : « En attendant, il ne faut pas vendre vos hardes. Combien comptiez-vous en avoir ? — Six ducats, répondit-elle. — Permettez que je vous en prête douze jusqu'à ce que nous ayons vu le succès de nos soins. »

En disant ces mots, il lui glisse cet argent dans la main, la salue et disparaît.

La jeune personne court porter à sa mère avec les hardes les douze ducats et les espérances qu'un inconnu, un seigneur de la cour, un ami de l'empereur, vient de lui donner. A la description qu'elle fait des traits et de la physionomie du protecteur qu'elle a rencontré, aux discours qu'elle rapporte, la mère, ou quelqu'un qui était présent, reconnaît l'empereur. La jeune personne alors demeure interdite ; elle est épouvantée de la liberté avec laquelle elle a parlé au monarque de lui-même. Elle n'ose plus aller le lendemain au château ; ses parents ne peuvent parvenir à l'y mener qu'après l'heure indiquée. Elle arrive enfin au moment où l'empereur, impatient de l'attendre, donnait des ordres pour aller la chercher. Elle ne peut alors méconnaître son souverain, et à cette vue elle s'évanouit. Lorsqu'elle est revenue à elle, l'empereur la fait entrer dans son cabinet avec les parents qui l'avaient accompagnée. Il lui remet, pour sa mère, le brevet d'une pension égale aux appointements dont son père avait joui, et reversible sur elle, dans le cas où elle perdrait sa mère. « Mademoiselle, lui dit ce bon prince, je prie madame votre mère et vous de me pardonner le retard qui vous a mises dans l'embarras. Vous devez être convaincues qu'il était involontaire de ma part ; et si quelqu'un à l'avenir vous dit du mal de moi, je vous demande seulement de prendre mon parti. »

CHAPITRE XIX

BIENFAISANCE — CHARITÉ

> Le seul bonheur qu'on a vient
> du bonheur qu'on donne.
> PAILLERON.

> Voulez-vous donner? donnez
> vite.
> ***

> La bienfaisance donne, la charité aime.
> VEUILLOT.

> Donner son cœur, c'est la charité suprême.
> J. AICARD.

141. — Le bienfait anonyme.

Un jeune homme, nommé Robert, attendait sur le rivage, à Marseille, que quelqu'un entrât dans son bateau. Un inconnu vint s'y placer; mais un instant après il se préparait à en sortir, malgré la présence de Robert qu'il ne soupçonnait pas d'en être le patron : il lui dit que, puisque le conducteur de cette barque ne se montre point, il va passer dans une autre. « Monsieur, » répond le jeune homme, celle-ci est la mienne; vou-
» lez-vous sortir du port? — Non, monsieur; il n'y a
» plus qu'une heure de jour. Je voulais seulement faire
» quelques tours dans le bassin, pour profiter de la fraî-
» cheur et de la beauté de la soirée... Mais vous n'avez

» pas l'air d'un marinier, ni le ton d'un homme de cet
» état. — Je ne le suis pas, en effet ; ce n'est que pour
» gagner de l'argent que je fais ce métier, les fêtes et
» les dimanches. — Quoi ! avare à votre âge ! cela dé-
» pare votre jeunesse et diminue l'intérêt qu'inspire
» d'abord votre heureuse physionomie. — Ah ! mon-
» sieur, si vous saviez pourquoi je désire si fort de
» gagner de l'argent, vous n'ajouteriez pas à ma peine
» celle de me croire un caractère si bas. — J'ai pu
» former un jugement téméraire, mais vous ne vous
» êtes point expliqué. Faisons notre promenade, et
» vous me conterez votre histoire. » L'inconnu s'assied
« Eh bien, poursuit-il, dites-moi quels sont vos cha-
» grins ; vous m'avez disposé à y prendre part. — Je
» n'en ai qu'un, dit le jeune homme, celui d'avoir un père
» dans les fers sans pouvoir l'en tirer. Il était courtier
» dans cette ville ; il s'était procuré de ses épargnes
» et de celles de ma mère, dans le commerce des modes,
» un intérêt sur un vaisseau en charge pour Smyrne :
» il a voulu veiller lui-même à l'échange de sa paco-
» tille, et en faire le choix. Ce vaisseau a été pris par
» un corsaire et conduit à Tétuan, où mon malheureux
» père est esclave avec le reste de l'équipage. Il faut
» mille écus pour sa rançon ; mais comme il s'était
» épuisé afin de rendre son entreprise plus importante,
» nous sommes bien éloignés d'avoir cette somme. Ce-
» pendant ma mère et mes sœurs travaillent jour et
» nuit, j'en fais de même chez mon maître, dans l'état
» de joaillier que j'ai embrassé ; et je cherche à mettre
» à profit, comme vous voyez, les dimanches et fêtes.
» Nous nous sommes retranchés jusque sur les besoins
» de première nécessité ; une seule petite chambre
» forme tout notre logement. Je croyais d'abord aller
» prendre la place de mon père, le délivrer en me char-
» geant de ses fers ; j'étais prêt à exécuter ce projet,
» lorsque ma mère, qui en fut informée, je ne sais

» comment, m'assura qu'il était aussi impraticable que
» chimérique, et fit défense à tous les capitaines du
» Levant de me prendre sur leur bord. — Et recevez-
» vous quelquefois des nouvelles de votre père ? Sa-
» vez-vous quel est son patron de Tétuan ? quels trai-
» tements il éprouve ? — Son patron est intendant des
» jardins du roi ; on le traite avec humanité, et les tra-
» vaux auxquels on l'emploie ne sont pas au-dessus de
» ses forces, mais nous ne sommes pas avec lui pour
» le consoler, pour le soulager ; il est éloigné de nous,
» d'une épouse chérie, et de trois enfants qu'il aime
» avec tendresse. — Quel nom porte-t-il à Tétuan ? —
» Il n'en a point changé, il s'appelle Robert, comme
» à Marseille. — Robert... chez l'intendant des jar-
» dins ? — Oui, monsieur. — Votre malheur me touche ;
» mais vos sentiments méritent un meilleur sort, j'ose
» vous le présager, et je vous le souhaite bien sincère-
» ment... En jouissant du frais, je voulais me livrer à la
» solitude ; ne trouvez donc pas mauvais, mon ami,
» que je sois tranquille un moment. »

Lorsqu'il fut nuit, Robert eut ordre d'aborder. Alors l'inconnu sort du bateau, lui remet une bourse entre les mains, et, sans lui laisser le temps de le remercier, s'éloigne avec précipitation. Il y avait dans cette bourse vingt-six louis. Une telle générosité donna au jeune homme la plus haute opinion de celui qui en était capable ; ce fut en vain qu'il fit des vœux pour le rejoindre et lui en rendre grâces.

Six semaines après cette époque, cette famille honnête, qui continuait sans relâche à travailler pour compléter la somme dont elle avait besoin, prenait un dîner frugal, composé de pain et d'amandes sèches ; elle voit arriver Robert le père, proprement vêtu, qui la surprend dans sa douleur et dans sa misère. Qu'on juge de l'étonnement de sa femme et de ses enfants, de leurs transports, de leur joie ! Le bon Robert se jette dans leurs bras, et s'épuise en remerciements sur les cinquante louis qu'on lui a comptés en s'embarquant dans le vaisseau, où son passage et sa nourriture étaient acquittés d'avance, sur les habillements qu'on lui a fournis, etc. Il ne sait comment reconnaître tant de zèle et d'amour.

Une nouvelle surprise tenait cette famille immobile : ils se regardaient les uns les autres. La mère rompt le silence : elle imagine que c'est son fils qui a tout fait ; elle raconte à son père comment, dès l'origine de son esclavage, il a voulu aller prendre sa place, et comment elle l'en a empêché. Il fallait 6,000 francs pour la rançon : nous en avions, poursuit-elle, un peu plus de la moitié, dont la meilleure partie était le fruit de son travail ; il aura trouvé des amis qui l'auront aidé. Tout à coup, rêveur et taciturne, le père reste consterné ; puis, s'adressant à son fils : « Malheureux ! » qu'as-tu fait? Comment puis-je te devoir ma délivrance » sans la regretter? comment pouvait-elle rester un » secret pour ta mère, sans être achetée au prix de la » vertu? A ton âge, fils d'un infortuné, d'un esclave, » on ne se procure point naturellement les ressources » qu'il te fallait. Je frémis de penser que l'amour filial » t'a rendu coupable. Rassure-moi, sois vrai, et mou- » rons tous si tu as pu cesser d'être honnête. — Tran- » quillisez-vous, mon père, répondit-il en l'embras- » sant ; votre fils n'est pas indigne de ce titre ni assez » heureux pour avoir pu vous prouver combien il lui » est cher. Ce n'est point à moi que vous devez votre

» liberté ; je connais votre bienfaiteur. Souvenez-vous,
» ma mère, de cet inconnu qui me donna sa bourse ; il
» m'avait fait bien des questions. Je passerai ma vie à
» le chercher ; je le trouverai, et il viendra jouir du
» spectacle de ses bienfaits. » Ensuite il raconte à son
père l'anecdote de l'inconnu, et le rassure ainsi sur ses
craintes.

Rendu à sa famille, Robert trouva des amis et des
secours. Les succès surpassèrent son attente. Au bout
de deux ans, il acquit de l'aisance ; ses enfants, qu'il
avait établis, partageaient son bonheur entre lui et sa
femme, et ce bonheur eût été sans mélange, si les recherches continuelles du fils avaient pu faire découvrir
ce bienfaiteur, qui se dérobait avec tant de soin à leur
reconnaissance et à leurs vœux. Il le rencontre enfin
un dimanche matin, se promenant seul sur le port.
« Ah ! mon dieu tutélaire ; » c'est tout ce qu'il put prononcer en se jetant à ses pieds, où il tomba sans connaissance ; l'inconnu s'empresse de le secourir, et de
lui demander la cause de son état. « Quoi ! monsieur,
» pouvez-vous l'ignorer ? lui répondit le jeune homme.
» Avez-vous oublié Robert et sa famille infortunée que
» vous rendîtes à la vie, en lui rendant son père ? — Vous
» vous méprenez, mon ami, je ne vous connais point
» et vous ne sauriez me connaître : étranger à Marseille, je n'y suis que depuis peu de jours. — Tout
» cela peut être, mais souvenez-vous qu'il y a vingt-
» six mois que vous y étiez aussi : rappelez-vous cette
» promenade dans le port, l'intérêt que vous prîtes à
» mon malheur, les questions que vous me fîtes sur les
» connaissances qui pouvaient vous éclairer et vous
» donner les lumières nécessaires pour être notre
» bienfaiteur. Libérateur de mon père, pouvez-vous
» oublier que vous êtes le sauveur d'une famille entière qui ne désire plus rien que votre présence ? Ne
» vous refusez pas à ses vœux, et venez voir les heu-

» reux que vous avez faits... Venez. — Je vous l'ai
» déjà dit, mon ami, vous vous méprenez. — Non,
» monsieur, je ne me trompe point ; vos traits sont
» trop profondément gravés dans mon cœur pour que
» je puisse vous méconnaître. Venez, de grâce. » En
même temps il le prenait par le bras, et lui faisait une
sorte de violence pour l'entraîner. Une multitude de
peuple s'assemblait autour d'eux. Alors l'inconnu, d'un
ton plus grave et plus ferme : « Monsieur, dit-il, cette
» scène commence à être fatigante. Quelque ressem-
» blance occasionne votre erreur ; rappelez votre rai-
» son, et allez dans votre famille profiter de la tran-
» quillité dont vous me paraissez avoir besoin. —
» Quelle cruauté ! s'écrie le jeune homme : bienfaiteur
» de cette famille, pourquoi altérer, par votre résis-
» tance, le bonheur qu'elle ne doit qu'à vous ? Reste-
» rai-je en vain à vos pieds ? serez-vous assez inflexible
» pour refuser le tribut que nous réservons depuis si
» longtemps à votre sensibilité ? Et vous, qui êtes ici
» présents, vous, que le trouble et le désordre où vous
» me voyez doivent attendrir, joignez-vous tous à moi
» pour que l'auteur de mon salut vienne contempler
» son propre ouvrage. » A ces mots, l'inconnu paraît
se faire quelque violence ; mais, quand on s'y attendait le moins, réunissant toutes ses forces, et rappe-
lant son courage pour résister à la séduction de la
jouissance délicieuse qui lui est offerte, il échappe
comme un trait au milieu de la foule, et disparaît en
un instant.

Cet inconnu le serait encore aujourd'hui si ses gens
d'affaires, ayant trouvé dans ses papiers, après la
mort de leur maître, une note de 6,500 liv. envoyée à
M. Main de Cadix, n'en eussent pas demandé compte
à ce dernier, mais seulement par curiosité, puisque la
note était bâtonnée et le papier chiffonné, comme ceux
que l'on destine au feu. Ce fameux banquier répondit

qu'il en avait fait usage pour délivrer un Marseillais, nommé Robert, esclave à Tétuan, conformément aux ordres de Charles de Secondat, baron de Montesquieu, président à mortier au parlement de Bordeaux. On sait que l'illustre Montesquieu aimait à voyager, et qu'il visitait souvent sa sœur, madame d'Héricourt, mariée à Marseille.

142. — L'art de donner.

Turenne aperçut un jour dans son armée un officier, noble, mais pauvre, et mal monté. Il l'invita à dîner, le prit en particulier après le repas, et lui dit : « Mon-

» sieur, j'ai une prière à vous faire; vous la trouverez peut-être un peu hardie, mais j'espère que vous ne voudrez pas refuser à votre général. Les chevaux vifs me fatiguent, et » je vous en ai vu un sur lequel je crois que je serais » fort à mon aise; est-ce vous demander un trop » grand sacrifice que de vous prier de me le céder ? » L'officier ne répondit que par une profonde révérence, et alla dans l'instant prendre son cheval pour le mener dans l'écurie de Turenne, qui, le lendemain, lui en envoya un des plus beaux et des meilleurs de l'armée.

Il n'est pas plus ordinaire de donner de cette manière que d'avoir l'âme de Turenne.

Un autre jour, ce grand homme, voyant un capitaine désespéré d'avoir perdu dans un combat deux chevaux que l'état de ses affaires ne lui permettait pas de remplacer, lui en envoya deux des siens en lui recommandant de n'en parler à personne. « D'autres, dit-il, » viendraient peut-être m'en demander, et je n'ai pas » le moyen d'en donner à tout le monde. » Prendre ainsi un prétexte d'économie afin d'assurer le secret d'une bonne action, n'était-ce pas en relever le prix ?

Au reste, ce ne fut pas dans ces deux occasions seulement que sa bienfaisance se montra ingénieuse à trouver des moyens d'épargner à ceux à qui il donnait cette espèce de honte qu'ils pouvaient sentir à recevoir. Nous pourrions prouver par de nombreux exemples que cette qualité, si délicate, si pudique même, lui fut toujours habituelle et facile comme un penchant inné. Mais nous nous bornerons à citer, parmi tant de traits connus, le suivant, qui l'est beaucoup moins. Il venait de recevoir beaucoup d'argent d'une charge dont la cour lui avait permis de disposer. Cet argent lui appartenait, et il le consacra tout entier aux besoins de quelques régiments qui étaient en mauvais état. Bien plus, il laissa croire qu'une telle munificence venait du roi. Quelle leçon pour les personnes chargées de l'administration des deniers de l'État !

143. — Le sculpteur Pigalle.

Pigalle ne voyait jamais des malheureux sans éprouver dans tout son corps un certain frémissement produit par la pitié, et sans vider sa bourse pour les soulager. Nous pourrions citer de lui des traits nombreux de bienfaisance, mais nous nous bornerons au suivant. Pendant son séjour à Lyon, cet illustre artiste avait épargné quelque argent pour le voyage de Paris, après lequel il soupirait. La veille de son départ, il alla se promener dans la campagne ; il aperçut un homme qui tantôt, l'air hagard, marchait avec précipitation, tantôt, l'air morne et abattu, les yeux noyés de larmes et attachés sur la terre, restait immobile, en poussant de longs et fréquents soupirs. Pigalle attendri court à cet homme et lui dit : « N'y a-t-il pas moyen d'adoucir vos peines ? — Hélas ! répond cet infortuné, je suis perdu. On me menace de me jeter au fond d'un cachot si je ne paie aujourd'hui dix louis que je dois. — Hé bien ! mon ami, s'écrie Pigalle, venez avec moi, venez, j'ai les dix louis dans ma malle, ils sont à vous : menez-moi chez votre créancier, je veux le payer moi-même. » En effet, il alla acquitter la dette et remit à un autre temps son voyage de Paris. Le plaisir que cet acte de bienfaisance lui procura devint le charme de sa vie entière. Il en jouissait à toutes les époques, comme d'une volupté présente ; il se plaisait à en parler avec ses intimes amis, comme on aime à parler de ses fonctions les plus chères. Il s'arrêtait avec complaisance, dans son récit, sur la reconnaissance que la famille de l'homme qu'il avait sauvé du désespoir lui témoigna dans un repas qu'il fit avec elle : « *Repas délicieux*, disait-il, *où chacun pleurait et riait tour à tour ;* » et pendant qu'il rappelait ce souvenir, lui-même passait encore des larmes au rire et du rire aux larmes.

Oh ! que la jouissance du bien qu'on a fait est douce ! Si les hommes savaient l'apprécier, ils la préféreraient à toutes les autres.

144. — Manière adroite de donner.

M. Tompson, auteur du beau poème des saisons, était

quelquefois, par son peu de fortune, réduit à de fâcheuses et embarrassantes extrémités. Tuin, célèbre acteur anglais, informé que cet illustre écrivain était pressé par un de ses créanciers, va le trouver, et lui dit : « Monsieur, je viens vous remercier. J'allais mourir d'une maladie de langueur, lorsque je me suis fait lire votre poème des saisons ; mais il m'a fait tant de plaisir, que, pour marque de ma reconnaissance, je vous avais légué dans mon testament deux cents livres sterling. Actuellement que ma santé est rétablie, grâce en partie à votre charmant ouvrage, et peut-être pour r plus longtemps que je ne l'espérais, j'ai cru qu'il valait mieux vous payer ce petit legs de mon vivant, que d'en charger mon exécuteur testamentaire. Voilà donc ma dette, dont vous me permettrez de m'acquitter. » Et après avoir glissé un billet de banque de cette somme, il disparut, sans laisser même à Tompson le temps de lui répondre et de le remercier.

145. — Les époux Renier.

Les époux Renier ont eu autrefois quelque fortune ; ils exerçaient, dans un quartier populeux de Paris, un commerce de charbon et de bois. Le mari était rangé, la femme économe, la boutique achalandée. Ils auraient dû s'enrichir ; il n'en était rien pourtant. Les époux Renier avaient une passion qui les entraînait à des dépenses plus grandes que leurs ressources ; car toutes les passions vraies et vives sont naturellement un peu aveugles et imprudentes. Ces braves gens avaient la passion de la bienfaisance. Au lieu de vendre leurs marchandises, il leur arrivait bien souvent de les donner pour rien. On comprend qu'à ce compte ils devaient avoir beaucoup de pratiques et peu de profit. Parmi les pauvres familles de leur voisinage, celle-ci manquait de charbon pour préparer ses aliments, cette autre de bois pour se chauffer au milieu d'un hiver rigoureux, Mme Renier ne pouvait résister à la vue d'un si pénible spectacle. « Peut-on laisser, disait-elle, des malheureux mourir de froid, quand on a un chantier à sa disposition ! »

La charité faisait alors faire l'esprit du négoce, et la marchande se transformait en sœur hospitalière.

Dans leur maison habitait un homme livré à toutes les misères physiques et morales dont la maladie, la pauvreté, l'isolement peuvent accabler la vieillesse. Un tel malheur placé si près d'eux avait des attraits irrésistibles pour les époux Renier. Le vieillard devint un membre de leur famille. Il mourut près d'eux sans s'être jamais aperçu des durs sacrifices qu'il leur imposait.

Près des époux Renier vivait un jeune ménage qui cachait avec soin, sous des dehors décents, une grande pauvreté. Le mari écrivait, et il avait grand'peine à faire vivre sa jeune femme du produit de sa plume et d'en vivre lui-même. Une longue maladie survint, et avec elle les créanciers, puis les huissiers, puis la saisie. On ne lui laissa bientôt rien que la vie ; encore le désespoir et la misère allaient en abréger le cours, lorsque ce spectacle attira les regards des époux Renier.

Ceux-ci se contentèrent d'abord de payer quelques

d'ettes qui restaient encore au jeune ménage. Puis la tentation devenant plus forte à mesure qu'ils y cédaient davantage, ils conçurent le désir d'attirer ces malheureux chez eux et de les y loger. Mais la place manquait; voici comment ils y pourvurent. Quand nous avons dit que Renier n'avait qu'une passion, la bienfaisance, nous exagérions un peu; il en avait encore une autre, qui, bien que fort petite en apparence, devient très tyrannique quelquefois. Il avait la passion, ou, si l'on veut, la manie de la botanique; il faisait depuis longtemps une grande collection de plantes, et il aspirait secrètement à la gloire de composer enfin un bel herbier. Un appartement était consacré à cet usage; il en emportait toujours la clef avec lui, de peur qu'on ne lui dérobât son trésor. L'herbier fut sacrifié pour sauver le pauvre ménage. Le sacrifice est petit, dira-t-on; mais le sentiment qui l'a fait faire ne l'est point.

Quand la vertu a une fois pris l'allure vive de la passion, elle ne recule pas devant les entreprises ardues. Le difficile la tente, le rare l'aiguillonne et, dans ses caprices sublimes, on la voit souvent préférer le bien qui est loin d'elle à celui qu'elle peut accomplir aisément. Les époux Renier découvrirent un jour, sous un hangar, au milieu d'ordures et d'immondices, un pauvre idiot qui semblait parvenu à ce comble de misère où l'homme ne comprend plus même qu'il est malheureux. Quels étaient son nom, ses parents, son histoire? Nul ne le savait, il l'ignorait lui-même. Ce spectacle ne les rebuta point. Ils entreprirent de réunir et de diriger les rayons épars et divergents de cette faible intelligence, et ils y parvinrent. L'idiot aperçut bientôt avec plus de clarté le spectacle du monde, dont il n'avait eu jusque-là qu'une vue confuse et troublée. Il comprit, pour la première fois, une partie de ce qu'il n'avait fait encore que voir. Il apprit du moins ce qu'il faut savoir pour gagner sa vie en travaillant. On pourrait presque dire que les époux Renier ont plus fait pour lui que Dieu même, car ils lui ont donné l'intelligence, tandis qu'avant de les connaître il n'avait que la vie.

Pour pouvoir venir en aide aux malheureux, ils achevèrent de déranger leur petite fortune. On les vit prendre d'abord sur le superflu, puis sur l'utile, puis sur le nécessaire. Ils sont aujourd'hui presque aussi pauvres que ceux qu'ils ont secourus jadis.

(Extrait des *Prix de Vertu*.)

146. — Le jeune homme et le voleur.

Un jeune homme est arrêté dans une petite rue auprès d'une place marchande; on lui demande la bourse ou la vie. Un cœur courageux et sensible distingue bientôt la voix du malheureux que la misère entraîne au crime de celle du scélérat que la méchanceté y porte. Le jeune homme sent qu'il a un infortuné à sauver. « Que demandes-tu, misérable! que demandes-tu? dit-il d'un ton imposant à son agresseur. — Rien, mon» sieur, lui répond une voix sanglotante, je ne vous » demande rien. — Qui es-tu? que fais-tu? — Je suis » un pauvre garçon cordonnier, hors d'état de nourrir » ma femme et quatre enfants; je ne sais... — Dis-tu » vrai? (Il sentait bien que ce malheureux ne disait » que trop la vérité.) Où demeures-tu? — Dans telle » rue, chez un boulanger. — Voyons, allons. » Le cordonnier, subjugué par un ascendant impérieux, mène le jeune homme à sa demeure, comme il l'aurait conduit jusqu'au fond d'un cachot. On arrive chez le boulanger : il n'y avait qu'une femme dans la boutique. « Madame, connaissez-vous cet homme? — Oui, mon» sieur; c'est un garçon cordonnier qui demeure au cin» quième et qui a bien de la peine à nourrir sa nom» breuse famille. — Comment le laissez-vous manquer » de pain? — Monsieur, nous sommes des jeunes gens

» nouvellement établis : nous ne pouvons pas faire de
» grosses avances, et mon mari ne veut pas que je fasse
» à cet homme plus de vingt-quatre sous de crédit. —
» Donnez-lui deux pains. — Prends ces pains, et monte
» chez toi. » Le cordonnier obéit, aussi agité que lorsqu'il allait commettre un crime, mais d'un trouble bien
différent. Ils entrent ; la femme et les enfants se jettent
sur la subsistance qui leur est offerte. Le jeune homme
en a trop vu ; il sort et laisse deux louis à la boulangère,
avec ordre de fournir du pain à cette famille, selon ses
besoins. Quelques jours après, il revient voir les enfants
auxquels il a donné une seconde vie et dit à leur père
de le suivre. Il conduit le pauvre artisan dans une
boutique toute montée et bien assortie des meubles,
des outils et des matières nécessaires pour exercer sa
profession. « Serais-tu content et honnête homme si
» cette boutique était à toi? — Ah! monsieur! mais,
» hélas !... — Quoi ! — Je n'ai pas la maîtrise, et elle
» coûte... — Mène-moi chez les jurés-syndics. » La
maîtrise est achetée, et le cordonnier installé dans sa
boutique.

L'auteur de cette bonne action était un jeune homme
de vingt-sept ans. On compte que l'établissement de
l'artisan lui a coûté près de quatre mille livres ; mais
il ne regrette pas cette dépense, il la regarde comme
un heureux placement, car il a pris pour devise ce
beau vers :

Les biens que nous donnons sont les seuls qui nous restent.

147. — Cimon.

C'était un homme d'une générosité rare. Il avait, de
côté et d'autre, nombre de vergers et de propriétés
rurales et n'y préposa jamais de gardien pour en sur-
veiller les fruits ; il entendait que son bien fût à la
discrétion du premier venu et que chacun en pût jouir

sans obstacle et comme bon lui semblerait. Il était toujours suivi de domestiques portant de l'argent; si quelqu'un avait besoin de secours, il voulait avoir de quoi l'assister sur-le-champ, de peur qu'un délai ne semblât refus. Plus d'une fois, on le vit donner son manteau à quelque passant maltraité de la fortune et misérablement vêtu. Sa table était abondamment servie, et ceux qu'il trouvait sur la place publique et qui n'avaient pas d'invitation, il les conviait tous sans exception. C'était son habitude, et il n'y manqua pas un seul jour de sa vie. Son cœur, son aide, sa bourse ne firent jamais défaut à personne. Beaucoup lui durent leur fortune, et une foule de pauvres gens qui ne laissaient point de quoi subvenir à leurs funérailles, il les faisait enterrer à ses dépens.

Cornélius Népos.

148. — Le fermier et le voleur.

Vers la fin de l'hiver de 1777, un fermier revenait, le soir, du moulin, monté sur un cheval qui portait, en outre, un sac de farine d'orge. Au détour d'un étroit sentier, il est attaqué par un homme masqué qui, le bâton levé, lui demande sa farine en jurant. Le cavalier saute à terre, le saisit au collet, le terrasse et lui dit : « Tu vois qu'il ne tiendrait qu'à moi de t'assommer. — Assomme, ou donne-moi ta farine; il me la faut : je meurs de faim ainsi que mes enfants et ma femme. — Ah! tu meurs de faim! c'est différent. Mais je ne veux pas que tu sois voleur. Prends mon sac, je t'en fais présent; je vais t'aider à le charger. Après cela, va-t'en, et ne dis mot. » Cependant le cheval débarrassé de son fardeau s'échappe et arrive au grand galop dans la cour de la ferme. La fermière, ne voyant pas son mari, s'effraie et pousse des cris. Les valets et les servantes accourent et la suivent sur la route. On trouve à cent pas le fermier qui venait tranquillement en rêvant à son aventure. Sa femme lui demande : « Pourquoi le cheval... — Tais-toi. — Et la farine ? — Mais tais-toi donc. » Quand ils sont seuls, il lui conte la chose, et il ajoute : « C'est le voisin un tel : je l'ai reconnu. Il fallait que le pauvre homme fût bien dans le besoin pour s'attaquer à moi, qui en battrais quatre comme lui. » A peine a-t-il dit ces mots, que la femme, aussi sensible, aussi compatissante que le mari, court au garde-manger, y prend un pain, le cache dans son tablier, et dit : « Puisque cette famille a une si grande faim, elle ne pourra pas attendre que la pâte soit levée et que le pain soit cuit ; je vais vite lui porter celui-ci. » Aussitôt elle part et arrive chez les malheureux, qui sont effrayés en la voyant ; mais leur effroi se change en reconnaissance, lorsqu'elle leur offre le pain, qui ne pouvait venir plus à propos, car les affamés mangeaient déjà des poignées de farine.

Cette bonne action eut la suite qu'elle méritait. Elle rendit à la probité un homme qu'un seul mot pouvait conduire au supplice. Il trouva de l'ouvrage, travailla, et éleva ses enfants dans les principes de la vertu. Combien de malheureux, que la misère entraîne au crime, cesseraient de le commettre, comme ce voleur, si ceux qui peuvent les secourir avaient la même charité que le bon fermier. Songez donc, ô riches ! que pratiquer la charité c'est agir dans votre intérêt, puisqu'elle est un des meilleurs moyens de maintenir les pauvres dans la probité.

CHAPITRE XX

GÉNÉROSITÉ

> La générosité donne moins de conseils que de secours.
> VAUVENARGUES.
>
> La générosité souffre des maux d'autrui comme si elle en était responsable.
> VAUVENARGUES.

149. — Bayard à Brescia.

Bayard fut blessé à la prise de Brescia et transporté dans la maison la plus proche. C'était le logis d'un fort riche gentilhomme ; sa femme et ses deux filles seules l'occupaient. Elle fit porter Bayard dans la plus jolie chambre et l'entoura des soins que nécessitait son état. En retour, Bayard sauva la maison du pillage.

Le bon chevalier sans peur et sans reproche fut malade environ un mois ou cinq semaines, sans partir du lit, ce qui l'ennuyait fort, car chaque jour il avait des nouvelles du camp des Français. Bientôt il fut assez remis pour prendre congé de ses hôtesses.

Le matin où le bon chevalier devait déloger, son hôtesse, avec un de ses serviteurs portant une petite boîte d'acier, entra dans sa chambre. Elle se jeta à genoux en le suppliant d'accepter un présent, faible témoignage de la gratitude que ses deux filles et elle lui devaient de les avoir protégées contre la soldatesque.

Alors elle prit la boîte que le serviteur tenait et l'ouvrit devant le bon chevalier, qui la vit pleine de beaux ducats. Le gentil seigneur, qui jamais en sa vie ne fit cas d'argent, se prit à rire et puis dit :

— Madame, combien de ducats y a-t-il en cette boîte?

La pauvre femme eut peur qu'il ne fût courroucé d'en voir si peu; elle lui dit :

— Monseigneur, il n'y a que deux mille cinq cents ducats; mais si vous n'êtes pas content, nous vous en trouverons plus largement.

Alors il lui dit :

— Par ma foi ! madame, quand vous me donneriez cent mille écus, vous ne m'auriez pas tant fait de bien que par le bon accueil que j'ai eu céans et la bonne compagnie que vous m'avez faite, vous assurant qu'en quelque lieu que je me trouve, vous aurez un gentilhomme à votre commandement. Je ne veux point de vos ducats et vous en remercie; reprenez-les. Toute ma vie j'ai toujours plus aimé les braves gens que les écus, et croyez bien que je m'en vais aussi content de vous que si cette ville était en votre disposition et que vous me l'eussiez donnée.

La bonne dame fut bien étonnée de se voir éconduite; elle se remit encore à genoux; mais le bon chevalier ne l'y laissa guère, et dès qu'elle fut relevée, elle dit :

— Monseigneur, je me sentirais à jamais la plus malheureuse femme du monde, si vous n'emportiez ce petit présent que je vous fais.

Quand le bon chevalier la vit aussi ferme, il la pria de faire venir ses demoiselles auxquelles il dit :

« Mesdemoiselles, je tiens à vous remercier de la bonne compagnie que vous m'avez faite et dont je me sens fort tenu et obligé. Vous savez que les gens de guerre ne sont pas trop munis de belles choses pour présenter aux dames ; de ma part, il me déplaît bien fort que je n'en sois bien garni pour vous en faire présent, comme j'y suis tenu. Voici votre mère qui m'a donné deux mille cinq cents ducats que vous voyez sur cette table ; je vous en donne à chacune mille, pour vous aider à vous marier. »

Et il prit congé d'elles et de leur mère.

(*Le loyal Serviteur.*)

150. — Bonne leçon sur la générosité.

Il est beau d'être généreux, mais il n'est pas permis d'être prodigue. Quand on a tout donné, il ne reste que la honte d'avoir manqué de sagesse, et d'avoir souvent fait bien des ingrats. C'est ce que fit sentir un jour un ami fidèle à un homme de condition et très riche, qui avait le défaut d'ouvrir sa bourse indifféremment à tous ceux qui prenaient auprès de lui le nom d'amis. On peut juger que son argent comptant s'évanouit bientôt. Pour le désabuser et prévenir la ruine qui le menaçait, son ami supposa qu'il avait un besoin extrême de deux mille francs. L'homme généreux offrit aussitôt ses services pour lui procurer cette somme. Il fit sa ronde chez tous ses amis. Après avoir couru toute une matinée, il ne rapporta que cinquante francs. Il travailla le soir sur nouveaux frais, mais sa course fut encore plus ingrate. En vain il s'épuisa tout le lendemain, il n'eut pour toute récolte de ces deux journées que neuf à dix pistoles. Ses amis aussi glacés que fertiles en défaites le réduisirent à la honte de ne pouvoir tenir parole. Il vint l'annoncer à l'ami pour lequel il s'était employé, et lui exprima obligeamment sa douleur. Mais cet ami lui dit : « Bannissez votre inquiétude. Je ne suis point en défaut d'argent et je n'en ai aucun besoin. J'ai eu recours à cette feinte, pour vous convaincre, par votre expérience, que vous ne devez pas donner si facilement votre argent à tout le monde. »

151. — Le Fugitif.

Le prince Charles-Edouard, fuyant devant les soldats anglais, s'était réfugié avec quelques amis dans la

Le Fugitif.

maison d'un gentilhomme, lorsque cette maison est subitement investie par les milices ennemies. Il ouvre lui-même la porte aux soldats et a le bonheur de ne pas être reconnu ; mais bientôt après on sut dans l'île qu'il était dans ce château. Alors il fallut se séparer de ses compagnons et s'abandonner seul à sa destinée. Il marcha dix milles suivi d'un simple batelier. Enfin, pressé de la faim et prêt à succomber, il se hasarda d'entrer dans une maison dont il savait bien que le maître n'était pas de son parti. « Le fils de votre roi, lui dit-il, vient vous demander du pain et un habit. Je sais que vous êtes mon ennemi, mais je vous crois assez de vertu pour ne pas abuser de ma confiance et de mon malheur. Prenez les misérables vêtements qui me couvrent, gardez-les; vous pourrez me les apporter un jour dans le palais des rois de la Grande-Bretagne. » Le gentilhomme auquel il s'adressait fut touché comme il devait l'être. Il s'empressa de le secourir, autant que la pauvreté de ce pays pouvait le permettre, et lui garda le secret.

VOLTAIRE.

152. — Claude de l'Aubespine.

Claude de l'Aubespine, après avoir rempli dignement plusieurs charges publiques, écrivait à Etienne de Nully, premier président à la Cour des aides « Vous sollicitez, monsieur, la place de prévôt des
» marchands; je la sollicite aussi. Je sais que pour
» obtenir la préférence vous avez cherché à me rendre
» suspect au roi. Il me serait facile de vous perdre
» dans l'esprit de sa majesté en faisant connaître deux
» lettres que vous m'avez écrites à son sujet quand
» nous étions encore amis : je vous les renvoie, afin de
» n'être pas tenté d'abuser de la confiance que vous
» aviez alors en moi. »

153. — Catinat et Villeroy.

Des intrigues de cour ravirent à Catinat, en 1702, le commandement dans la guerre du Piémont, pour le faire passer dans les mains de Villeroy, et le héros disgracié fut obligé de recevoir, dans son propre camp, les ordres de son rival; mais il soutint cette injustice en homme supérieur à la fortune, et ne se permit ni plaintes ni murmures.

Cependant le nouveau général conçut un plan téméraire ; il voulut attaquer le poste de Chiari, pensant que le prince Eugène n'avait pas osé tenir devant lui, et qu'il n'avait laissé dans ce poste qu'une arrière-garde. Catinat, qui savait les retranchements bien garnis, s'empressa de le prévenir qu'il se trompait et qu'il marchait à un revers inévitable ; le présomptueux Villeroy dédaigna ses avis, insulta même à sa prudence, et ordonna l'attaque, qui fut suivie de la déroute de son armée. Catinat désespéré s'écria dans un premier mouvement qu'il ne put contenir : « Au moins ce n'est pas ma faute ! » et en même temps, affrontant tous les dangers pour réparer cette faute, comme si c'eût été la sienne, il parvint à rallier les troupes et à les ramener au combat. C'est en cette occasion qu'ayant entendu un officier qui disait : « Où veut-on que nous marchions, à la mort ? », il répondit par ce mot digne des plus grands capitaines de l'antiquité : « Il est vrai que la mort est devant nous ; mais la honte est derrière. »

154. — Catinat et les courtisans.

Le maréchal de Catinat rejeta noblement les offres qu'on lui fit de mettre entre ses mains les preuves des intrigues odieuses que quelques courtisans avaient ourdies contre lui ; et, peu de jours après, il eut avec le roi un entretien dont ces courtisans comptèrent les minutes avec beaucoup d'impatience et d'inquiétude. L'accueil flatteur dont il fut honoré en cette occasion et les paroles pleines de bonté qu'il reçut de Louis XIV en se séparant de lui n'étaient pas propres à les rassurer. Cependant Catinat ne s'était pas plaint d'eux, et il s'était borné à répondre au roi, qui l'avait

pressé de s'expliquer sur leur compte : « Ceux qui
» ont cherché à me nuire peuvent être très utiles à votre
» Majesté : j'étais ici pour eux un objet d'envie ; quand
» je n'y serai plus, ils vous serviront mieux. »

155. — Louis XIV et M. Le Pelletier.

Un président du parlement de Paris venait de se démettre de sa charge dans l'espérance qu'elle serait donnée à son fils. Louis XIV en disposa en faveur de M. Le Pelletier, alors contrôleur général, à qui il avait promis la première qui viendrait à vaquer ; celui-ci appelé à la cour pour recevoir son brevet, que le monarque voulait lui offrir de sa propre main, représenta que le magistrat démissionnaire avait un fils, et que Sa Majesté avait toujours été contente de sa famille. « On n'a pas coutume de me parler ainsi, repartit » Louis XIV surpris et charmé d'une conduite si géné- » reuse ; j'approuve votre délicatesse, monsieur le con- » trôleur général, et si je ne fais pas aujourd'hui pour » vous ce que j'avais dessein de faire, comptez que je » n'y manquerai pas à la plus prochaine occasion. »
Cette occasion ne se fit pas attendre longtemps, et le noble procédé de M. Le Pelletier fut alors récompensé comme il méritait de l'être.

156. — Henri II et Henri de Mesme.

Henri II offrit la charge d'avocat général au célèbre Henri de Mesme : ce magistrat prit la liberté de lui représenter qu'elle n'était point vacante. « Elle doit » l'être, répliqua Sa Majesté, puisque je suis mécon- » tent de celui qui l'occupe. » Alors Henri de Mesme prit généreusement la défense de l'accusé ; mais, voyant que le roi persistait dans sa résolution, il ajouta avec une noble fermeté : « Daignez me pardonner, sire, de

» ne point accepter cette place ; j'aimerais mieux
» gratter la terre avec mes ongles que d'y entrer par
» une telle porte. » Le monarque eut égard à sa remontrance.

157. — Jean II, duc de Bourbon.

Lorsque Jean II, duc de Bourbon, frère de Charles V, était en otage chez les Anglais pour le roi Jean, son père, plusieurs gentilshommes de ses vassaux cabalèrent contre lui et attentèrent à ses droits ; un de ses principaux officiers fit un mémoire exact et détaillé de la conduite des coupables, et le présenta au prince à son retour. « Mais, demanda celui-ci, avez-vous éga-
» lement tenu note des services qu'ils m'avaient rendus
» auparavant ? — Non, monseigneur, répondit l'offi-
» cier. — En ce cas, répliqua Jean de Bourbon, il
» n'est pas juste que je fasse usage de votre mémoire. »
Et il jeta l'écrit au feu.

158. — Le jeune peintre et le gagne-petit.

Un jeune peintre, arrivé à Modène et manquant de tout, prie un gagne-petit de lui trouver un gîte à peu de frais et à crédit. L'artisan lui offre la moitié du sien. On cherche en vain de l'ouvrage pour cet étranger. Son hôte ne se décourage point : il le défraie et le console. Le peintre tombe malade, l'autre se lève plus matin et se couche plus tard pour gagner davantage et fournir aux besoins du malheureux ; bien plus, il le veille pendant tout le temps de la maladie qui traîne en langueur, et il pourvoit à toutes les dépenses nécessaires. Après sa guérison, l'étranger reçoit de ses parents une somme assez considérable, et la présente à son bienfaiteur. « Non, monsieur, lui dit cet homme
» généreux, je ne puis rien accepter. C'est une dette

» que vous avez contractée envers le premier honnête
» homme que vous trouverez dans l'infortune. Je de-
» vais ce bienfait à un autre ; je viens de m'acquitter :
» n'oubliez pas d'en faire autant dès que l'occasion s'en
» présentera. »

CHAPITRE XXI

RECONNAISSANCE

> Si tu fais le bien, oublie-le ;
> mais si l'on t'en fait, souviens-
> t'en toujours.
> *(Maxime orientale.)*
>
> La reconnaissance est la mé-
> moire du cœur.
> MASSIEU.

159. — Le cardinal Wolsey et son obligé.

Le cardinal Wolsey, ministre et favori de Henri VIII, roi d'Angleterre, étant tombé dans la disgrâce de son maître, se vit tout d'un coup, comme il arrive d'ordinaire, méprisé des grands et haï du peuple. Pitt Williams, un de ses protégés, fut le seul qui osa défendre sa cause et faire l'éloge des talents et des grandes qualités du ministre disgracié. Il fit plus, il offrit sa maison de campagne à Wolsey, et le conjura d'y venir du moins passer un jour. Le cardinal, sensible à ce zèle, alla chez Pitt Williams, qui reçut son maître avec les marques les plus distinguées de respect et de reconnaissance. Le roi, instruit de l'accueil que ce particulier n'avait pas craint de faire à un homme qui avait encouru sa disgrâce, fit venir Williams. Il lui demanda d'un air et d'un ton irrité, par quels motifs il avait eu l'audace de recevoir chez lui le cardinal coupable de haute trahison. « Sire, répondit Williams, je suis pénétré de la soumission la plus respectueuse. Je ne suis ni mauvais citoyen, ni sujet infidèle. Ce n'est ni le ministre disgracié, ni le criminel d'État que j'ai reçu chez moi, c'est mon ancien et respectable maître, mon protecteur, celui qui m'a donné du pain, et de qui je tiens la fortune et la tranquillité dont je jouis. Et je l'aurais abandonné dans son malheur, ce maître généreux, ce magnifique bienfaiteur ! J'eusse été le plus ingrat des hommes. » Surpris et plein d'admiration, le roi conçut de cet instant la plus grande estime pour le généreux Williams. Il le fit chevalier sur-le-champ, et peu de temps après, il le nomma son conseiller privé.

160. — Milton et Davenant.

Charles Ier avait péri sur l'échafaud, et ses partisans expiaient leur fidélité dans les supplices ou dans l'exil. Parmi leurs persécuteurs les plus acharnés se trouvait le poète Milton, et qui remplissait les fonctions de secrétaire-interprète près le conseil d'État de Cromwell. Un matin qu'il était seul dans le lieu des séances de ce comité révolutionnaire, des soldats lui amenèrent un homme accusé d'avoir servi dans l'armée royale. Une telle accusation était alors l'équivalent d'un arrêt de mort ; et cependant cet homme n'était point troublé ; mais ses yeux, fixés sans crainte sur son juge, offraient je ne sais quel mélange d'admiration et de pitié que lui faisait éprouver la présence d'un si grand génie égaré par le fanatisme de la liberté. Le farouche républicain, au contraire, regardait sa victime avec une indignation qui éclata par cette brusque apostrophe : « Quel est ton nom ? — Mon nom est Davenant. » A ce nom Milton se lève impétueusement de son siège et s'élançant vers le royaliste, il s'écrie d'une voix où l'attendrissement a tout à coup remplacé la fureur :

V. — LA SOCIÉTÉ

Ton nom est Davenant, dis-tu? Réponds-moi; serais-tu cet auteur ingénieux qui fut décoré du titre de poète lauréat? — Mes vers me valurent autrefois cet honneur. » Ces mots redoublent l'émotion de Milton, il serre la main du proscrit et sans faire attention que des témoins dangereux l'observent: « Tu vivras! tu vivras! dit-il. Eh! quels sont les barbares qui oseraient attenter aux jours d'un poète tel que toi! Gardes, vous pouvez vous retirer! je réponds de cet homme. » Après cela il éconduit les soldats en leur distribuant de l'argent, et se hâte  d'aller rejoindre son prisonnier qu'il invite à déjeuner. Les deux poètes, assis autour d'une table bien servie, passent la plus grande partie de la journée à parler poésie, sans dire un mot de politique. Enfin, ils se séparent à regret enchantés l'un de l'autre.

Depuis ce temps, Davenant ne fut plus inquiété, mais douze ans après, lorsque les Stuarts remontèrent sur le trône d'Angleterre, Milton fut à son tour poursuivi. Ce grand poète, devenu goutteux et aveugle, vivait alors caché dans un faubourg de Londres, où il oubliait sa misère en travaillant à sa sublime épopée, auprès de ses filles qui lui lisaient la bible et Homère pour l'inspirer, et transcrivaient les vers qu'il leur dictait. Sa retraite fut bientôt découverte. Un soir, les gens de la police entrent chez lui, et comme ils commencent à procéder à son arrestation, un inconnu arrive qui leur présente un parchemin empreint du sceau de l'État, en leur enjoignant d'obéir sur-le-champ à l'ordre du roi ; puis s'adressant à Milton : « C'est encore Davenant, dit-il. — O trahison horrible, s'écrie le vieux secrétaire de Cromwell, celui à qui j'ai sauvé la vie vient pour me la ravir ! Eh bien ! monstre d'ingratitude, accomplis ton affreux dessein. » Davenant interdit répond : « Voici l'ordre du roi, » et remet le parchemin à la fille de Milton qui lit ces mots d'une voix attendrie : « Voulant prouver à Davenant ma reconnaissance pour ses fidèles services, je lui accorde la grâce pleine et entière de Milton. »

Qu'on juge de la joie et de l'attendrissement que produisit cette aventure touchante, dont le récit charma également les royalistes et les républicains.

161. — Pierre le Grand et Menzicow.

Le fameux Menzicow avait exposé ses jours dans un combat et versé son sang pour défendre la vie de son maître, Pierre le Grand. Ce favori joignait à de brillantes qualités de grands défauts : sa cupidité, comme son ambition, était sans bornes ; il avait détourné à son profit de fortes sommes destinées aux besoins publics. Étant parti de Pétersbourg, à la suite de l'empereur qui se rendait avec une extrême diligence à Astracan, dans le dessein de surprendre cette ville et de l'investir, il apprit en route qu'on l'avait dénoncé, et que le monarque était pleinement instruit des vols et des concussions de son ministre. Le silence et l'air sombre du prince, dont il connaissait l'inflexible sévérité, lui annoncent sa disgrâce, il se croit déjà précipité du faîte des honneurs dans l'opprobre et dans la misère ; les déserts de la Sibérie, la solitude d'un long exil, la hache qui menace sa tête, frappent tour à tour son imagination ; son sang s'allume, une fièvre maligne se déclare : il s'arrête dans une misérable chaumière, et y reste trois semaines plongé dans un effrayant délire.

Enfin il se réveille et porte autour de la cabane ses regards inquiets; tout paraît l'avoir abandonné, un seul homme le soigne, une seule voix lui adresse des paroles consolantes : cette voix, c'est celle de son prince; cet homme, c'est Pierre le Grand.

Cette vue inopinée lui rend la vie et la force; de brûlantes larmes inondent son visage, il se jette aux pieds du monarque qui le relève. « — Grand Dieu! s'écrie-t-il, sire, c'est vous! — Oui, depuis trois semaines je n'ai pas quitté le chevet de ce lit. Quoi, vous m'aimez encore! quoi, vous n'avez pas prononcé la mort d'un coupable! — Malheureux, dit Pierre en l'embrassant, pouvais-tu croire que j'oublierais que tu m'as sauvé la vie? » Un si noble trait ne rachète-t-il pas tous les défauts reprochés à un empereur qui dut ses vertus à lui seul, ses vices à son siècle et sa gloire à son génie? Au fond d'une âme vraiment grande, la vertu qu'on est le plus certain de trouver, c'est la reconnaissance.

Le comte de Ségur.

162. — **Le hussard prussien et l'officier autrichien.**

Dans les guerres de Silésie, un hussard prussien rencontra sur le champ de bataille un jeune officier autrichien grièvement blessé, qui le pria de lui ôter la vie pour terminer ses souffrances. « Non, non, frère, répondit le Prussien, j'aime mieux te la conserver; » et dans l'instant il chercha à le soulager, en essuyant et bandant ses plaies du mieux qu'il put. Puis il le chargea sur ses épaules et le porta dans un hôpital, où il le recommanda vivement aux infirmiers. Grâce aux soins qu'il y reçut, l'officier entra bientôt en convalescence, et, jaloux de se montrer reconnaissant envers son libérateur, qui n'avait point passé un seul jour sans venir le visiter, il lui offrit tout ce qu'il avait; mais celui-ci ne voulut accepter qu'une montre, qu'il jura de conserver toujours comme un précieux souvenir. Après cela, il le quitta précipitamment pour se rendre à l'appel de la trompette qui sonnait le boute-selle, et, une heure après, il fut obligé de partir avec son régiment, sans avoir pu lui faire ses adieux. Lorsque la paix fut conclue, ce brave hussard eut son congé, et, à quelques années de là, il passa en Hongrie pour se placer chez quelque grand seigneur en qualité de piqueur. Il se présenta chez le prince Estherazi, qui en cherchait un. Ce prince, frappé de sa vue, le considéra avec attention, il lui dit : « N'avez-vous pas servi dans les guerres de Silésie? — Dans celles-là et dans d'autres encore. — N'avez-vous pas sauvé la vie à un officier? — A plusieurs peut-être, mais je ne me souviens bien que d'un seul qui m'a donné cette montre. » A ces mots, le prince Estherazi, les yeux pleins de larmes, le presse dans ses bras, en lui disant : « Que je suis heureux de vous revoir ! vous serez mon premier écuyer et mon ami, et nous vivrons désormais ensemble dans mon château qui est aussi le vôtre, car la moitié de ce que j'ai vous appartient. »

163. — L'enfant trouvé.

Un jeune homme de dix-huit ans, élevé à Paris, dans l'hospice des Enfants-Trouvés, où il avait été baptisé sous le nom de Pierre, fut envoyé avec d'autres à Amiens, pour y être nourri moyennant une légère rétribution. Au bout de quelques années, ayant été rappelé à l'hospice, il n'en put supporter le séjour, trouva le moyen de s'échapper, et revint à la ville d'où on l'avait retiré. Un traiteur, touché de sa jeunesse et de sa misère, le recueillit dans sa maison, et lui apprit son métier. C'était une bonne action qui ne devait pas être perdue. Pierre en sentait tout le prix, et il s'appliquait à témoigner sa reconnaissance à son

bienfaiteur par son travail et sa bonne conduite. Un jour il apprend que le traiteur, poursuivi par un créancier, est obligé, pour payer sa dette, de vendre des ustensiles nécessaires à son métier. A l'instant il court chez M. de Fronsure, colonel au corps royal d'artillerie, s'engage dans le régiment d'Auxonne, porte à son maître la somme qu'il vient de recevoir pour son engagement, et lui dit : « Il y a longtemps
» que j'avais envie de servir le roi et de vous prouver
» que je ne suis pas un ingrat. J'ai saisi la meilleure
» occasion de la satisfaire. Tenez, prenez cet argent
» qui vous tirera d'embarras. C'est tout ce qu'on m'a
» donné. Je regrette de ne pouvoir vous en offrir da-
» vantage. »

Le traiteur et sa femme, fondant en larmes, embrassent le bon jeune homme et veulent le forcer de garder ce qu'il leur offre avec tant de générosité, mais rien ne peut ébranler sa résolution. Il les quitte, n'emportant que leurs regrets et la satisfaction de leur avoir rendu service.

Arrivé au régiment, il s'y distingue par ses belles qualités, et ses officiers se chargent de lui procurer des maîtres pour lui donner une instruction qui le mette à même de remplir un état conforme à ses nobles sentiments.

164. — M. de Choiseul et l'Algérien.

On lit dans quelques historiens que le bombardement d'Alger par Duquesne, le 26 juin 1683. jeta les habitants de cette ville dans une telle fureur, qu'ils attachaient les esclaves français aux bouches de leurs canons, afin de lancer les membres épars de ces malheureux à la flotte française. Notre consul fut du nombre des victimes. M. le comte de Choiseul, alors prisonnier des barbares qui avaient refusé d'accepter sa rançon, allait subir le même sort. Un capitaine algérien, qui avait été pris autrefois par un vaisseau sous les ordres de M. de Choiseul, se ressouvenant du bon traitement que celui-ci lui avait fait, se jette aux pieds du dey et offre toute sa fortune pour obtenir la grâce de son bienfaiteur ; mais ses prières ne sont pas écoutées. Alors, emporté d'un héroïque désespoir, il se précipite à la bouche du canon, prend M. de Choiseul dans ses bras, l'enveloppe tout entier de son corps et s'écrie : « Feu !... Puisque je ne puis le sauver, j'aurai » du moins la consolation de mourir avec lui. » A ce spectacle, la soldatesque passe tout à coup de la fureur à l'attendrissement et le dey, qui partage l'émotion générale, détache lui-même le prisonnier, dont une si admirable reconnaissance a fait à ses yeux un objet sacré.

165. — M. de Lavalette et le maître de poste.

Après s'être échappé de sa prison par le secours de son héroïque épouse, M. de Lavalette était parvenu jusqu'à la dernière poste de France. Le maître de poste, qui se trouvait sur le seuil de sa porte pendant qu'on relayait, s'approcha de la voiture et reconnu son ancien directeur, malgré l'uniforme anglais dont il était affublé. « Avez-vous entendu parler, lui dit-il, » de l'évasion de M. de Lavalette ? Je voudrais bien » savoir s'il est sorti de Paris. On a envoyé son signa- » lement sur toute la route de Bruxelles : c'est celle » qu'il suivra, à ce qu'on présume, pour sortir de » France. » M. de Lavalette, qui se croit trahi, répond en balbutiant avec l'accent anglais : « Moi ne pas savoir : être officier anglais courant la poste pour mon » gouvernement sur Bruxelles. » Le maître de poste ne répond pas, se retire et revient un instant après. « Monsieur, lui dit-il à l'oreille, puisque vous allez à

» Bruxelles, faites-moi le plaisir de vous charger de
» ces cent louis que je dois à M. de Lavalette; car
» vous l'y trouverez. » Dans de pareils moments on

M. de Lavalette et le Maître de poste.

doit craindre jusqu'à l'expression de la reconnaissance, et quoique M. de Lavalette eût affaire à un homme dont il avait fait la fortune, il fut obligé de le refuser assez sèchement et en cachant les larmes d'attendrissement qui mouillaient ses yeux; mais, arrivé à la frontière, il dit au postillon qui le conduisait: « Tiens,
» mon ami, voilà dix louis pour boire à la santé de ton
» maître; tu lui diras que Lavalette est sauvé. »

CHAPITRE XXII

CLÉMENCE

> Écrivez les injures sur le sable. (*Proverbe.*)
>
> Savoir pardonner, c'est savoir aimer.
>
> ***

166. — Épargner les vaincus.

Les mandarins disaient un jour à un empereur : « Seigneur, le peuple est dans la misère, il faut aller à son secours. — Allez, dit l'empereur, il faut y courir comme à une inondation ou à un incendie. — Il faudra proportionner les secours aux besoins. — J'y consens, pourvu que l'examen ne prenne pas trop de temps et ne soit pas trop scrupuleux. Surtout qu'on ne craigne pas que la libéralité excède mes intentions. »

Un autre empereur assiégeait Nankin. Cette ville contient plusieurs millions d'habitants. Les habitants s'étaient défendus avec une valeur inouïe ; cependant, ils étaient sur le point d'être emportés d'assaut. L'empereur s'aperçut, à la chaleur et à l'indignation des officiers et des soldats, qu'il ne serait point en son pouvoir d'empêcher un massacre épouvantable. Le souci le saisit. Les officiers le pressent de les conduire à la tranchée ; il ne sait quel parti prendre ; il feint de tomber malade; il se renferme dans sa tente. Il était aimé; la tristesse se répand dans le camp. Les opérations du siège sont suspendues. On fait de tous côtés des vœux pour la santé de l'empereur. On le consulte lui-même : « Mes amis, dit-il à ses généraux, ma santé est entre vos mains; voyez si vous voulez que je vive. — Si nous le voulons, seigneur, parlez, dites vite ce qu'il faut que nous fassions. Nous voilà tous prêts à mourir. — Il ne s'agit pas de mourir, mais de me jurer une chose beaucoup plus facile. — Nous le jurons ! — Eh bien ! ajouta-t-il en se levant brusquement et tirant son cimeterre, me voilà guéri. Marchons contre les rebelles, escaladons les murs, entrons dans leur ville; mais que, la ville prise, il ne soit pas versé une goutte de sang. Voilà ce que vous m'avez juré et ce que j'exige, » et ce qui fut fait.

DIDEROT.

167. — Traits de clémence de Henri IV.

« Quelle est la plus grande qualité d'un souverain? demandait un jour Henri IV au jeune duc de Montmorency. — Sire, c'est la clémence, répondit le duc sans hésiter. — Et pourquoi la clémence, dit Henri IV, plutôt que le courage, la libéralité et tant d'autres vertus qu'un roi doit posséder? — Parce qu'il n'appartient qu'au roi, repartit Montmorency, de pardonner ou de punir le crime en ce monde. » Belles paroles où l'on trouve un vrai sentiment de la solide gloire en même temps qu'un juste hommage rendu au noble caractère de Henri IV, habitué à pardonner à ses ennemis et à répondre aux courtisans qui lui conseillaient de les traiter avec rigueur : « La satisfaction que l'on tire de
» la vengeance ne dure qu'un moment; mais celle que
» donne la clémence est éternelle. »

Ce bon roi disait aussi : « Je traiterai si bien mes

ennemis que j'en ferai des amis. » Il avait réellement la clémence dans le cœur. La duchesse de Montpensier, sœur de Mayenne, s'était montrée son ennemie la plus furieuse. Le jour même de son entrée au Louvre, il lui fit donner l'assurance qu'il prenait sa personne et ses biens sous sa sauvegarde, et le soir même il alla jouer aux cartes avec elle.

Henri IV, chassant dans la forêt d'Aillas, se trouva seul avec le capitaine Michau, qui avait feint de quitter le service d'Espagne et de passer à celui de ce prince, pour trouver les moyens de le tuer en trahison. Henri, le voyant approcher, lui dit d'un ton assuré : « Capitaine Michau, mets pied à terre ; je veux essayer si ton cheval est aussi bon que tu le dis. » Le capitaine Michau obéit ; le roi monte sur son cheval, et, saisissant deux pistolets chargés : « Je sais, lui dit-il, que tu veux me tuer ; je puis te tuer moi-même, si je veux. » Et, disant cela, il tira ses deux pistolets en l'air.

168. — Louis XII et La Trémouille.

Le duc d'Orléans, qui fut depuis Louis XII, avait été fait prisonnier par Louis de La Trémouille à la bataille de Saint-Aubin-du-Cormier, et depuis il avait conçu pour lui une grande aversion ; mais, lorsque, parvenu au trône, il lui était facile de se venger, il dit à ceux qui l'y exhortaient : « Le roi de France ne venge pas les injures du duc d'Orléans. » Pour apprécier toute la valeur de ce mot si noble et si touchant, il faut savoir jusqu'à quel point La Trémouille avait offensé le prince ; car sans cette connaissance ce mot perdrait la moitié de son prix : il ne serait plus que l'expression de la justice sans être celle de la générosité, si Louis XII n'avait eu à pardonner que sa défaite et sa captivité ; mais La Trémouille avait cruellement abusé de sa victoire.

Le soir même de la bataille de Saint-Aubin-du-Cormier, le général invita à souper le duc d'Orléans, le prince d'Orange qu'il avait fait prisonnier, et tous les capitaines qui avaient été pris avec eux. A la fin du repas, on le vit donner des ordres à un de ses officiers. Cet officier sortit, et rentra, un moment après, avec deux cordeliers. A cette vue, les princes pâlirent et voulurent se lever de table. « Rassurez-vous, princes, leur dit La Trémouille ; il ne m'appartient pas de prononcer sur votre destinée : cela est réservé au roi ; mais vous, ajouta-t-il en s'adressant à tous les autres capitaines, vous qui avez été pris en combattant contre votre souverain et votre patrie, et que le rang ne soustrait pas de même à mon autorité, mettez ordre promptement à votre conscience. » Les princes intercédèrent vainement pour ces malheureux. La Trémouille fut inexorable. Voilà ce que Louis XII pardonna sans réserve et sans retour. Il en reçut la récompense ; car c'en est une pour un roi d'être servi avec zèle par un grand homme.

169. — Richard Ier et Gourdon.

Richard Ier, roi d'Angleterre, surnommé *Cœur-de-Lion*, ayant appris qu'un paysan limousin, en creusant la terre, avait trouvé un trésor, et que le vicomte de Limoges, sur les terres duquel était ce trésor, s'en était emparé, et le faisait garder dans le château de Chalus, le réclama, en qualité de seigneur suzerain, et courut assiéger le château. La garnison voulut se rendre ; Richard dit que, puisqu'il avait eu la peine de venir jusque-là, il voulait avoir le plaisir de prendre la place d'assaut et de faire pendre toute la garnison sur la brèche. Le quatrième jour du siège, une flèche tirée des murs du château par un arbalétrier, nommé Gourdon, l'atteignit à l'épaule ; et cette blessure, d'abord légère, devint mortelle par la maladresse du chirurgien.

Pendant que le roi d'Angleterre était dans son lit, Marquadé, son lieutenant, prit le château et le trésor, et fit pendre la garnison. Il ne restait que Gourdon, réservé au plus cruel supplice. Le roi voulut le voir. « Malheureux ! lui dit-il, que t'avais-je fait pour attenter à ma vie ? — Tyran ! s'écria Gourdon, mon père, mon frère et mes compagnons ont péri par tes coups ; tu me menaçais moi-même de la mort, et tu demandes ce que tu m'as fait ? » Richard, frappé de ces paroles, pardonna à Gourdon, à qui il donna cent schellings ; et par cet acte de clémence et de générosité, ainsi que par son repentir il diminua l'horreur que sa cruauté envers la garnison devait attacher à sa mémoire.

170. — Casimir II souffleté par un de ses officiers.

Casimir II, roi de Pologne, reçut un soufflet d'un de ses officiers à qui il venait de gagner une somme énorme en jouant contre lui. Après ce trait de folie, l'officier prit la fuite ; mais il fut arrêté presque aussitôt, et ramené en présence du roi. Celui-ci l'attendait en silence au milieu de ses courtisans, qui faisaient éclater leur indignation. « Mes amis, s'écria Casimir en le voyant reparaître, cet homme est moins coupable que moi, qui dois
» me reprocher d'avoir encouragé par mon exemple la
» passion ruineuse du jeu et d'avoir compromis ma di-
» gnité. Il n'est pas surprenant que, dans l'impossibilité
» de se venger de la fortune, il ait maltraité son favori,
» je suis certainement la cause de la violence à laquelle
» il s'est livré contre moi dans la chaleur d'un premier
» mouvement dont il n'a pas été maître. » Puis, tendant la main au malheureux qui s'était jeté à ses genoux :

« Relève-toi, lui dit-il; tu te repens, cela suffit; re-
» prends ton argent, et ne jouons plus. »

171. — Frédéric le Grand et le libelliste.

Un lieutenant-colonel prussien, réformé à la fin de la guerre de 1756, ne cessait de solliciter le roi pour être replacé. Il devint si importun, que Sa Majesté défendit qu'on le laissât approcher d'elle. Peu de temps après, parut un libellé anonyme contre le monarque. Quelque indulgent que fût le grand Frédéric à cet égard, l'audace de l'écrivain l'offensa au point qu'il promit cinquante frédérics d'or à celui qui le dénoncerait. Le lieutenant-colonel se fit annoncer au roi comme ayant un rapport intéressant à lui faire sur ce sujet. Il fut admis.

« Sire, dit-il, vous avez promis cinquante frédérics
» d'or à celui qui vous ferait connaître l'auteur d'un cer-
» tain libelle. C'est moi qui l'ai fait. J'apporte ma tête
» à vos pieds; mais tenez votre parole royale, et, pen-
» dant que vous punirez le coupable, envoyez à ma femme
» et à mes malheureux enfants la récompense promise
» au dénonciateur. » Le roi n'eut pas de peine à reconnaître l'auteur du libelle. Il fut frappé de l'extrémité à laquelle le besoin portait un officier, d'ailleurs estimable. Mais ne voulant pas montrer la moindre indulgence, il lui dit d'un ton sévère : « Rendez-vous sur-le-champ à
» Spandau, et attendez sous les verrous de cette for-
» teresse les effets du courroux de votre souverain. —
» J'obéis, sire, répond l'officier; mais les cinquante
» frédérics d'or ? — Dans deux heures, ajoute le roi,
» votre femme les recevra : je vais vous donner une
» lettre pour le commandant de Spandau, qui ne la lira
» qu'après le dîner. » Le lieutenant-colonel ayant reçu cette lettre part, arrive au terrible château qui lui est destiné pour demeure, et s'y déclare prisonnier. Le

commandant l'admet à sa table, et au dessert il ouvre la lettre. Elle était conçue en ces termes :

« Je donne le commandement de Spandau au porteur
» de cet ordre : il verra bientôt arriver sa femme et ses
» enfants avec les cinquante frédérics d'or. Le com-
» mandant qu'il remplace est nommé gouverneur de la
» citadelle de B..., avec un grade supérieur.
» Frédéric. »

CHAPITRE XXIII

MAGNANIMITÉ — GRANDEUR D'AME

> La vertu est tout, la vie n'est rien.
> DIDEROT.

> Les sacrifices sans espoir, sans récompense, sont le suprême effort de la nature humaine.
> LANFREY.

172. — Voltaire et Rousseau.

A propos de M. de Voltaire et de J.-J. Rousseau, il faut conserver ici une anecdote qu'un témoin oculaire nous conta l'autre jour. Il s'était trouvé présent à Ferney le jour que Voltaire reçut les « Lettres de la montagne », et qu'il lut l'apostrophe qui le regarde ; et voilà son regard qui s'enflamme, ses yeux qui étincellent de fureur, tout son corps qui frémit et lui qui s'écrie avec une voix terrible : « Ah ! le scélérat ! ah ! le monstre ! il faut que je le fasse assommer..... Oui, j'enverrai le faire assommer dans les montagnes, entre les genoux de sa gouvernante. — Calmez-vous, lui dit notre homme, je sais que Rousseau se propose de vous faire une visite et qu'il viendra dans peu à Ferney. — Ah! qu'il y vienne, répond M. de Voltaire. — Mais comment le recevrez-vous ? — Comment je le recevrai ?... je lui donnerai à souper, je le mettrai dans mon lit, je lui dirai : Voilà un bon souper ; ce lit est le meilleur de la maison ; faites-moi le plaisir d'accepter l'un et l'autre, et d'être heureux chez moi. »

Voltaire.

J.-J. Rousseau.

Ce trait, ajoute Grimm, m'a fait un sensible plaisir : il peint M. de Voltaire, mieux qu'il ne l'a jamais été ; il fait en deux lignes l'histoire de sa vie et montre la grandeur d'âme qu'il possédait.

GRIMM.

173. — Fabert et les Impériaux.

Lorsque Fabert, un célèbre militaire sorti des rangs du peuple, et qui de simple volontaire s'éleva par son seul mérite aux grades les plus élevés, n'était encore que capitaine, les Impériaux, qui avaient voulu pénétrer en Champagne, furent obligés de se retirer. Ces troupes, au désespoir d'avoir manqué leur coup, commirent mille excès d'inhumanité. Fabert, qui était à leur poursuite, entra dans leur camp, qu'ils avaient abandonné et laissé couvert d'officiers et de soldats mourants ou blessés. Un des siens ne respirant que la fureur et la vengeance dit tout haut : « Achevons ces malheureux : ce sont eux qui ont massacré nos camarades à la retraite de Mayence. — Voilà le conseil d'un barbare, reprit Fabert ; cherchons une vengeance plus noble et plus digne de notre nation. » Il leur fit donner des vivres et des secours. Les malades furent transportés à Mézières où la plupart recouvrèrent la santé ; ils s'attachèrent presque tous au service d'une nation qui les avait traités si généreusement.

174. — Henri IV et Mayenne.

Peut-on rien imaginer de plus charmant que la scène de réconciliation de Henri IV avec le duc de Mayenne?

Mayenne venant faire sa soumission, Henri IV le reçut avec les compliments d'usage et se mit à le promener à grands pas dans le jardin.

Le pauvre Mayenne, « qui était accommodé d'une grande masse de corps, » suivait de son mieux, suant, soufflant, traînant sa cuisse goutteuse. « Si je le promène encore longtemps ainsi, dit Henri IV à l'oreille de Sully, me voilà bien vengé. » Puis, se tournant vers Mayenne : « Dites le vrai, mon cousin, je vais un peu trop vite pour vous ! — Par ma foi, sire, réplique Mayenne, en frappant sur son ventre, cela est trop vrai. Si vous eussiez continué de la sorte, je crois que vous m'eussiez tué ! »

Alors, le roi l'embrassa avec une face riante, et lui tendant la main : « Touchez là, mon cousin, voilà tout le mal que vous recevrez jamais de moi. »

Et il l'envoya au château boire deux bouteilles de vin d'Arbois qu'il aimait bien.

175. — Les deux blessés.

Dans la guerre de Sept Ans, un soldat français avait été blessé grièvement à une action. Près de lui se trouvait un malheureux Autrichien, dont l'état déplorable excita l'intérêt du Français, et lui fit oublier ses propres blessures. Un chirurgien se présente et dirige ses pas vers celui-ci. « Accourez donc, mon ami, lui dit-il, il y a longtemps que je vous attends. » Le chirurgien se préparait à voir sa blessure. Ce n'est pas à moi, lui dit le soldat français, que vos premiers soins sont dus : Voyez ce malheureux, il est encore plus grièvement blessé que moi ; c'est un Autrichien, mon ennemi il est vrai ; mais il est homme, il suffit. »

176. — Le maréchal de Vauban et le grenadier.

Un grenadier, aussi intelligent que brave, est chargé par le maréchal de Vauban d'aller reconnaître un poste dangereux. Il part, à la voix de son chef, et passe intrépidement à travers le feu roulant de l'ennemi ; mais il est frappé d'une balle. Sa blessure, toute grave qu'elle est, ne l'arrête point ; il arrive près du poste désigné, l'examine attentivement et revient rendre compte de sa

mission. Cependant son sang coule. Vauban, qui s'en aperçoit, donne des éloges à sa conduite et lui offre sa bourse pleine de louis. « Monsieur le maréchal, ré-
» pond le grenadier, je vous remercie de cette marque
» de bonté, mais souffrez que je la refuse ; votre or gâ-
» terait mon action. Si vous voulez me récompenser de
» ce que j'ai fait, commandez-moi quelque chose de
» semblable à faire. »

177. — Théodore-Agrippa d'Aubigné.

Pendant les guerres civiles du règne de Charles IX, Théodore-Agrippa d'Aubigné, l'un des chefs du parti protestant, faisant la guerre en Saintonge, tomba dans une embuscade, et fut fait prisonnier ; il obtint de Saint-Luc, qui commandait l'armée du roi, la permission d'aller passer quelques jours à La Rochelle sur sa parole. A peine était-il parti, que Saint-Luc reçut ordre de la cour de le faire conduire à Bordeaux, bien enchaîné et bien escorté. Il était évident que Catherine de Médicis voulait le sacrifier à sa vengeance, car il l'avait offensée par des satires d'autant plus piquantes qu'elles étaient vraies. Saint-Luc, qui l'avait fait avertir secrètement de ne pas revenir, fut très étonné et très fâché de le voir arriver. « Monsieur, lui dit d'Aubigné, j'ai
» voulu me remettre entre vos mains, conformément à
» la parole que je vous en avais donnée, et parce que,
» d'ailleurs, si je ne l'avais pas tenue, je vous aurais
» compromis avec une cour soupçonneuse et cruelle. Je
» sais que ma mort est résolue ; mes ennemis assouvi-
» ront leur haine, et moi j'aurai satisfait à l'honneur et
» à la reconnaissance. »

Heureusement pour d'Aubigné que Guittau, lieutenant du roi dans les îles de Rhé et d'Oléron, fut pris, sur ces entrefaites, par les Rochelois : ceux-ci menacèrent de jeter leur prisonnier dans la mer si l'on exécutait les ordres de la cour, et Saint-Luc eut un prétexte pour garder d'Aubigné et lui sauver la vie.

178. — Les deux camarades.

Deux soldats camarades se trouvèrent l'un à côté de l'autre à une action périlleuse. Le plus jeune, tourmenté du pressentiment qu'il n'en reviendrait pas, marchait de mauvaise grâce ; l'autre lui dit : « Qu'as-tu, l'ami ? Comment, mordieu ! je crois que tu trembles ! — Oui, lui répondit son camarade, je crains que ceci ne tourne mal, et je pense à ma pauvre femme et à mes pauvres enfants. — Remets-toi, répond le vieux caporal ; va, si tu es tué, et que j'en revienne, je te donne ma parole d'honneur que j'épouserai ta femme, et que j'aurai soin de tes enfants. » En effet, le jeune soldat fut tué, et l'autre lui tint parole. C'est un fait certain ; car le baron qui me l'a raconté ne ment jamais.

DIDEROT.

179. — Le soldat magnanime.

Le maréchal de Luxembourg, n'étant que comte de Boutteville, servait dans l'armée de Flandre, en 1675, sous les ordres du prince de Condé. Il aperçut, dans une marche, quelques soldats qui s'étaient écartés du gros de l'armée ; il envoya un de ses aides de camp pour les ramener au drapeau ; tous obéirent ; mais un d'entre eux ne le fit pas avec assez de diligence : le comte, impatient de cette lenteur qu'il juge affectée, court à lui, la canne à la main, et menace de l'en frapper ; le soldat lui répond avec sang-froid que, s'il exécute sa menace, il pourra s'en repentir. Outré de sa réponse, Boutteville lui décharge quelques coups et le force de rejoindre son corps. Quinze jours après, l'armée assiégea Furnes ; Boutteville chargea le colonel de tranchée de lui trouver dans le régiment un homme fort et intrépide dont il avait besoin pour un coup de main, et promit cent pistoles de récompense. Le soldat en question, qui passait pour le plus brave du régiment, se présente, et menant avec lui trente de ses camarades dont on lui avait laissé le choix, il s'acquitte de la commission, qui était des plus hasardeuses, avec un courage et un bonheur incroyables. A son retour, Boutteville, après l'avoir beaucoup loué, lui fit compter les cent pistoles; le soldat, sur-le-champ, les distribua à ses camarades, disant qu'il ne servait point pour de l'argent, et demanda que, si l'action qu'il venait de faire méritait quelque récompense, on le fît officier. « Du reste, ajouta-t-il en s'adressant au comte » qui ne le reconnaissait point, je suis ce soldat que » vous maltraitâtes si fort il y a quinze jours ; avais-je » tort de vous dire que vous vous en repentiriez ? »

Boutteville, plein d'admiration et attendri jusqu'aux larmes, l'embrassa, lui fit des excuses, le nomma officier le même jour, et se l'attacha bientôt après en qualité d'aide de camp. Le prince de Condé, grand admirateur des belles actions, prenait un plaisir singulier à raconter ce trait de bravoure et de magnanimité.

180. — Alexandre le Grand
et le médecin Philippe.

Alexandre le Grand ayant eu l'imprudence de se baigner, lorsqu'il était tout couvert de sueur, dans le Cydnus, rivière de Cilicie, en fut retiré sans connaissance, et tomba dangereusement malade. Dans cet état, il apprit que l'armée de Darius approchait, et il dit à ses médecins qu'il aimait mieux une prompte mort qu'une guérison tardive; mais ceux-ci, qui savaient qu'on les rendrait responsables de l'événement, n'osaient hasarder un remède violent.

Philippe, Arcanien de nation, qui avait soigné le prince dès son enfance, proposa de lui donner un breuvage dont l'effet serait aussi prompt que salutaire, et demanda trois jours pour le préparer. Sur ces entrefaites, Alexandre reçut de Parménion, l'un de ses capitaines, qu'il avait laissé en Cappadoce, une lettre qui lui donnait avis que le roi des Perses avait corrompu Philippe, en lui promettant mille talents et sa sœur en mariage. Après avoir lu cette lettre, il la referma et la mit sous son chevet, sans la communiquer à personne. Lorsque le médecin lui apporta son remède, il la lui donna à lire ; en même temps il prit la coupe, et, les yeux fixés sur lui il but sans hésiter. « Seigneur, lui dit Philippe d'un ton assuré, votre guérison me justifiera bientôt du parricide dont on me croit capable. » En effet, le héros macédonien fut parfaitement rétabli, et reparut à la tête de ses troupes le quatrième jour suivant.

La plupart des historiens ont beaucoup vanté le courage et la fermeté d'Alexandre en cette occasion, ce qui prouve qu'ils n'ont pas compris en quoi consiste la beauté d'un pareil trait. « S'il y a là, dit J.-J. Rousseau,
» le moindre courage, la moindre fermeté, elle n'est
» qu'une extravagance... Quelques lecteurs demande-
» ront, je le prévois, ce que j'y trouve d'admirable. In-
» fortunés ! s'il faut le dire, comment le comprendrez-
» vous ? C'est qu'Alexandre croyait à la vertu ; c'est
» qu'il y croyait sur sa tête, sur sa propre vie ; c'est
» que sa grande âme était faite pour y croire. Oh ! que
« cette médecine avalée était une belle profession de
» foi ! Non, jamais mortel n'en fit une si sublime. S'il
» est quelque moderne Alexandre, qu'on me le montre
» à de pareils traits. »

181. — Vesins et Resnier.

Resnier, officier protestant, était à Paris à l'époque à jamais affreuse de la Saint-Barthélemy. Il avait parmi les catholiques un ennemi déclaré, nommé Vesins, qui se trouvait alors dans la même ville. Leur inimitié avait commencé dans le Quercy, où le premier commandait un parti de soldats de sa religion contre le second qui était lieutenant du roi. A cette querelle générale s'en étaient jointes de particulières; les cœurs étaient violemment aigris, et ces deux hommes semblaient ne se chercher que pour se détruire l'un et l'autre.

L'occasion était bien favorable pour Vesins. Au premier signal de l'horrible boucherie, il prend ses armes, monte à cheval, se fait suivre de quelques-uns de ses gens et va droit chez son ami. Celui-ci, éveillé depuis quelques instants par le bruit, et instruit du sort qui le menaçait par les cris de ses coreligionnaires qu'on massacrait dans le voisinage, s'était mis à genoux et attendait la mort, exhortant son valet à faire le sacrifice de sa vie avec la même fermeté. Tout à coup il voit paraître Vesins, l'épée à la main et le feu dans les yeux. Sans chercher à se mettre en défense, il lui présente sa tête, en lui disant : « Tu l'auras à bon marché. » Mais Vesins avait une intention bien différente. Il commande au valet de donner à son maître son épée et ses bottes, puis il dit à Resnier de le suivre, sans s'expliquer encore, le fait monter sur un cheval tout prêt, devient son guide pour l'arracher aux dangers qu'il aurait courus à Paris, le ramène dans le fond du Quercy, et le rend à sa femme et à ses enfants qui désespéraient de le revoir jamais.

182. — Antonin.

Antonin, empereur romain, n'étant encore que proconsul, arriva à Smyrne, et alla prendre un appartement dans la maison du sophiste Polémon pour lors absent. De retour chez lui, Polémon fut très irrité de voir sa maison occupée par le proconsul. Il cria, s'emporta, et fit tant de vacarme qu'il força Antonin d'aller, au milieu de la nuit, chercher un autre logement. Quelque temps après, lorsque Antonin eut été élevé à l'empire, Polémon vint à Rome, et alla saluer l'empereur. Ce prince lui fit donner un appartement dans son palais, et lui dit d'un air gai et agréable : « Vous pouvez le prendre librement, sans craindre qu'on vous en fasse sortir. »

183. — Le roi Antigone.

Deux sentinelles qui étaient en faction à l'entrée de la tente d'Antigone, roi d'Asie, tenaient de ces discours qu'on se permet avec tant de plaisir, mais aussi avec tant de danger, lorsqu'on est mécontent de celui qui gouverne. Antigone ayant tout entendu, car il n'était séparé d'eux que par une tapisserie, leur dit : « Éloignez-vous un peu, si vous voulez parler ainsi, de peur que le roi ne vous entende. »

Une autre nuit, le même monarque eut l'oreille frappée des imprécations de quelques soldats contre lui, à cause d'un chemin fangeux par lequel il les faisait passer. Il s'approcha de ceux qui étaient le plus embourbés, les aida à se débarrasser sans qu'ils sussent à qui ils avaient cette obligation, et se contenta de leur dire en les quittant : « A présent, maudissez tant que vous voudrez Antigone pour vous avoir conduits dans le bourbier, mais sachez-lui gré de vous en avoir retirés. »

184. — La Mothe-Gondrin et d'Aussun.

La Mothe-Gondrin et d'Aussun étaient deux officiers très distingués, dont les noms se trouvent cités avec honneur dans les relations de nos guerres d'Italie du seizième siècle. Il régnait entre eux une rivalité passionnée qui les poussait fréquemment à tirer l'épée l'un contre l'autre. Un jour qu'ils étaient en face de l'ennemi, ils prirent querelle selon leur coutume ; ils s'échauffèrent, et le sang allait couler. « Que faisons-nous ! » s'écria tout à coup La Mothe-Gondrin ; ne serait-il » pas infiniment préférable de ne pas offrir à nos sol- » dats un exemple dangereux, et de tourner nos armes » contre ceux que notre devoir nous ordonne de com- » battre ? Le vrai courage consiste bien à servir la » patrie et le roi. — C'est juste, repartit d'Aussun : » voyons donc qui de nous saura le mieux se signaler » dans cette glorieuse entreprise. » A ces mots, ils baissèrent la visière de leur casque, mirent la lance en arrêt, et fondirent avec la rapidité de l'éclair sur un détachement ennemi. Toute l'armée admira leur bravoure et surtout la magnanimité qui, de ces deux rivaux redoutables, venait de faire deux bons amis.

Ce beau trait ressemble à celui que César, dans ses *Commentaires*, rapporte de deux centurions de son armée. Ces centurions, toujours jaloux et ennemis l'un de l'autre, résolurent de vider leur querelle par un défi. Il s'agissait de montrer qui ferait les plus belles actions pendant la bataille. Le premier, après avoir renversé un grand nombre d'ennemis, fut blessé et terrassé à son tour ; le second, voyant son rival dans ce danger, accourut et le sauva. C'étaient là des duels de Romains. Les peuples civilisés ne devraient pas en connaître d'autres.

CHAPITRE XXIV

DÉVOUEMENT — HÉROISME

> Soyez celui qui lutte, aime,
> console, pense, pardonne et qui,
> pour tous, souffre.
> V. HUGO.
>
> On est toujours bien là où on
> se dévoue.
> G. SAND.
>
> A quoi sert le dévouement
> quand tout est perdu ? Il sert à
> faire honorer l'humanité dans la
> personne de quelques hommes.
> LACORDAIRE.

185. — François Chaumel.

La sécheresse et un éboulement avaient rendu indispensable le rétablissement d'un puits qui fournit l'eau à la commune de Fleurac, département de la Dordogne. Malgré l'évidence du péril, Jean Quiéron, jeune maçon intelligent et hardi, consent à descendre dans ce puits : à une heure il a terminé tous ses préparatifs ; la machine qui doit extraire les décombres est pleine ; mais avant de la faire hisser, il veut s'assurer de quelques pierres qui menaçaient ruine au-dessus de l'éboulement ; il monte par la corde : à peine a-t-il atteint le mur, qu'une masse énorme se détache et l'ensevelit. On crie au secours, on s'approche du puits ; mais quel sujet d'effroi! ce puits, qui n'a ordinairement que cinquante pieds de profondeur, est devenu un gouffre

François Chaumel.

affreux ; les décombres mêmes offrent des crevasses dont on ne voit pas le fond. Tout le monde regarde

Quiéron comme un homme perdu ; cependant quelques gémissements qui se font entendre annoncent qu'il respire encore. François Chaumel, dit Firmin, garçon cordonnier, âgé de dix-neuf ans, est accouru ; il entend les gémissements de son camarade, et conçoit l'espoir et la résolution de le sauver.

Il se fait attacher par une corde et descend dans le puits, malgré l'aspect des pierres et des masses de terre qui menacent de s'écrouler sur lui.

Déjà il a travaillé deux heures, on a monté plus de quatre charretées de pierres ; déjà il n'est plus qu'à une petite distance du malheureux Quiéron, qui lui inspire une nouvelle ardeur par ses prières ; mais tout à coup un moellon se détache, tombe sur Firmin et lui fait une blessure grave à la tête. La vue de son sang, qui coule en abondance, l'excès de la fatigue, l'idée affreuse de se voir englouti vivant, lui inspirent de l'épouvante ; il sent d'ailleurs que ses forces l'abandonnent et crie qu'on le remonte.

Sa figure pâle, ensanglantée, jette la consternation dans la foule. Cependant un autre jeune homme, Bernard Laporte, maçon, se présente : apprendre le malheur de son camarade, descendre dans le puits pour le secourir est l'affaire d'un moment. A force de travail, Laporte parvient enfin à découvrir la tête et les bras de Quiéron, qui revient à la vie à mesure que l'air vient frapper son visage. Mais Laporte reçoit à la tête une forte contusion, il lève les yeux ; les masses énormes suspendues au-dessus de sa tête commencent à l'effrayer ; un froid glacial succède à l'ardeur dont il était enflammé en descendant au fond de l'abîme ; il pressent une invincible faiblesse et demande à remonter.

A sa vue, la terreur s'empare des spectateurs ; les cris et les prières ne peuvent décider personne à affronter le danger. Quelques-uns s'avancent vers les bords du puits, mais les horreurs d'une mort qui paraît inévitable les font reculer d'effroi. Chaumel dont les forces se sont ranimées avec le courage, s'approche de nouveau du puits, examine les nombreuses crevasses qui s'étendent de tous côtés, considère toute la grandeur du péril, se retourne et s'écrie : « C'en est fait, je vais encore descendre ; j'y mourrai ou je le sauverai. »

Déjà il est auprès de Quiéron ; tous deux entendent ce qui se dit au-dessus de leurs têtes ; ils croient même sentir dans la terre l'impression que produisent, sur les terrains mouvants et crevassés qui les enveloppent les pas de la foule immense qui se presse autour du puits. Firmin ordonne avec effroi qu'on empêche d'approcher ; tout le monde s'empresse de se retirer.

Dans ce moment Chaumel et Quiéron sont admirables de sang-froid. Le premier reçoit du second les pierres qui ont roulé au fond de l'abîme, et les dispose de manière à former autour d'eux une voûte qui puisse les protéger dans les cas d'un nouveau malheur et d'un éboulement trop à craindre. Après deux heures de travail, il ne restait plus qu'une des jambes de Quiéron qui se trouvât retenue et cachée sous un quartier qu'il était dangereux de soulever. Firmin, voyant l'inutilité de ses efforts pour dégager son camarade, lui passe une corde autour du corps et ordonne de tirer. Plusieurs bras hissent avec ardeur, mais, inutilement, et la jambe de Quiéron aurait été brisée si l'on eût continué à tirer.

Dans cette extrémité l'intrépide Firmin prend un parti désespéré. Il saisit une barre de fer, la glisse sous le quartier, soulève la pierre. Alors les crevasses se prolongent avec bruit ; la chute des pierres recommence. Enfin Quiéron peut sortir sa jambe. Il est hissé en haut du puits, et tombe évanoui entre les bras de ses concitoyens. Huit heures d'agonie, et les angoisses d'une mort affreuse et toujours menaçante avaient épuisé ses dernières forces. Firmin avait tenu sa parole, il avait sauvé Quiéron ; mais il ne voulut sortir du puits que le dernier.

(Extrait des *Prix de Vertu.*)

186. — Hoche.

Un soldat de son régiment ayant été assassiné dans une rixe entre civils et militaires, Hoche voulut le venger. Il oubliait qu'un soldat ne doit pas s'ériger en justicier ; il se le rappela plus tard et racheta maintes fois cette erreur. Accompagné de plusieurs camarades, il se rendit dans le cabaret où l'assassinat avait été commis et y mit tout à sac. Ses chefs le punirent de trois mois de cachot. Il sortit de prison, dans un état lamentable, les vêtements en lambeaux, pâle, défiguré. En le voyant reparaître en cet état, ses amis furent indignés et s'écrièrent qu'ils châtieraient son dénonciateur : « Ce serait un mal de plus, » leur dit Hoche. Et il s'opposa à toute nouvelle violence. On assure même que l'officier qui lui avait infligé cette rigoureuse punition fut, par la suite, sous ses ordres et qu'il eut pour lui une bienveillance particulière.

Une autre fois, Hoche risqua bravement sa vie pour punir un calomniateur. Un caporal, nommé Serre, était la terreur de tous ses camarades. Il les épiait sans cesse et ne cessait de faire à leurs chefs des dénonciations. Dans cette période troublée, où la moindre faute était souvent considérée comme un crime, de telles délations pouvaient avoir les plus funestes conséquences : Hoche résolut de châtier le misérable. Il le provoqua publiquement et se battit avec lui près des moulins de Montmartre.

C'était en décembre 1788 ; l'hiver était rigoureux, les adversaires avaient de la neige jusqu'à la ceinture. Hoche reçut un coup de sabre qui lui ouvrit le visage depuis la naissance des cheveux, au milieu du front,

Hoche.

jusqu'au nez. Il riposta par un furieux coup de pointe qui traversa le ventre de son adversaire et le cloua au lit pour six semaines. La blessure de Hoche ne le retint que quinze jours à l'hôpital, mais il en garda la cicatrice toute sa vie.

L'indigne adversaire de Hoche finit mal, comme cela devait être. Il émigra après avoir été chassé du régiment.

Tulou (*Généraux de vingt ans*).

187. — Madeleine Pirodeau.

Madeleine Pirodeau est une pauvre servante des environs de Buzançais. Restée veuve d'un bûcheron appelé Blanchet, après un an de mariage, elle allait être livrée, sans ressources, aux horreurs de la misère, lorsqu'une dame âgée et respectable de la ville de Buzançais, nommée madame Chambert, la prit à son service. Elle y était depuis neuf ans, lorsque éclatèrent, au mois de janvier 1847, les troubles dont la cherté des grains fut la cause et peut-être l'occasion, et qui eurent une fin si tragique pour leurs victimes et pour leurs auteurs.

Jamais insurrection ne se montra dès l'abord sous des traits si sauvages : des rumeurs vagues, comme il arrive toujours à l'approche des événements funestes, parcouraient depuis quelque temps le pays et exaltaient les craintes sans leur donner encore d'objet précis. Ces voix menaçantes qui sortaient du milieu du peuple, sans qu'on vît précisément d'où elles partaient, avaient d'avance porté la terreur dans les âmes et rempli les cœurs les plus courageux d'appréhensions sinistres.

Parmi les riches de Buzançais, plusieurs avaient été particulièrement désignés aux violences populaires. Mme Chambert et son fils étaient de ce nombre.

Le 14 janvier, le tocsin sonne ; en un moment la ville est au pouvoir de l'insurrection et à sa merci.

Une troupe furieuse se présente à la demeure de M. Chambert. Celui qui la conduit, le nommé Venin, entre le premier. Il pénètre jusqu'à une salle où se tenaient en ce moment Mme Chambert et son fils.

M. Chambert avait un domestique qui lui était très affectionné, appelé Bourgeau. Cet homme se jette courageusement sur Venin et le terrasse. La foule entre. Effrayé à sa vue et au souvenir des menaces qui lui ont été faites, Bourgeau s'enfuit. M. Chambert, qui était allé chercher un fusil, reparaît à la porte. Venin se précipite sur lui ; le coup part. Venin tombe. Chambert fuit. Il se retire de chambre en chambre, toujours poursuivi. Une foule en fureur s'attache à ses pas, brisant les meubles sur son passage. Il s'élance hors de sa demeure, elle s'élance après lui. Il se réfugie chez un voisin, elle l'y suit ; il s'y cache, elle le découvre, elle l'en arrache. L'en voilà maître. Les coups se croisent alors sur le corps de ce malheureux avec une aveugle furie. Il chancelle, on redouble. Il tombe, on frappe encore. Il meurt en s'écriant : « Grâce, mes amis ! » Un homme répond du sein de la foule : « Tu n'as plus d'amis ! »

Il se trompait : au moment où chacun semblait ne songer qu'à soi ; une âme intrépide et fidèle veillait sur ce que Chambert avait eu de plus cher, sa mère.

A la vue de ces hommes qui envahissaient la maison de ses maîtres et dont on raconte déjà tant de crimes, la servante de Mme Chambert, Madeleine Blanchet, se trouble d'abord et s'évanouit.

Revenue à elle, cette pauvre servante demande ce que sont devenus ses maîtres ; elle apprend qu'on égorge le fils, qu'on va tuer la mère. Une force intérieure élève aussitôt son cœur au-dessus de cette tempête. Son trouble cesse, son âme se rassérène et se rassoit tout à coup. Sa résolution est prise : elle s'élance vers le lieu d'où elle entend partir les cris de sa maîtresse.

Cette dame était alors exposée aux plus grands périls. Elle était entourée par une foule en désordre, toute tachée de vin et de sang, le sang de son fils. Des injures grossières, des cris de mort, retentissaient de tous côtés à ses oreilles : sur toutes les figures l'aspect de la haine, sur toutes les lèvres l'outrage, nulle part un regard ami ou protecteur. C'est en ce moment que Madeleine Blanchet, se frayant péniblement un chemin, arrive enfin jusqu'à elle. Elle la rassure d'abord, en s'associant à sa destinée; puis elle entreprend de la sauver. D'un bras, elle la soutient; de l'autre elle écarte les assaillants et se fait jour à travers la foule dont les flots resserrés dans un espace étroit devenaient plus dangereux en se heurtant. Elle parvient ainsi, après beaucoup de temps et avec des efforts inouïs, à conduire ou plutôt à porter Mme Chambert jusque dans la cour. C'est là que l'attendait le plus grand péril. En voyant Mme Chambert sur le point d'échapper, la rage de ceux qui la suivaient arrive à son comble. Un coup l'atteint; d'autres le suivent; elle est renversée.

« Va-t'en, ma pauvre fille, murmure Mme Chambert, c'est ici que je dois mourir; va-t'en! » Madeleine était loin d'obéir : « Vous ne tuerez ma maîtresse, s'écria-t-elle, qu'après m'avoir tuée moi-même. » En disant ces mots, elle couvre Mme Chambert de son propre corps. Un homme brandit un coutelas au-dessus de sa tête. Plusieurs femmes la frappent. Tandis que de ses deux mains elle essaie de parer les coups qui sont destinés à sa maîtresse, elle en appelle à haute voix à la justice, à la générosité des assaillants, avec cette éloquence naturelle que l'esprit ne fait pas découvrir, mais qui se révèle tout à coup aux grands cœurs dans les grands périls.

Deux hommes touchés de ce spectacle se décident enfin à intervenir. Avec leur aide, Madeleine parvient à relever sa maîtresse, à protéger sa fuite. Elle la dépose enfin dans une maison et l'y cache.

Ce trait nous paraît admirable, il a toujours paru simple à celle qui en est l'auteur.

Elle n'a jamais eu, depuis, l'idée de s'en enorgueillir ni de s'en vanter. Lorsque Madeleine Blanchet parut devant la cour d'assises assemblée pour juger les coupables de Buzançais, on lui demanda ce qu'elle avait vu. Elle le raconta avec une brève et nette simplicité. Puis elle se tut. Elle avait tout dit, excepté ce qui ne se rapportait qu'à elle. « Mais, dit le président, les témoins nous ont appris que vous avez couvert votre maîtresse de votre corps et que vous l'avez ainsi dérobée aux coups des assassins : est-ce vrai ? — Oui, monsieur, répondit Madeleine. — On vous a entendue vous écrier qu'on vous tuerait avant de pouvoir tuer votre maîtresse : est-ce vrai ? — Oui, monsieur, » réplique Madeleine, avec la même brièveté. Rien de plus, pas un mot à travers lequel on puisse voir percer l'orgueil qui jouit enfin de son triomphe, ou la fausse modestie qui ne s'est tue que pour pouvoir ensuite mieux parler.

Madeleine s'imaginait n'avoir accompli qu'un acte honnête, elle avait fait une action sublime.

(Extrait des *Prix de Vertu*.)

188. — **Le comte de Plelo.**

Le cardinal de Fleury fit partir une escadre avec quinze cents hommes conduits par un brigadier pour délivrer la ville de Dantzig. Cet officier ne crut pas que la commission fût sérieuse ; il jugea, quand il fut près de Dantzig, qu'il sacrifierait sans fruit ses soldats et il alla relâcher en Danemark.

Le comte de Plelo, ambassadeur de France, vit avec indignation cette retraite qui lui paraissait humiliante.

C'était un jeune homme qui joignait à l'étude des belles-lettres et de la philosophie des sentiments héroïques, dignes d'une meilleure fortune.

Il résolut de soutenir Dantzig contre une armée avec cette petite troupe ou d'y périr. Il écrivit, avant de s'embarquer, une lettre à un des secrétaires d'État, laquelle finissait par ces mots :

« Je suis sûr que je n'en reviendrai pas, je vous recommande ma femme et mes enfants. »

Il arriva à la rade de Dantzig, débarqua et attaqua l'armée russe ; il y périt percé de coups, comme il l'avait prévu.

Sa lettre arriva avec la nouvelle de sa mort.

VOLTAIRE.

189. — Viala.

En 1793, alors que les royalistes s'insurgeaient contre la République, la ville d'Avignon fut attaquée par quatre mille hommes et vingt pièces d'artillerie.

Les républicains étaient postés, au nombre de huit cents, sur la rive droite de la Durance, pour essayer de défendre le passage de la rivière.

Il n'y avait pas de pont ; mais les insurgés disposaient d'un certain nombre de bateaux et, pour faciliter la traversée, ils comptaient sur un câble tendu d'un bord à l'autre et fixé sur chaque rive à un poteau.

Vous comprenez combien il importait aux Avignonnais que le câble fût coupé, car alors les barques des agresseurs qui se cramponnaient à la corde auraient été rejetées par le courant et écartées de la rive.

Mais le danger était terrible, la mort certaine ; pour arriver au poteau, il fallait s'avancer sous le feu des ennemis. Tout le monde hésitait.

C'est alors qu'un enfant de treize ans, Agricol Viala, plus brave que ses compagnons, s'élance avec une hache, marche au poteau, frappe à coups redoublés la corde et, pendant que la corde se brise, tombe mort sous les balles des ennemis.

190. — Le chien enragé et le jeune berger.

Pendant que Jupille gardait son troupeau, des enfants qui jouaient auprès de lui furent attaqués par un chien enragé.

Jupille se jeta devant eux pour les protéger; à coups de fouet, il voulut chasser l'animal, qui se précipita sur lui le poil hérissé, la bave à la gueule, et lui saisit la main gauche qu'il déchira sous ses crocs.

Sanglant et lacéré, le pauvre garçon n'eut même pas la pensée de fuir; il fit face à la bête féroce, que la rage semblait rendre invincible, et lutta contre elle.

De la main droite, il ouvrit la gueule écumante, en dégagea sa main gauche, reçut encore plusieurs morsures, et avec cette rapidité de décision que donne le sang-froid du vrai courage, il lia le museau du chien à l'aide de la lanière de son fouet, puis il l'assomma à coups de sabot.

Le chien était mort et les enfants sauvés.

Maxime Du Camp.

191. — Fervaques et Crillon.

Henri III, roi de France, avait fait arrêter le roi de Navarre, qui fut depuis Henri IV. Ce prince ayant trouvé moyen de s'échapper de sa prison, on soupçonna un officier, Fervaques, d'avoir eu connaissance de cette fuite et de n'en avoir pas donné avis. Le roi furieux jura, dans sa colère, que Fervaques paierait de sa tête cette trahison, et ajouta que celui qui avertirait ce traître lui répondrait de sa vie. Crillon et plusieurs courtisans étaient là ; et comme on connaissait Henri III capable de faire périr un innocent, Crillon frémit en

Fervaques et Crillon.

l'entendant jurer la mort d'un homme de qualité, bon officier et d'une valeur reconnue : il résolut de l'arracher au péril qui le menaçait. Il va trouver Fervaques, lui apprend ce qui vient de se passer, et l'exhorte à s'évader. Henri, instruit le matin que Fervaques a disparu, entre dans une colère affreuse. Son imagination est quelques moments errante sur tous ceux qui avaient entendu son serment; mais bientôt ses soupçons se fixent sur Crillon; son estime pour lui les combat et les appuie en même temps. « Fervaques, lui dit-il, avec un regard furieux, vient d'échapper à ma vengeance, et ne me laisse que l'espoir de l'exercer d'une manière plus éclatante sur celui qui me l'a dérobée : le connaissez-vous? — Oui, sire, répondit Crillon. — Hé bien, reprit le roi vivement, nommez-le moi. — Je ne serai jamais délateur que de moi-même, répondit Crillon ; mais la juste crainte qu'un innocent ne soit une victime immolée au ressentiment de votre majesté, me prescrit de vous nommer le coupable : oui, sire, je suis celui que vous devez punir, celui qui se serait cru l'assassin de Fervaques, si j'eusse gardé un secret qui lui eût coûté la vie. » Le roi étonné resta un moment sans parler, les yeux fixés sur lui ; puis rompant le silence, il dit : « Comme il n'y a qu'un Crillon dans le monde, ma clémence en sa faveur ne fait pas un exemple dangereux. » Et il lui pardonna.

192. — **Le père et le fils, rivaux de vertu.**

François Potel, habitant de Boulogne près Paris, passait le long de la Seine ; il entend les cris de plusieurs personnes sur le point d'être englouties dans la rivière. Il s'y précipite aussitôt, atteint une femme et la ramène sur la grève. Il s'élance de nouveau, saisit une seconde femme et une jeune fille, qui l'entraînent en se débattant. Il lutte longtemps contre leur poids et contre le courant pour les soulever sur l'eau. Sept fois on le voit tour à tour disparaître et montrer la tête. Enfin, il parvient à sauver ces infortunées ; mais, épuisé de fatigue, il s'assoit sur la rive et pleure de ne pouvoir plus rien pour les autres. Sur ces entrefaites, arrive

Nicolas Potel, son père : il plonge sous les eaux et revient tenant par les cheveux une troisième femme et un petit garçon.

L'Académie française jugea ces belles actions dignes du prix de vertu qu'elle devait décerner dans sa séance solennelle du 25 août 1790. Toutefois elle se vit, avec regret, dans l'embarras de partager entre le père et le fils ce prix que chacun d'eux aurait voulu céder tout entier à son rival.

193. — François Rétel.

Ils seront fiers de celui qui leur a donné le jour, les enfants Pierre-François Rétel; ils lui pardonneront de les avoir oubliés au moment de risquer sa vie pour sauver deux de ses semblables. Dans la commune de Beauquesne, près de Doullens, un ouvrier travaillait à extraire de la pierre d'une carrière de vingt-cinq mètres de profondeur, quand tout à coup un des piliers de la chambre s'écroule, et le malheureux est enseveli jusqu'aux épaules. Son fils était à l'orifice du puits, attendant l'ordre de hisser les pierres. Il n'entend que les gémissements étouffés d'une voix qui peut à peine crier au secours. La foule accourt aux cris du jeune homme épouvanté. On le lie à la corde, on le descend. Il arrive; il ne voit, pour ainsi dire, que la tête effrayée de son père. Il attaque cet amas de pierres... Vaine espérance ! Un nouvel éboulement le couvre lui-même. Ses bras meurtris ne peuvent plus secourir son malheureux père. Sa tête est ensanglantée et sa voix n'annonce qu'avec peine à la foule effrayée qu'ils vont périr tous deux. Cette foule crie, se presse, sonde le précipice de ses regards ; mais personne n'ose descendre. On se montre avec effroi des amas de pierres ébranlées et prêtes à ensevelir les malheureux.

Le frère de la première victime recule lui-même devant ce péril imminent, lorsqu'un maître maçon qui travaillait près de là demande la cause de ces clameurs. C'est François Rétel, le père de trois enfants en bas âge; mais leur souvenir ne vient point glacer son intrépidité : il prend la corde à son tour, il est au fond de cet abîme ; le fils n'a que la force de lui montrer la tête de son père. Rétel s'élance; il essaie de soulever une pierre qui pèse sur l'épaule du malheureux ouvrier ; elle résiste, elle pèse quatre cents ; n'importe ! Rétel revient à la charge : il la soulève, il la renverse, il arrache les autres : il ramène le père auprès de la corde, il revient au fils et l'emporte à son tour. Mais le père est sans mouvement. Rétel craint d'être venu trop tard ; il demande de l'eau-de-vie ; et quelques gouttes suffisent pour ranimer le mourant. Un fort panier descend, il l'y place, il le lie, et une première victime est dérobée à la mort ; le fils est remonté à son tour. Rétel ne paraît que le dernier ; et au moment où la foule le salue de ses acclamations, un nouvel éboulement se fait entendre ; une minute plus tard, le sauveur des deux ouvriers eût payé de sa vie le courageux dévouement qui le signale à l'admiration publique.

(Extrait des *Prix de Vertu*.)

194. — Mathieu Boisdoux.

Mathieu, dit Boisdoux, marinier de Montereau, est un brave homme, rangé, sobre, laborieux, qui travaille le jour, qui travaille la nuit, pour nourrir sa mère et élever ses enfants. Son seul désordre est de prodiguer sa vie, cette vie si nécessaire à tous les siens, pour le bien de ses semblables. Qu'il découvre au loin la lueur d'un incendie, il y court, et vous pouvez compter qu'une fois arrivé, il sera partout où sont les grands services à rendre, les grands dangers à braver. Qu'un accident arrive sur la Seine ou l'Yonne, qu'un enfant crie au secours, si loin que soit Boisdoux, il l'entendra, et l'enfant, l'homme, seront sauvés. On ne compte plus les incendies où a éclaté son courage, les victimes qu'il a disputées aux deux rivières de sa cité. Un jour, leurs

flots débordés couvraient au loin la plaine, plusieurs quartiers étaient inondés. Les habitants, réfugiés sur les hauteurs, ne communiquaient plus qu'en bateau avec leurs maisons envahies. Trois d'entre eux, qui étaient allés ainsi voir les ravages de l'inondation, remontent dans leur batelet, et du pied le poussent au large. Ils n'avaient ni croc ni rames. Ils s'en aperçoivent quand il n'est plus temps. Le fleuve les emporte; le pont est devant eux, dont les arches, pour la plupart, sont déjà cachées sous les eaux : ils vont y être brisés. Ils crient au secours. Boisdoux les a entendus. Que fera-t-il? Ira-t-il chercher son bateau? Point! le temps presse. Il se précipite, il nage, il fera ensuite comme il pourra. Ce qu'il fit, le voici :

Les malheureux allaient toujours; il était loin. Il les voyait fuir, arriver au pont. Quelles angoisses pour Boisdoux! Enfin, il a tant peur pour ces trois hommes qui vont périr, il fait de tels efforts, qu'il est arrivé. Il a rejoint le bateau. A quoi bon pour un autre que Boisdoux? avec ce flot emporté, ce pont qu'on touche, sans rame, sans aviron, que peut-il de plus que ces trois hommes, qui n'ont rien pu pour eux-mêmes? Il a, de plus qu'eux, le courage le plus intelligent, celui qui se dévoue. Il y a là une lumière et une force divines. Boisdoux raidit son bras contre le batelet pour l'arrêter, il se saisit de la corde qui pend, lutte contre le flot, et comme il y faut ses deux bras tant le flot est terrible, il prend de ses dents la corde qui doit les sauver : Dieu aidant, il les sauve en effet, à force de courage et de fatigue ; il est arrivé au rivage épuisé, mais content : les trois hommes lui ont dû la vie.

Une autre fois, le coche d'Auxerre, ce coche antique, descendait sur Paris. Le flot cette fois encore était rapide. Le coche va droit au pont, manque l'arche. Un grand cri se fait entendre. Il était brisé, englouti. Boisdoux a tout vu, tout entendu ; il s'est élancé, il court. Le coche portait vingt-trois passagers ; ils étaient presque tous dans la salle commune. Le navire est englouti, sauf l'arrière, qu'on voit encore à fleur d'eau. Boisdoux y est arrivé ; il est sur ce qui reste du pont. Et comme il s'enquiert des moyens de sauver ces malheureux, un homme qui se tenait cramponné dans l'eau jusqu'à la ceinture lui répond qu'ils sont perdus. Qui pourrait penser à les sauver ! « Moi, dit Boisdoux ; je suis venu pour cela. » Et il cherche les issues. Une de ces fenêtres de navire qu'on appelle des sabords était seule à moitié hors de l'eau. Elle est trop étroite pour lui donner passage. Mais tout autre moyen est impossible. Il y passera. Vous l'auriez vu faire des efforts pour forcer l'entrée du sabord, pour plonger dans ce gouffre où ces infortunés luttent contre la mort, comme d'autres eussent fait pour en sortir. Enfin, il entre, il est dans cet abîme. Il saisit une des victimes, une jeune fille, l'amène au sabord, la fait passer, respire, et se replonge dans le gouffre, il ramène un jeune homme encore vivant, puis encore une jeune fille, puis une autre : celle-ci ne vivait plus. Le temps s'écoulait dans cette lutte héroïque. La mort, malgré tout, allait plus vite que Boisdoux. Cependant il recommence, mais c'est en vain. Il n'y avait plus là d'être vivant que lui. Il faut qu'il se contente de ces trois vies qu'il a sauvées, de ces deux jeunes filles, de ce jeune homme qui n'ont revu que grâce à lui la clarté du jour.

Enfin, il se décide à revenir à la lumière, à sortir de l'eau, des ténèbres, de ce tombeau si rempli ; il était épuisé de fatigue : il fallut qu'on vînt à son aide, qu'on le tirât avec effort de ce sabord qu'il avait franchi tout seul, quand il avait fallu se dévouer, devant lequel il faiblissait quand il n'avait plus qu'à se sauver lui-même.

(Extrait des *Prix de Vertu*.)

195. — Le bon Bruno.

Parmi les personnes qui se dévouèrent pendant la peste de Marseille, on ne saurait trop admirer M. de Langeron qui se rendit à cette ville, pour en prendre le commandement, au plus fort de la contagion, le marquis de Piles qui ouvrit son hôtel aux malheureux privés de refuge et de secours, et le chevalier Rose qui, à la tête de cent forçats armés de pelles et de pioches, enleva les cadavres des rues, des cours et quais, pour les ensevelir sous un amas de chaux vive dans les cavités de deux vieux bastions du plateau de la Joliette ; entreprise dangereuse, où périrent tous ceux qui y concoururent, lui seul excepté, mais à laquelle on dut peut-être la décroissance du fléau. Mais comme ces personnages célèbres n'ont pas manqué de panégyristes, nous nous bornerons à ce peu de mots sur leur compte, et nous nous attacherons particulièrement à signaler à la reconnaissance publique un bourgeois obscur dont on n'a pas assez loué la conduite sublime. Aussitôt qu'il vit les premiers symptômes de l'horrible mal, cet homme généreux, nommé le bon Bruno, sortit en toute hâte de sa maison où rien ne lui manquait. On crut qu'il voulait se dérober par une lâche désertion à la calamité qui pesait sur ses concitoyens. Il méprisa cet injuste soupçon, et courut à l'Hôtel-Dieu. Son intention était de fermer à la peste l'entrée de cet asile consacré à la guérison des autres maladies. Elle y pénétra malgré ses précautions, et ceux qui en furent atteints devinrent les objets de ses soins empressés. Il alla constamment de lit en lit, consolant les mourants, emportant les morts, jusqu'au moment où il succomba, à son tour, victime du devoir charitable qu'il s'était imposé.

196. — Le poète Rotrou.

La ville de Dreux fut affligée, en 1650, d'une maladie épidémique, espèce de fièvre pourprée, qui lui enlevait plus de trente habitants par jour, et, redoublant ses ravages par ses progrès, menaçait de la dépeupler entièrement. Jean de Rotrou, lieutenant particulier au bailliage de cette ville où il était né, se trouvait alors à Paris. Mais il n'eut pas plutôt appris la calamité de ses concitoyens, qu'il voulut se rendre au milieu d'eux pour leur prodiguer ses soins. Vainement un frère chéri fit tous ses efforts pour l'arrêter, en lui représentant qu'il courait à une mort inévitable : « Mon poste, » lui répondit-il, est au lieu du danger. Plus un devoir » est périlleux, plus il est obligatoire. Le moindre dé- » lai serait un crime. Adieu ! adieu ! » Aussitôt il quitte la capitale et ses plaisirs, et de nouveaux triomphes que lui promet la scène dramatique : il n'y a plus pour lui d'autre gloire, d'autre jouissance que dans le sacrifice qu'il va faire à l'humanité. Il arrive à Dreux : quel spectacle ! partout le deuil, la terreur, le désespoir, le trépas ! affreuse situation qu'il a décrite lui-même dans une lettre adressée à son frère, et remarquable surtout par ce passage où se révèlent d'une manière touchante la noblesse et la piété de son cœur : « Au moment où je vous écris, les cloches sonnent

» pour la vingt-deuxième personne aujourd'hui. Ce
» sera pour moi demain peut-être ; mais ma conscience
» a marqué mon devoir. » Animé de tels sentiments, il
se jette sans crainte au milieu de la contagion ; il accourt partout où il peut découvrir quelques malheureux à soulager, il conserve la vie de plusieurs...
Hélas ! pourquoi faut-il que ce soit aux dépens de la
sienne !... Il expire victime de son dévouement héroïque, à peine âgé de quarante ans.

197. — Les bourgeois de Calais.

Après avoir gagné la bataille de Crécy, en 1346,
Edouard III, roi d'Angleterre, tourna ses armes contre
la ville de Calais. Les habitants, commandés par *Jean
de Vienne*, se défendirent pendant onze mois avec la
plus grande vigueur ; mais, réduits à l'extrémité par
la plus cruelle famine, ils demandèrent à capituler.
Edouard, irrité de leur longue résistance, exigea que
six des plus notables bourgeois vinssent, tête nue, pieds
nus, la corde au cou, lui apporter les clefs de la ville et
subir le supplice qu'il lui plairait de leur infliger. A
cette nouvelle, les assiégés furent plongés dans la consternation. Eustache de Saint-Pierre parut alors sur la
place publique, et dit qu'il voulait être la première victime offerte à la vengeance de l'ennemi. Cinq de ses
compatriotes, animés par ses discours et par son
exemple, se présentèrent avec lui : ce furent Jean Daire
son cousin, Jacques et Pierre Wisant, et deux autres
dont l'histoire n'a pas conservé les noms. Ils sortirent
de la ville, au milieu des cris confus et lamentables du
peuple, et parurent, dans l'état prescrit, devant le monarque anglais. Celui-ci les reçut d'un air sévère, et se
montrant insensible aux sollicitations de toute sa cour
qui ne pouvait dissimuler la pitié et l'admiration que
lui inspirait la conduite magnanime de ces nobles ci-

toyens, il s'écria : « Soit fait venir le coupe-tête. »
Alors l'épouse d'Édouard, la généreuse Philippine de
Hainaut, se jeta à ses pieds, le conjura de ne point sacrifier sa gloire à sa colère, et par ses larmes elle parvint à le désarmer. Il se contenta de prendre possession de Calais, d'où il chassa les principaux habitants,
et qu'il repeupla d'Anglais. Dès lors cette ville, cessant
d'être française, joignit la Grande-Bretagne au conti-
nent comme si le détroit n'eût pas existé, et devint une
porte ouverte à l'ennemi sur notre territoire jusqu'en 1558, où elle fut reconquise par l'armée sous les
ordres du duc de François de Guise.

198. — Le chevalier d'Assas.

Le prince héréditaire de Brunswick assiégeait Vesel,

Le chevalier d'Assas.

dont la prise eût engagé les Hollandais à se déclarer
contre la France. Le marquis de Castries, à la tête

d'une armée française formée à la hâte, s'avança avec rapidité, emporta Rhinsberg l'épée à la main, et parvint à jeter des secours dans la ville assiégée qui allait succomber. Méditant une affaire plus décisive encore, il alla camper à un quart de lieue de l'abbaye de Clostercamp. Le prince héréditaire ne crut pas devoir l'attendre devant Vesel, et se porta au devant de lui par une marche forcée, la nuit du 15 au 16 octobre 1760.

Le général français, qui se doute du dessein du prince, fait coucher son armée sous les armes ; il envoie à la découverte, pendant la nuit, le chevalier d'Assas, capitaine au régiment d'Auvergne. A peine cet officier a-t-il fait quelques pas, que des grenadiers ennemis, en embuscade, l'environnent et le saisissent, à peu de distance de son régiment. Ils lui présentent la baïonnette, en lui disant que, s'il fait du bruit, il est mort. D'Assas se recueille un moment pour mieux renforcer sa voix, il crie : « A moi, Auvergne ! voilà l'ennemi ! » Et il tombe aussitôt percé de coups.

La conduite de d'Assas fut d'autant plus héroïque, que ceux qui l'avaient fait prisonnier ne lui demandaient que le silence : elle mérite d'être à jamais conservée dans la mémoire des Français.

199. — Le messager de Bénévent.

Vers la fin du neuvième siècle, les Sarrasins assiégeaient la ville de Bénévent. Les Lombards, après avoir vainement demandé du secours aux successeurs de Charlemagne, implorèrent la clémence et l'appui de l'empereur grec. Un citoyen intrépide, qu'on descendit du haut des murs, fit la commission, et tomba entre les mains des barbares au moment où il allait rendre le courage à la ville par les bonnes nouvelles qu'il rapportait. Les ennemis lui ordonnèrent de favoriser leur entreprise en trompant ses compatriotes ;

des richesses et des honneurs devaient être le prix de sa fausseté : la sincérité, au contraire, le dévouait à une mort prompte et certaine. Il parut se rendre; mais dès qu'il fut à la portée du rempart, il s'écria à haute voix : « Mes amis, mes frères, ayez du courage » et de la patience; continuez à tenir; votre souverain » sait votre détresse et vos libérateurs approchent. Je » sais le sort qui m'attend, et je confie ma femme et » mes enfants à votre reconnaissance. » La fureur des Arabes confirma son témoignage, et ce généreux citoyen fut percé de mille coups.

Il est à regretter que l'histoire ne nous ait point transmis son nom; il était digne de figurer à côté des plus glorieux.

200. — **Un jeune héros.**

Le jeune Joseph Serres a douze ans à peine. Un jour il entendit un grand bruit. Deux enfants de quatre ans chacun jouaient ensemble sur la place publique, exposés à tous les périls. Ils montent sur le puits de la ville, y jouent, s'y précipitent. Tout le monde accourt. Mais que fera-t-on? On délibère, on se lamente. « Nous avions perdu tout sang-froid, » disent naïvement les habitants, dans leur requête. Le jeune Serres a conservé le sien. Il demande une échelle; elle était trop courte en effet; mais l'un des deux enfants est debout, tend les mains, aide à sa propre délivrance. En se penchant, Serres peut le saisir; il remonte péniblement, mais ne faiblit pas, ne se décourage pas et le rend à sa mère. Et le second! il n'a point paru. Il est sous l'eau. Il est perdu. Serres redescend, sans que, de tous ces hommes, aucun ne se soit avisé du moins d'avoir une échelle moins périlleuse pour l'intrépide enfant. Cependant il va, il se baisse, il n'arrive point jusqu'à l'eau. Que fera-t-il? Il se suspend, il se tient du pied au dernier échelon, puis il plonge, il cherche avec effort. On tremble pour tous les deux. Un moment on ne sent plus rien : on le croit perdu. Cependant il a senti le petit malheureux, il l'a saisi sans connaissance, mort peut-être. N'importe, il le rendra à la lumière. Comment s'y prend-il? Il ne le sait plus lui-même. Dans les actions généreuses on a, quand il le faut, une force surhumaine. Enfin, il reparaît avec son fardeau. Tous deux sont sauvés, car l'autre enfant peut, à la longue, être rappelé à la vie.

(Extrait des *Prix de Vertu*.)

201. — Un Sauveteur.

David Lacroix est né à Dieppe, et Dieppe s'en félicite : car, depuis qu'il existe, David Lacroix a préservé de la mort cent dix-sept malheureux... Dès qu'un orage se prépare, dès qu'un bateau pêcheur apparaît au loin, battu par la tempête, David Lacroix est là, debout sur la jetée, sentinelle avancée, épiant le danger, et, au premier cri d'alarme, il est à la mer !

Ainsi, le *Saint-Charles* qui avait six hommes d'équipage, le *Saint-Jean* de Boulogne, quinze, et la *Catherine* quatorze ; ainsi le bateau de pêche le *Jeune Henri*, qui portait vingt-cinq hommes à bord, se seraient perdus corps et biens, si David Lacroix n'avait été, au milieu d'une mer furieuse, leur porter à la nage une amarre qui les sauva et les fit entrer au port.

En novembre 1841, par un coup de vent terrible, un brick anglais allait être jeté contre les rochers, à l'est de Dieppe. Aux cris d'effroi qui s'élèvent, David Lacroix, qui demeure au bord de la mer, s'élance hors de chez lui, malgré sa femme et ses enfants : car David Lacroix est marié, et ceux pour qui il allait exposer ses jours n'étaient pas ses compatriotes. Huit hommes, qui composaient l'équipage, sont sauvés par ses efforts et par ceux de ses camarades. Mais le capitaine est resté le dernier sur le brick, et la mer devient à chaque instant plus furieuse. David Lacroix, quoique déjà blessé à la jambe, se précipite de nouveau vers le navire ; il y monte, enlève le capitaine qu'il ramène à la nage, et, quelques minutes après, le bâtiment était en pièces et ses débris flottaient sur l'eau.

Vous croyez peut-être que David Lacroix regarde son œuvre comme terminée !... Non, d'autres devoirs lui restent encore à remplir... Celui qu'il vient de sauver a tout perdu... il n'a plus d'asile... Lacroix lui en offre un... Le capitaine anglais est parti bien dispos et bien portant, et Lacroix reste chez lui malade, car sa jambe a manqué d'être fracassée, et il lui faut trois mois pour guérir ses blessures.

A peine rétabli, et pour réparer le temps perdu, il sauve sept hommes du brick français la *Mauve*, de Saint-Malo, capitaine Juchel, qui, jeté à la côte, allait périr. Et, comme si l'intrépide Lacroix était né pour combattre et vaincre les éléments les plus furieux, dans l'année 1844, un incendie éclate à bord de la goëlette l'*Active*, et ce qui redoublait les alarmes, c'est qu'il y avait alors dans le port trente ou quarante navires prêts à partir pour Terre-Neuve. L'incendie pouvait les atteindre... Pas un moment à perdre, et, tous ceux qui étaient à bord du navire enflammé s'étaient hâtés de l'abandonner.

Ce feu si terrible, que chacun fuyait, voici quelqu'un qui y court; il descend par un sabord où son corps pouvait passer à grand'peine, et, au risque d'être suffoqué par la fumée ou dévoré par les flammes, il travaille tranquillement et arrête l'incendie. Cet homme qui semble vivre dans le danger, vous l'avez déjà reconnu... c'était celui que la ville de Dieppe nommait le Sauveur.

(Extrait des *Prix de Vertu*.)

202. — Le pilote Boussard.

Un navire venant de La Rochelle échoua, le 31 août 1777, à trente toises de la jetée de Dieppe; la mer était en courroux, et les vagues qui se précipitaient en mugissant sur le navire devaient bientôt le briser. Le pilote Boussard, malgré toutes les représentations et l'impossibilité apparente du succès, entreprend de lutter contre cette effroyable tempête pour porter à l'équipage une corde au moyen de laquelle on puisse l'amener à terre; il se dérobe à sa femme et à ses enfants qui s'efforcent de le retenir, et se précipite au milieu de cet *enfer d'eau* : il est repoussé sur le rivage pêle-mêle avec des débris qui le frappent et le meurtrissent; il revient à la charge, et il est repoussé de nouveau; rien ne l'épouvante, rien ne l'arrête; il s'élance une troisième fois, ses forces et son courage augmentent comme le péril; il fend les flots furieux qui, par moments, le couvrent tout entier; il redouble d'efforts et parvient au navire; mais tout à coup il disparaît sous la quille. A cette vue, le rivage retentit de cris de désespoir; on croit que la ville vient de perdre son héros et l'équipage son sauveur. O bonheur! il reparaît tenant un matelot qu'il ramène à terre, et retourne au bâtiment, qu'il atteint après une lutte non moins terrible que la première; il y jette le cordage dont l'autre bout est fixé à la levée; les matelots s'y attachent et sont tirés au rivage. Boussard pense qu'il n'y a plus personne à sauver, il regagne la terre, épuisé de fatigue et rompu des secousses qu'il a éprouvées; en arrivant, il tombe sans connaissance : on lui prodigue des secours, il reprend l'usage de ses sens, ses forces renaissent; elles lui sont nécessaires pour une nouvelle entreprise : des cris plaintifs partis du vaisseau viennent de frapper son oreille; il s'arrache des bras de ceux qui l'ont rappelé à la vie, il se rejette à la mer, se débat contre les fureurs de cet impitoyable élément, en triomphe encore, et ramène un passager qui, n'ayant pu profiter du cordage, n'attendait plus que la mort.

On pense bien qu'une conduite aussi sublime ne resta point sans récompense : mais quelque grand que fût le prix décerné à la vertu de Boussard, pouvait-il valoir celui qu'il trouvait dans son propre cœur?

203. — **Le capitaine Scaffelaar.**

Un capitaine hollandais, nommé Jean Scaffelaar, occupait la tour de Barnevelt, en 1482; on vint l'y assiéger, et d'abord on le somma de se rendre. Il ne voulut capituler que lorsqu'on l'attaquerait avec du canon. On fit la brèche : il consentit à un arrangement. Pour préliminaire, les assiégeants demandèrent qu'on leur jetât le capitaine du haut du donjon. Les assiégés jurèrent de se faire tuer plutôt que d'accepter une telle proposition. Mais le généreux Scaffelaar, s'étant placé sur un des créneaux, dit à ses soldats : « Mes amis, il » faut que je meure un jour, et il vaut mieux que ce soit » en ce moment qu'en tout autre, puisque j'ai le bon- » heur de vous sauver par ma mort. Adieu! adieu! Et, en achevant ces mots, il se précipita du haut de la tour.

204. — Mademoiselle Doulcet.

La demoiselle Doulcet, simple ouvrière en gants, et presque dans l'indigence, était logée rue d'Orléans, au Marais, dans une petite chambre faisant partie d'un grenier, dont l'autre partie, séparée par une cloison, était occupée par la demoiselle Deshayes, ancienne marchande de modes, qui ne subsistait que des secours publics, et qui, dévorée par un cancer dont les ravages étaient effrayants, était continuellement en proie aux souffrances les plus vives et les plus aiguës.

La demoiselle Doulcet apprit bientôt le déplorable état de sa malheureuse voisine, et elle se lia avec elle précisément parce qu'elle était malheureuse. Née sensible et surtout charitable, elle avait déjà eu occasion de soigner plusieurs malades; elle les avait gardés, secourus, assistés, consolés; et son père même, infirme, souffrant et pauvre, elle l'avait seule soutenu pendant plusieurs années avec la piété filiale la plus tendre et la plus active.

Elle était donc déjà exercée aux bonnes œuvres, et, c'est avec cette noble et touchante habitude de sensibilité que la demoiselle Doulcet s'attacha à la demoiselle Deshayes, et que, s'oubliant entièrement elle-même, elle s'y attacha toujours davantage à mesure qu'elle voyait ses souffrances devenir plus vives.

Elle fit alors de la situation de cette malheureuse femme son occupation habituelle : elle ne la quitta plus, elle était sans cesse auprès de son lit; c'était elle seule qui la pansait, et ces pansements, toujours longs et pénibles, elle les faisait avec un courage qui étonnait tous ceux qui en étaient les témoins. Rien ne la rebutait, ni la nature du spectacle qui était sous ses yeux, ni cette espèce de révolte que les sens éprouvent à la vue de certains maux, ni les impatiences mêmes de la malade, lasse de souffrir. Elle supportait tout, elle le supportait même avec une douceur inaltérable; son zèle ne faisait, pour ainsi dire, que s'en accroître. C'était elle qui se chargeait de tous les détails du service de la demoiselle Deshayes, et ce service était exigeant : il demandait des soins difficultueux; il les demandait à chaque moment, et la demoiselle Doulcet était toujours là. Elle faisait tout, elle suffisait à tout; elle épargnait à la demoiselle Deshayes toutes les inquiétudes; elle adoucissait toutes ses souffrances; en un mot, il est impossible de concevoir un dévouement plus profond et plus continuel.

(Extrait des *Prix de Vertu*.)

205. — Le mousse Perret.

En décembre 1856, les pilotes du port d'Agde aperçurent en mer, vers le déclin du jour, un navire d'environ cent tonneaux, la goélette la *Reprise*, qui faisait voile vers le port. La mâture semblait en désordre, et les flancs du navire portaient la trace d'un choc violent d'un récent abordage. Quand les pilotes approchèrent, ils virent avec étonnement que le bâtiment marchait tout seul, pour ainsi dire; du moins le pont semblait désert : ni capitaine, ni timonier, ni matelots. On n'apercevait qu'un mousse, allant, venant de tribord à bâbord, passant de la barre aux amarres, et faisant à lui seul tout le service d'un équipage. Dans un coin du navire on voyait bien aussi un pauvre homme couché, pâle et tremblant, hors d'état de se tenir debout. Bientôt la *Reprise* entrait à Agde, et la ville apprenait que, trente-six heures auparavant, la nuit, par une de ces épaisses brumes qui font s'entre-heurter les navires en pleine mer comme les passants dans nos étroites rues, ce petit bâtiment, étant au large, avait subi le choc d'un grand brick de fort tonnage; que le capitaine, épouvanté, croyant sentir couler bas la goélette, s'était élancé sur le brick en s'accrochant aux cordages et en appelant à lui tout son monde. Deux matelots et deux novices l'avaient aussitôt suivi.

Pourquoi ce jeune mousse, de tous le plus agile, n'avait-il pas imité leur exemple? C'est qu'il y avait à bord un malheureux, incapable de se sauver. Perret, c'était le nom du mousse, s'était senti saisi de compassion; la vue de ce malade l'avait comme enchaîné et rendu immobile. L'enlever dans ses bras, il n'en a pas la force; l'abandonner, le laisser mourir seul, c'est pour lui plus impossible encore : il reste donc. Dans le premier moment, il en a fait l'aveu, lorsque les deux navires se séparèrent après un craquement effroyable, quelques larmes lui échappèrent; il se crut à son dernier jour; mais au bout de quelques secondes, lorsqu'il vit que le bâtiment, malgré ses avaries, flottait toujours et pouvait naviguer, un courage surnaturel s'empara de ce jeune cœur. La mer était houleuse et le vent fraîchissait; comment ses petits bras suffiront-ils à la manœuvre? Cette réflexion ne lui vient pas; il dispose les voiles, s'élance au gouvernail. Son pauvre compagnon ne peut lui prêter secours; mais il est vieux marin : Perret l'écoute, le consulte, se laisse guider par lui. Soumis et confiant, ses yeux brillent d'espoir : il reverra sa mère, sauvera son camarade, sauvera son navire. Cette pensée double ses forces et d'un enfant de treize ans fait un matelot consommé.

Je ne m'étendrai pas sur les péripéties de cette navigation. Le jour fut bien long à venir. Le vent poussait à la côte d'Espagne; il fallait résister pour s'écarter le moins possible du lieu témoin de l'abordage, seule chance de recevoir du secours. Ce brick, auteur du mal, voudrait peut-être le préparer! Il reviendrait au jour naissant : on se mettrait à sa remorque : voilà ce qu'on espérait à bord de la *Reprise*. Mais l'attente fut vaine. La journée se passa et le brick ne vint pas. Il continuait paisiblement sa route et entrait le soir à Marseille. Cependant la nuit tomba, et les fatigues redoublèrent. Le lendemain, trois bâtiments parurent à l'horizon ; aucun d'eux ne voulut comprendre les signaux du petit navire. Par bonheur, le ciel fut plus clément : le vent tourna, souffla du sud. En manœuvrant avec prestesse on pouvait être ayant la nuit en vue d'un port de France. Dans de pareils moments l'équipage le plus complet n'est que tout juste assez nombreux. Pierre est seul, mais il se multiplie : il court de vergue en vergue ; toutes ses voiles, même les plus hautes, se développent coup sur coup, se gonflent sous la brise et poussent le navire comme par enchantement. Il était temps : l'effort était suprême ; notre navigateur était à bout de forces. A le voir, on ne le croirait pas. Il est radieux, il aperçoit la terre, qui peu à peu sort des eaux et grandit devant lui.

Capitaine par intérim, Perret devait faire devant le tribunal de commerce son rapport de relâche. Dans ce rapport, pas un mot de reproche pour ceux qui l'ont abandonné ; tout l'honneur de sa belle conduite attribué aux conseils de son vieux compagnon ; à chaque mot on sent une âme aussi honnête que forte, un cœur aussi chaud que sincère. Après cette lecture on ne s'étonne pas d'apprendre que, depuis deux ans qu'il navigue pour le commerce, Perret n'a rien gardé pour lui du produit de ses salaires, qu'il a tout envoyé à Quiberon, dans la pauvre cabane où sa mère, à grand'peine, élève trois autres enfants : Cherchez un bon sentiment qui lui manque : compatissant au malheur, généreux, dévoué, docile à l'expérience, dur à la peine, intelligent et intrépide.

(Extrait des *Prix de Vertu*.)

206. — **Le généreux villageois.**

Dans un débordement de l'Adige, le pont de Vérone venait d'être emporté, à l'exception de l'arcade du milieu, sur laquelle était une maison où logeait une famille entière. On voyait du rivage cette famille éplorée tendre les mains et implorer du secours ; cependant la violence du torrent détruisait à vue d'œil les piliers de l'arcade. Dans ce péril extrême, le comte Spolverini propose une bourse de cent pièces d'or à celui qui aura le courage d'aller sur un bateau délivrer ces malheureux. Il y avait à courir le danger d'être emporté par la rapidité du fleuve, ou d'être écrasé par la chute de l'arcade ruinée ; le concours du peuple était innombrable, et personne n'osait s'offrir. Dans ce moment passe un jeune villageois : on lui dit quelle est l'entreprise proposée et quelle en sera la récompense ; il s'élance sur un bateau, gagne à force de rames le milieu du fleuve, aborde, attend au bas de la pile que toute la famille, père, mère, enfants, se glissant le long d'une corde, soient descendus auprès de lui. « Courage, dit-il, vous voilà sauvés ! » Et en prononçant ces mots il se hâte de s'éloigner ; mais tout à coup l'arche s'écroule avec fracas, et de larges nappes d'eau, que sa chute soulève, le dérobent aux yeux des spectateurs effrayés. Qu'est devenue la barque ? est-elle perdue ! Non : la voyez-vous revenir rapidement ? elle s'approche, elle a touché terre. Des cris de joie s'élèvent de toutes parts, ce sont les accents spontanés de la sympathie et de l'enthousiasme qu'inspire la vertu.

Le comte Spolverini accourt, il embrasse le villageois, et lui présente la récompense promise. « Je ne » vends point ma vie, lui dit ce héros : donnez cela à » cette pauvre famille, qui en a plus besoin que moi. »

Cette action est plus que généreuse ; elle est sublime

autant que modeste, puisque si cet homme eût péri, le mérite de sa générosité périssait avec lui.

207. — Pierre Coste.

Pierre Coste, marinier à Clerval, département du Doubs, est dans la disposition habituelle d'exposer courageusement sa vie pour sauver celle de ses semblables en danger de périr. Voici plusieurs faits qui le prouvent.

Madeleine Page, fille d'un habitant de Clerval, voulant traverser une branche du Doubs pour se rendre à l'île qui se trouve en aval du pont de Clerval, fut entraînée par la rapidité du courant ; bientôt elle disparut aux yeux d'un certain nombre de personnes, qui furent témoins du courageux dévouement de Pierre Coste, lequel se précipita dans l'eau et arracha cette jeune fille à une mort certaine.

Le jeune Faivre, de Clerval, âgé d'environ onze ans, monté sur un cheval aveugle, qu'il ramenait du pâturage, passa sur le pont de Clerval, dont les margelles sont très basses. Le cheval ayant butté, l'enfant perdit l'équilibre et tomba dans le Doubs par-dessus la margelle. Pierre Coste, sans prendre le temps d'ôter ses habits, s'élança dans la rivière et parvint, après avoir plongé plusieurs fois, à ramener le jeune Faivre, qui est un des soutiens de ses pères et mères, déjà avancés en âge, et dans un état voisin de l'indigence.

Un étranger, Allemand d'origine, travaillant aux chantiers établis pour la confection du canal, voulut, avec un de ses camarades, tenter d'arrêter et de ramener à bord un bac qui était chargé de douelles, et qui venait d'être abandonné par ses conducteurs, lesquels ne pouvaient plus en être les maîtres. Ces deux ouvriers s'élancent sur un petit banc de sable, armés de leurs grappins et crochets de fer, avec lesquels ils s'efforcent de tirer le bac à bord ; mais comme ils éprouvèrent beaucoup de résistance à raison de la rapidité de l'eau et de la charge qui était sur le bac, le plus avancé s'avisa de saisir la chaîne et d'en faire deux ou trois tours à son bras droit, tandis que, de l'autre, il se tenait comme cramponné à son camarade. Dans le redoublement d'efforts de ces deux ouvriers, le terrain trop

mobile fléchit sous leurs pieds ; ils tombèrent, et se trouvèrent tous deux entraînés dans un gouffre de plus de trois mètres de profondeur, d'où le moins avancé se tira comme il put, en lâchant la main de son camarade. Quant à celui-ci, qui ne savait pas nager, il avait disparu tout à fait sans que malheureusement pour lui, de plus de cinquante ouvriers qui étaient témoins de cet accident, aucun osât se hasarder à lui porter secours. Tout à coup le chef d'atelier Motte s'écria : « Il faut aller chercher Pierre Coste. » Celui-ci travaillait un peu en avant du barrage ; Motte courut l'appeler en toute hâte. Ce fut là le salut du malheureux, qui se débattait au fond de l'eau, et qui aurait infailliblement péri quelques minutes plus tard. Coste arrive, plonge dans le gouffre, et, méprisant tous les dangers et toutes les précautions, saisit son homme par le milieu du corps et le ramène sur la rive, où des soins donnés à propos le rendent peu à peu au sentiment et à la vie.

(Extrait des *Prix de Vertu*.)

208. — Catherine Vassent.

Le nom de Catherine Vassent, fille d'un portefaix de Noyon qui s'était précipité dans les flammes pour en retirer un enfant, est un de ceux qui honorent le plus l'humanité. Dans une nuit d'hiver, quatre pères de famille mouraient asphyxiés, au milieu d'une fosse d'aisances qu'ils venaient d'ouvrir pour la vider. Catherine Vassent, âgée de vingt ans, voyant qu'aucun de ceux qui étaient présents n'osait leur porter secours, s'écrie : « Hé bien ! je vais les sauver. » Elle se fait descendre dans la fosse, retire l'un après l'autre trois des mourants, et tombe elle-même asphyxiée. Un manœuvre alors entreprend de sauver le quatrième ; mais il ne peut résister à l'exhalaison fétide qui le suffoque, il fait signe qu'on le retire de la fosse, et refuse d'y redescendre. Cependant la fille Vassent est revenue à la vie. Elle s'informe du sort du malheureux qu'elle a été forcée d'abandonner ; elle apprend que personne n'ose plus tenter de l'aller chercher. « Quoi ! s'écria-t-elle, » j'en aurai retiré trois, et je n'aurai pu en faire autant » pour celui qui reste ! Que je serai heureuse si je puis » les sauver tous ! » Elle redescend, et, après des efforts incroyables et de nouveaux dangers, elle remonte le quatrième qui, tombé plus avant que les autres et resté plus de deux heures dans l'ordure, ne peut être rappelé à la vie. Cette héroïque fille reçut des récompenses qui, bien qu'au-dessous de son sublime dévouement, lui furent du moins une preuve de l'estime et de l'admiration de ses concitoyens : elle fut publiquement couronnée dans une fête solennelle, le dimanche 13 avril 1788, et, quelques mois après, elle reçut le prix de vertu que lui adjugea l'Académie française dans sa séance du 25 août de la même année.

CHAPITRE XXV

AMITIÉ

> L'ami de tout le monde n'est l'ami de personne.
> *(Proverbe.)*
>
> « Nous avons tant souffert ensemble ! » Voilà l'hymne de l'amitié.
> C. Sylva.
>
> Dis-moi qui tu aimes et je te dirai qui tu es.
> A Houssaye.
>
> Il est plus honteux de se défier de ses amis que d'en être trompé.
> La Rochefoucauld.

209. — Sainte-Beuve et Renan.

Dès que Sainte-Beuve fut au Sénat, il se regarda comme officiellement chargé de représenter les lettres et les sciences, et les hommes de pensée. Et il remplit résolument son rôle, sans s'intimider de son isolement au milieu d'une assemblée hostile, qui ne se donna pas la peine de le comprendre.

Il soutint un jour son ami Renan.

Le 29 mars 1867, M. de Ségur d'Aguesseau, incidemment, reproche à M. Rouland d'avoir fait, étant ministre de l'Instruction publique, une nomination scandaleuse. C'était la nomination de Renan comme professeur au Collège de France. Sainte-Beuve se lève aussitôt : « Si c'est à M. Renan que l'honorable M. Ségur d'Aguesseau prétend faire allusion, je proteste contre une accusation portée contre un homme de conviction et de talent dont j'ai l'honneur d'être l'ami. »

Il y avait un vrai courage à affronter l'orage qui suivit ces paroles, mais la force de l'amitié triomphe de tous les obstacles.

Lanson.

210. — M. S*** et les fils de son ami.

M. S***, conseiller au parlement de Paris et possesseur d'une fortune assez considérable, perdit un ami intime, qui, en mourant, ne laissa que des dettes et deux enfants en bas âge sans ressources, sans espérance. M. S***, regardant ces infortunés comme un legs de l'amitié, conçut le projet de réparer envers eux l'injustice du sort; mais ne voulant pas les enrichir aux dépens de ses héritiers légitimes, il retrancha son train, son équipage, quitta le superbe appartement qu'il occupait, pour en prendre un très modeste et peu coûteux dans un des faubourgs de Paris, d'où il allait tous les jours, suivi d'un seul domestique, remplir sa charge au palais. Cette prompte réforme, ce changement subit dans sa manière de vivre, exposèrent bientôt M. S*** à des soupçons d'avarice et de mauvaise conduite; mais constant dans son projet, malgré la médisance et la calomnie, et n'écoutant que son cœur, pendant deux ans entiers il mena la même existence. Au bout de ce temps il reprit son hôtel, son équipage, et reparut dans le monde comme auparavant. Il avait amassé par de simples privations, sans toucher à sa fortune, une somme de vingt mille livres pour chacun de ses protégés qu'il faisait élever à ses frais. C'est ainsi que ce magistrat sut accorder la justice et la délicatesse avec la bienfaisance.

211. — Dubreuil et Pechméja.

Dubreuil et Pechméja, le premier médecin et le second homme de lettres, portèrent l'attachement qu'ils avaient l'un pour l'autre jusqu'à la plus vive tendresse. Le logement, les sociétés, les biens comme les maux, tout entre eux devint commun, et rien ne fut oublié de ce que l'imagination peut concevoir pour confondre deux existences. Pechméja, dont l'insouciance approchait un peu de celle de La Fontaine, se reposait avec abandon sur la fortune de Dubreuil, et quand on lui demandait comment, avec un faible revenu de douze cents livres, il pouvait satisfaire son penchant pour la dépense : « Vous » oubliez, répondait-il, que le revenu du docteur est » beaucoup plus considérable. » Expression naïve et touchante d'un sentiment qui trouvait en lui-même, pour ainsi dire, un titre de copropriété. Dubreuil, de son côté, pensait que Pechméja lui appartenait tout entier, comme il appartenait lui-même à Pechméja; et lorsqu'il ressentit les premières atteintes d'une affection de poitrine qui devait être mortelle, il dit au compagnon assidu de sa vie de faire retirer les nombreux visiteurs qui se pressaient autour de son lit : « Ma maladie, ajouta-t-il, est contagieuse, et toi seul dois rester près de moi. » Mot sublime, qui honorait également celui qui le prononçait et celui à qui il s'adressait. Heureux de son dévouement pour son ami, Pechméja le fut encore de l'assurance de le suivre de près dans le tombeau. Le vingtième jour de la perte cruelle sur laquelle il gémissait (le 7 mai 1785), il mourut à Saint-Germain-en-Laye, âgé de quarante-cinq ans, après avoir remis à la famille de Dubreuil l'acte par lequel cet autre lui-même l'avait institué son légataire universel.

212. — Les deux médecins anglais.

Les papiers anglais nous ont conservé un acte d'amitié généreuse du célèbre Méad, médecin anglais, mort en 1754. Freind, son ami, premier médecin de la reine d'Angleterre, avait été appelé au parlement en 1722, comme député du bourg de Lanceston, et s'était élevé avec force contre le ministère. Cette conduite ayant indisposé la cour, on supposa à Freind un crime de haute trahison, et on l'enferma, au mois de mars, dans la tour de Londres. Environ six mois après, le ministre tomba malade et envoya chercher Mead, qui, après s'être mis au fait de la maladie, lui dit qu'il répondait de la guérison, mais qu'il ne lui administrerait pas le moindre remède si Freind ne sortait auparavant de la tour. Le ministre, quelques jours après, voyant son mal augmenter, fit supplier le roi de mettre le prisonnier en liberté. L'ordre expédié, le malade crut que Mead allait ordonner ce qui convenait à son état ; mais le médecin persista dans sa résolution jusqu'à ce que son ami eût été rendu à sa famille. Ce ne fut que le jour de l'élargissement que Mead donna au ministre ses premiers soins, qui produisirent en peu de temps une guérison parfaite. Le soir même de ce jour, il porta à Freind environ cinq mille guinées qu'il avait reçues pour ses honoraires en traitant les malades de son ami pendant sa détention, et il l'obligea à recevoir cette somme, quoiqu'il eût pu la garder légitimement, puisqu'elle était le fruit de ses peines.

213. — Chateauneuf et le chevalier de Jars.

Chateauneuf, garde des sceaux sous Louis XIII, soupçonné de quelque intrigue contre l'État, ayant été arrêté, le chevalier de Jars, son intime ami, son confident, fut mis à la Bastille, et l'on s'efforça de tirer de lui le secret du prétendu coupable. D'abord on essaya de l'éblouir par de magnifiques promesses; mais ce moyen n'ayant pu réussir, on employa, pour le faire parler, la crainte de la mort : on lui fit son procès comme à un criminel, et les juges, à qui l'on assura qu'on lui accorderait sa grâce sur l'échafaud, eurent la faiblesse de le condamner. Le généreux chevalier fut conduit au supplice : sa constance ne se démentit pas dans cet affreux moment; il semblait, au contraire, souffrir la mort avec une sorte de satisfaction pour soutenir l'innocence de son ami. Quelque interrogation qu'on lui fît, il gardait toujours un silence profond, ou s'il répondait, c'était pour attester le zèle et la fidélité de Chateauneuf pour son prince. Lorsque la hache de l'exécuteur était suspendue sur sa tête, il entendit crier tout à coup : « Grâce ! grâce ! » Alors un juge s'approcha, et, lui faisant valoir la clémence du roi, l'exhorta à révéler les desseins coupables du garde des sceaux. « Je vois, lui dit le chevalier, votre vil et
» cruel artifice : vous prétendez tirer avantage de la
» frayeur que le péril de la mort peut m'avoir causé...
» vous ne me connaissez pas. Je suis aussi maître de
» moi-même que je l'ai jamais été. M. de Chateauneuf
» est un honnête homme qui a toujours servi le roi avec
» zèle et fidélité... » Richelieu, auteur de la disgrâce de Chateauneuf, eût souhaité sans doute, au milieu de sa fortune, d'avoir un pareil ami.

214. — Les deux soldats espagnols.

Au siège de La Capelle par les Français, en 1637, un Espagnol apprend que son ami a été renversé d'un coup de mousquet dans la tranchée. Il vole aussitôt à son secours : il le trouve étendu mort sur la poussière. Il se jette sur lui, il l'embrasse, le tient quelque temps pressé contre son sein palpitant, et bientôt, accablé de sa propre douleur, il expire.

L'archiduc, instruit de cet événement, en fut attendri, et voulut qu'on refermât dans le même tombeau deux amis que la mort n'avait pu séparer. Après les avoir fait transporter en grande pompe à Anvers, il leur fit élever un mausolée en marbre.

215. — Damon et Pythias.

Deux Syracusains, Damon et Pythias, tous deux élevés dans les principes de Pythagore, étaient unis par les liens de la plus étroite amitié. Denys, tyran de Syracuse, condamne sur une simple dénonciation Pythias à la mort. Celui-ci demande qu'avant de subir sa peine il lui soit permis d'aller régler des affaires importantes dans une ville voisine. Il promet de se rendre au jour marqué, et part après que Damon a garanti cette promesse au péril de sa propre vie. Cependant les affaires de Pythias traînent en longueur. Le jour destiné à son trépas arrive, le peuple s'assemble : on blâme, on plaint Damon, qui marche tranquillement à la mort, trop certain que son ami va revenir, trop heureux s'il ne revient pas ! Déjà le moment fatal approche, lorsque mille cris tumultueux annoncent l'arrivée de Pythias. Il court, il vole au lieu du supplice ; il voit le glaive suspendu sur la tête de son ami ; et, au milieu des embrassements et des pleurs, tous deux se disputent le bonheur de mourir l'un pour l'autre. Les spectateurs fondent en larmes, le tyran lui-même se

Damon et Pythias.

précipite de son trône, et leur demande instamment de partager une si belle amitié.

216. — Deux vrais amis.

Naguère, dans un hameau du département de la Loire, vivait un pauvre enfant infirme, que ses jambes ne pouvaient soutenir et dont les reins, sans vigueur, pliaient sous le poids de l'embonpoint extraordinaire des parties supérieures du corps. Il ne pouvait faire un pas sans être soutenu, et, s'il fût tombé, il eût été incapable de se relever. Jean Sépier était le nom de ce malheureux être qui, tout soucieux, avait eu pour ami intime, Jacques Bonnavion. Nés voisins presque à la même époque, les deux enfants s'étaient liés si tendrement que, lorsqu'ils arrivèrent ensemble à l'âge de neuf ans, cette amitié était devenue de la part de Bonnavion un acte continuel du plus admirable dévouement. C'était l'âge de l'école ; mais l'école se faisait au chef-lieu de canton, à plus de quatre cents mètres du domicile des deux enfants. Comment Sépier, dans l'impossibilité de marcher et dont les parents ne sont que de pauvres ouvriers, pourra-t-il acquérir l'instruction nécessaire ? Son ami entreprend la rude tâche de lui en fournir le moyen.

Chaque matin il s'en va dans la maison de son ami, le charge sur son dos et s'achemine en chancelant vers l'école ; mais l'enfant était d'un poids considérable, tandis que son généreux camarade était mince et fluet ; après quelques pas, Bonnavion, haletant, était obligé de s'arrêter ; il déposait avec précaution son fardeau animé sur le bord du chemin, reprenait haleine quelques instants, se chargeait de nouveau, faisait vingt marches entrecoupées d'autant de haltes, mais ils arrivaient toujours invariablement à l'école à l'heure précise de son ouverture.

Si l'on réfléchit que pendant trois années Bonnavion n'a pas manqué une seule fois cet exercice pénible, on s'étonnera de sa constance, de sa générosité. Cette vie de dévouement ne cessa pas avec l'âge de l'école. Bonnavion, dont la mère était veuve et pauvre, dut apprendre le rude travail des mines ; il y passait ses journées pendant que son infortuné compagnon devenait de plus en plus infirme ; mais chaque jour, après avoir terminé son travail, et pris à la hâte son frugal repas, Bonnavion allait trouver son ami, et, pendant que les autres ouvriers allaient se récréer, on le voyait auprès du jeune infirme, causant avec lui et l'amusant comme un enfant, le promenant dans une petite voiture qu'il avait fabriquée lui-même, plein enfin de ces mille attentions et de ces prévenances qu'on ne peut attendre que d'une mère.

Quand l'état de Sépier devint tel qu'il ne quittait plus le lit, c'était Bonnavion qui allait le lever, et le malade ne trouvait sa couche bonne que lorsque la main de son ami l'avait arrangée. Cela dura encore huit années : à ce moment de la jeunesse où Bonnavion eût pu, comme beaucoup de ses camarades, donner aux dissipations ou aux plaisirs des heures qu'il consacrait toutes à son œuvre d'amitié, Sépier terminait sa douloureuse existence dans les bras de son ami.

FIN

TABLE DES MATIÈRES

LIVRE I. — LA FAMILLE

Chapitre I. — Tendresse paternelle et maternelle. Dévouement familial.

1. Roch Martin.	3
2. Hortense Fagot.	5
3. Léon.	7
4. La princesse de Schwarzenberg.	8
5. La mère et le lion.	9

Chapitre II. — Tendresse conjugale.

6. Madame de Lavalette	11
7. Lady Nihisade.	13
8. Eponine et Sabinus.	14
9. Madame Grotius.	15
10. L'épouse du duc de Bavière	17

Chapitre III. — Piété filiale.

11. Le jardinier Lenôtre	19
12. Amphinone et son frère	20
13. Abraham Lincoln.	22
14. Louise Germain.	23
15. Le jeune trompette.	24
16. Le jeune Casabianca à Aboukir.	26
17. Henriette Garden.	28
18. L'élève de l'École militaire.	30
19. Le petit garçon et madame d'Epinay	31
20. Le page du grand Frédéric.	32

21. Le jeune Fabre. 33
22. Le fils du forçat 34
23. Le fils du négociant. 35

Chapitre IV. — Tendresse fraternelle.

24. Le bon frère. 37
25. La sœur du conscrit 38
26. Jean Carcuac 39
27. Les deux petits Suisses. 42
28. Dyétentus et son frère 43
29. Les deux frères portugais. 44
30. Genneval et Dorval. 44
31. Sedaine 45

Chapitre V. — Les éducateurs et leurs élèves.

32. Périclès et son maître 47
33. Un maître indigne. 48
34. L'instituteur 46
35. Un lâche. 50

Chapitre VI. — Les domestiques.

36. Marianne Feillet. 52
37. Manette. 54
38. Le nègre Eustache. 58

LIVRE II. — LES ANIMAUX

Chapitre VII. — Bonté envers les animaux. Leur reconnaissance.

39. La lionne de Buenos-Ayres 67
40. Le chien de Montargis 69
41. L'éléphant et le factionnaire 72
42. Les pigeons de Latude 73
43. L'éléphant rancunier 75
44. Le chien Mitraille. 76
45. Le chien de Terre-Neuve. 76
46. Il faut bien traiter les animaux. 77

TABLE DES MATIÈRES

47. L'éléphant blanc 78
48. Androclès et le lion 79
49. Le lion et l'épagneul 81
50. La fidélité mal récompensée 83

LIVRE III. — LA PATRIE
Chapitre VIII. — Les patriotes.

51. Le grand Ferré 89
52. Captivité et mort de Jeanne d'Arc 93
53. Mort de deux héros 95
54. La patrie en danger 96
55. Beaurepaire 97
56. Bel exemple de patriotisme 97
57. Joseph Barra 98
58. Le lieutenant de vaisseau Carouge 99
59. Marceau 100
60. Récompense patriotique 101
61. Mort de Marceau 101
62. Le portrait de Desaix 104
63. Le *Vengeur* 105
64. Mort de Du Petit-Thouars 107
65. Lucien Bonaparte 108
66. En avant, marche ! 109
67. Un instituteur patriote 110
68. Un défenseur obstiné 114
69. Une réponse sublime 115
70. La mère Gauthier 115

LIVRE IV. — LA PERSONNALITÉ
Chapitre IX. — Tempérance.

71. Une bonne résolution 123
72. Une réponse de Platon 124
73. Henri II et le glouton 124
74. Danger des excès de table 125

TABLE DES MATIÈRES

Chapitre X. — Économie. — Désintéressement.

75. Dix mille livres de rentes. 126
76. Colbert et les emprunts. 128
77. Une bonne leçon 130
78. Jean Monteil. 132
79. Un honnête vieillard. 134

Chapitre XI. — Prudence. — Discrétion. — Franchise. Fidélité a sa parole.

80. Alexandre et le peintre Apelles 136
81. Une indiscrétion terrible 137
82. Trait de discrétion remarquable 138
83. Le cardinal de Richelieu et Gassion. 138
84. Henri III et Crillon 139
85. Henri IV et Sully 139
86. Denys le Tyran et Platon. 140
87. Mort de Régulus. 140
88. L'Espagnol et le Maure. 144

Chapitre XII. — Courage civil et militaire.

89. Le pompier Marinel 145
90. Guillaume Matthieu 146
91. Mirabeau aux États généraux. 148
92. Bel exemple de courage civique 149
93. La bombe de Charles XII. 150
94. Bayard au pont du Garigliano 151
95. Tourville 152
96. Jean Bart 153
97. Les Fantômes 154

Chapitre XIII. — Persévérance. — Patience. — Modestie.

98. Michelet. 157
99. La dame Durand. 159
100. La jeune ouvrière. 161
101. Périclès 162
102. M. de Harlay et la plaideuse. 163
103. Thémistocle. 163
104. Le capitaine Paul 164
105. Une leçon de modestie 164
106. Bon conseil d'un père. 165
107. Le père de Plutarque. 166

Chapitre XIV. — Activité. — Grands caractères.

108.	Un vrai travailleur	167
109.	Enfance de Michelet	168
110.	Pas de temps perdu	169
111.	Un trait du czar Pierre	170
112.	M. Fox	171
113.	L'éléphant de Pyrrhus	174
114.	Mort de Vatel	174
115.	Mucius Scevola	176
116.	Marius	177
117.	Le cheval d'Alexandre	178

LIVRE V. — LA SOCIÉTÉ

Chapitre XV. — Probité.

118.	« Belle action » de Chamillard	183
119.	Desaix et la tonne d'argent	184

Chapitre XVI. — La tolérance.

120.	La tolérance appliquée aux lectures	185
121.	Michel de l'Hôpital	186
122.	M. de Turenne	186

Chapitre XVII. — Justice.

123.	Alexandre le Grand et le chef africain	188
124.	Respect de Saladin pour la justice	190
125.	Charles-Quint et le berger	190
126.	Aristide	191
127.	Leçon de M. de Malesherbes à un solliciteur	192
128.	Sully et Boisrosé	192
129.	Frédéric le Grand et le meunier	193
130.	La justice chez les Perses	194
131.	Frédéric Lanucci	195

Chapitre XVIII. — Politesse. — Bienveillance. — Bonté.

132.	Une leçon de politesse	200
133.	Montaigne et les partisans	202
134.	Le duc de Bourgogne et l'officier. — M. de Turenne et le gentilhomme	203

135. Une leçon de Catinat. 204
136. Leçons de délicatesse. 205
137. Bonté de Turenne 207
138. Boursier 208
139. Mieux que ça. 209
140. Joseph II et la fille d'un officier 210

Chapitre XIX. — Bienfaisance. — Charité.

141. Le bienfait anonyme 214
142. L'art de donner 220
143. Le sculpteur Pigalle 221
144. Manière adroite de donner 222
145. Les époux Renier 223
146. Le jeune homme et le voleur 226
147. Cimon 227
148. Le fermier et le voleur 228

Chapitre XX. — Générosité.

149. Bayard à Brescia. 230
150. Bonne leçon sur la générosité 232
151. Le fugitif. 233
152. Claude de l'Aubespine 234
153. Catinat et Villeroy. 234
154. Catinat et les courtisans 235
155. Louis XIV et M. Le Pelletier. 236
156. Henri II et Henri de Mesme. 236
157. Jean II, duc de Bourbon 237
158. Le jeune peintre et le gagne-petit 237

Chapitre XXI. — Reconnaissance.

159. Le cardinal Wolsey et son obligé. 239
160. Milton et Davenant. 240
161. Pierre le Grand et Menzicow 242
162. Le hussard prussien et l'officier autrichien 243
163. L'enfant trouvé. 244
164. M. de Choiseul et l'Algérien. 245
165. M. de Lavalette et le maître de poste. 246

Chapitre XXII. — Clémence.

166. Épargner les vaincus. 248
167. Traits de clémence de Henri IV. 249

168. Louis XII et la Trémouille 250
169. Richard Ier et Gourdon. 251
170. Casimir II souffleté par un de ses officiers 252
171. Frédéric le Grand et le libelliste 253

CHAPITRE XXIII. — MAGNANIMITÉ. — GRANDEUR D'AME.

172. Voltaire et Rousseau 255
173. Fabert et les Impériaux 256
174. Henri IV et Mayenne. 257
175. Les deux blessés 258
176. Le maréchal de Vauban et le grenadier 258
177. Théodore-Agrippa d'Aubigné 259
178. Les deux camarades 260
179. Le soldat magnanime. 260
180. Alexandre le Grand et le médecin Philippe. 261
181. Vesins et Resnier. 263
182. Antonin 264
183. Le roi Antigone. 264
184. La Mothe-Gondrin et d'Aussun 265

CHAPITRE XXIV. — DÉVOUEMENT. — HÉROÏSME.

185. François Chaumel 266
186. Hoche 270
187. Madeleine Piradeau. 272
188. Le comte de Plelo 275
189. Viala 276
190. Le chien enragé et le jeune berger. 277
191. Fervaques et Crillon 277
192. Le père et le fils, rivaux de vertu 279
193. François Retel 280
194. Mathieu Boisdoux 281
195. Le bon Bruno 284
196. Le poète Rotrou 285
197. Les bourgeois de Calais 286
198. Le chevalier d'Assas 287
199. Le messager de Bénévent. 288
200. Un jeune héros. 289
201. Un sauveteur 290
202. Le pilote Boussard. 292
203. Le capitaine Scaffelaar. 293
204. Mademoiselle Doulcet 294
205. Le mousse Perret 295
206. Le généreux villageois 298

207. Pierre Coste.	299
208. Catherine Vassent	309

Chapitre XXV. — Amitié.

209. Sainte-Beuve et Renan	303
210. M. S*** et les fils de son ami	304
211. Dubreuil et Pechméja	305
212. Les deux médecins anglais	306
213. Chateauneuf et le chevalier de Jars	307
214. Les deux soldats espagnols	308
215. Damon et Pythias	308
216. Deux vrais amis	309

ÉMILE COLIN, IMPRIMERIE DE LAGNY (S.-ET-M.)

www.ingramcontent.com/pod-product-compliance
Lightning Source LLC
Chambersburg PA
CBHW060646170426
43199CB00012B/1687